Journalism & Communication

核心新闻传播学系列教程

Journalism & Communication Theory:

An Introduction

新闻传播学概论

主编　郝　雨

主撰　任占文　肖　辉

上海交通大学出版社
SHANGHAI JIAO TONG UNIVERSITY PRESS

内容提要

  本书以当前主流新闻学概论与传播学导论教材为蓝本,从中提炼出两门课程核心知识要点,并使之形成一个完整知识框架。在此基础上,参阅多所高校研究生考试大纲与历年考研真题,对重点难点详加解析,并将一些经典考题收录为课后习题,力求使本书兼具学术性与实用性。

  鉴于当前高校理论类课程课时不断压缩现状,以及传统经典教材理论色彩浓厚、学生阅读吃力实际,本书写作中力求图文并茂,用通俗易懂语言将核心概念与基础理论阐释清楚,帮助学生快速掌握核心知识点。

图书在版编目(CIP)数据

新闻传播学概论/郝雨主编.—上海:上海交通大学
出版社,2017
ISBN 978-7-313-16975-4

Ⅰ.①新…　Ⅱ.①郝…　Ⅲ.①新闻学－传播学－教材
Ⅳ.①G210

中国版本图书馆 CIP 数据核字(2017)第 086651 号

新闻传播学概论

主　　编:郝　雨			
出版发行:上海交通大学出版社		地　　址:上海市番禺路 951 号
邮政编码:200030		电　　话:021-64071208
出 版 人:郑益慧			
印　　制:上海景条印刷有限公司		经　　销:全国新华书店
开　　本:710mm×1000mm　1/16		印　　张:17.75
字　　数:321 千字			
版　　次:2017 年 5 月第 1 版		印　　次:2017 年 5 月第 1 次印刷
书　　号:ISBN 978-7-313-16975-4/G			
定　　价:68.00 元			

前 言
Preface

  这是一本新闻学以及大传播相关专业大学课程的理论课教材。为了适用于应用型高校的专业理论课教学，我们专门把通用型课程结构中的《新闻学概论》和《传播学概论》两门必修课的教材，合编成一本，书名就定为《新闻传播学概论》。

  因为是理论课教学，往往会被认为是比较抽象枯燥的。但是，笔者曾经在另外的一些教材的"绪论"中做过这样的表述：

  理论是人类智慧的结晶；

  理论是人类思想的成果；

  理论是人类认识与改造世界的科学产物；

  理论是人类精神放射的照亮世界的光芒！

  新闻传播理论当然就是我们的专业理论，是整个新闻传播学体系中的基础理论部分。而《新闻传播学概论》作为专业理论课，也是对于本专业其他课程具有理论统领意义的课程。

  《新闻传播学概论》作为专业的基础理论课，研究和阐述的是新闻传播的基本规律；而本专业的其他应用性课程，揭示的则是新闻传播的各个操作层面或者技术环节的具体规律。学好各专业的基础理论，熟悉新闻传播的基本规律，是学好各专业其他课程的基础，也是正确分析新闻及传播现象和有效指导专业实践的重要前提。

此外,费尔巴哈说过一句哲学名言:"作为起源,实践先于理论;一旦把实践提高到理论的水平,理论就领先于实践。"①这话实际上阐明了有关理论的一个非常重要的品格,那就是它在一定程度上,对于全部的人的实践与社会存在具有相对的超前性。那么,新闻传播学理论也正是在这样的意义上,对新闻学与传播学的相关学科体系具有着更为举足轻重的作用。

一、新闻传播理论学习的意义

(一)增强理论思维

我们学习新闻传播理论,首要的一个目的,就是严格训练和努力增强学习者的理论思维。恩格斯指出:"一个民族想要站在科学的最高峰,就一刻也不能没有理论思维。"②必须注意,恩格斯这里强调的是"理论思维",并不仅仅是"理论"或者"理论形态"。而且,这里所说的理论思维当然也是最普遍的抽象意义上和哲学意味上的理论思维,也不是单指某一学科和专业的研究方法和逻辑公式。而新闻理论的形成和建立,无疑也是理论思维的具体成果;而且新闻理论的思维方式,也显然是纯粹的理论思维的一种。所以,我们学习新闻理论,也绝不能仅仅完全采用实用主义的态度,只是单纯地为了能够具体指导自己的新闻写作和业务活动。学习新闻理论的一个非常重要的方面就是要在学习中充分训练自己的理论思维。

所谓"理论思维",其很重要的特征和品格就是能够超越和透过客观事物的表面,直接认识和寻觅隐蔽于现象内里的本质和规律。对于一个现代社会的人来说,只有掌握了较强的理论思维的能力,才能对于世界上的一些事物和各种各样的社会现象,主动地站在理论的甚至哲学的高度上,自觉地和自如地取得一种最深刻最本质的认识,从而在社会的生存和竞争的现实中占有最大的主动权。这不仅对于我们将来从事新闻工作的社会成分和成员来说是必不可少的,而且对于任何人来说也都是意义重大的。

所以,我们的新闻理论学习,绝不能简单记忆其中的概念和照搬其中的条条框框,而是要让每个学习者的头脑充分开动起来,在对于理论知识的理解和消化的基础上,主动思考和追问一些理论与实践中的各种问题。而且,要通过这样的积极训练,进一步强化理论思维方面的整体素养,从而使得我们未来的新闻工作

---

① 转引自童兵. 理论新闻学导论[M]. 中国人民大学出版社,2000:1.
② 同上.

以及整个的人生历程都能够在一种更加理性的境界中顺利进行。

（二）开阔理论视野

对于每一个社会人来说，具备较强的理论思维是必要的。然而，理论思维的养成，又显然是不可能仅仅凭着学习一门专业性的理论课程或者仅仅靠着读上一两本理论专著就能够奏效的。一个人的良好的理论思维，绝不会那么简单地就能够产生出来。要养成较强的理论思维，当然还需要长期的理论训练。而所谓的理论训练，当然包括广泛阅读哲学的以及社会科学方面的理论文献，积累较丰富的理论知识，进入较开阔的理论视野。那么，作为新闻专业的学习，新闻理论还只能算是全部理论领域中的一个很小的组成部分，但是，它毕竟是本专业中很重要的理论知识的构成成分。也可以说，它是新闻专业学习者进入理论天地的一个起步点或者发轫地。如果首先精通新闻理论，也就可以更容易地从此辐射开去，广涉其他各个相关的专业理论，从而使自己的理论视野不断扩大。所以，我们学习新闻理论，不能只停留于死记硬背其中的名词概念，还要特别注意站到更高的理论层次上，居高临下地认识新闻理论，把握新闻理论，或者叫做"进得去，出得来"。也就是说，在新闻理论的学习中，把它当作一门具体的理论学习的课程和对象，要一丝不苟地理解和钻研；而把它放在整个大的理论天地中，它又只是我们放眼理论世界的一个立足点。学习新闻理论，掌握新闻理论的知识，归根结底，还要向更高的理论高峰攀登。这是我们学习新闻理论的第二层意义。

（三）取得宏观指导

把新闻传播理论当作一种纯粹的"理论"来学习，当然是非常必要的。在新闻传播理论的学习中超越简单的概念记忆和机械的观点照搬，而注意着眼更广大的理论天地，并在理论思维的训练上下功夫，自然也是理所应当的。但是，新闻传播理论又毕竟是新闻传播学专业的理论，新闻理论也就具有着非常明确的专业性。从专业的角度来学习理论，还需要按照新闻传播理论本身的特殊价值和作用来认识它的重要性。其实，说到底，专业理论的建设并不是完全空对空的，也并不是完全为理论而理论的，尤其是像新闻传播学理论这样的实用性很强的学科理论。如果从根本上回避新闻传播理论的实用意义和在实践方面的具体指导作用，那也是完全违背新闻传播理论的基本原则的。

那么，具体到新闻专业，新闻理论对于新闻事业以及具体的新闻工作的实际的指导意义又体现在哪里呢？

如果从纯粹实用的角度来看，对具体的新闻工作具有最现实的方法与操作方面的指导性的,当然是新闻学科构成中的应用新闻学。一般来说,新闻学中的业务研究部分(即采、写、编、评等),着重于具体的操作方法,直接教给从业者在新闻工作的各个环节上和各个部门中如何去做;而新闻理论则是从整个新闻活动的全局出发,系统地告诉人们为什么这样做。只知道应该怎么做,却不明白为什么必须这样做,那就只能在新闻工作中充当一个"技术"人员,只能凭经验按图索骥地去做。这就不仅不能很自如、很出色地完成本职工作,更不可能对工作有创造性的推进。只有既懂得应该怎么做,又明白为什么这么做,才可能根据实际情况,探索新的工作方法,创造新的工作经验,才能把新闻实践不断地推向新的高度。这就是创造性地工作。新闻理论所总结的都是人类新闻活动的根本道理与普遍规律,它可以在更根本、更原则的问题上对从业者加以最宏观意义上的和基本方向上的指导。其境界和效果是大不一样的。

二、学习新闻传播理论的方法

无论什么人,要想做好任何一件事,方法都是不能不讲的。方法得当,才能事半功倍。而且,方法又往往是与目的相关联的。在某项事业或某一具体工作中达到某种特定的目的,也决定着对于某些方法的确定和采用。新闻传播学理论的学习也不例外。以下谈到的三种学习方法,也是依据我们对新闻传播理论学习的目的而拟定的。

(一) 追寻理论思路

我们前面已经谈到,我们对于新闻传播理论的学习,最重要的一个方面的目标就是训练理论思维。那么,根据这样的目标,我们在学习方法上就不能像通常的对于其他门类的知识那样,一味地去死记硬背其中的概念或生吞活剥其中的观点。当然,既然学习的是新闻传播学理论,那么对于构成新闻传播理论的基本概念、基本观点也就必须充分熟悉和掌握;但是,这种熟悉和掌握的过程,一定要开动脑筋,建立在透彻理解的基础上。作为任何一种理论的基本细胞和组成部分,概念也好,观点也好,定律也好,其语言的表述总是高度简练的。我们的学习也就绝不能停留在字面的记忆上。所谓开动脑筋,透彻理解,就是要使自己的学习活动能够透过那些概念和观点的语言表面,进入其深层的实际的内涵。只有在内心中充分理解了的东西,才能是真正掌握到家了。而这种真正进入内涵理解的过程,就是非常重要的理论思维的过程。这还是理论思维的第一个层面。当我们对新闻传播理论中的基本概念和基本观点有了十分透彻的理解之后,按照训练理论思维的要求,紧接着还应该进一步思考,这些基本概念、基本观点以及基本定律又是如何得出来的? 当然,我们的理论教科书中是要对此加以分析和论述的,那么,我们的学习就要注意紧紧抓住这样的分析过程,完全进入其理论思路,最终理解其是如何从大量的新闻传播现象和实际材料中抽象提炼出具体概念,又如何通过推理和论证得出观点,以及最后又是怎样一步步建立起新闻传播理论的整个体系? 这也就是理论思维的第二个层面,也是更为重要的一个层面。这样的系统深入的学习方法,就不仅可以使得我们的学习效果更快,对理论本身接受起来容易得多也深刻得多,而且又可以十分有效地帮助我们迅速养成一种良好的理论思维的习惯和能力。

(二) 进入实际感受

对于理论方面的学习来说,强调理论联系实际,似乎已经是人人皆知的常识。我们对于新闻传播理论的学习,当然也不能仅仅停留在书本上。但是,我们要求的理论联系实际,又不可能让我们的学生马上就去参加实际工作,直接投入各种实践,我们只能先从书本上一步步地学起。那么,理论联系实际是否就不能适用于大学生的理论学习了呢?

其实,任何理论学习都必须联系实际,但是,理论联系实际的意义,又并不是简单地一边上课学习一边进行很专业地实践或者叫边学边干的意思。单就新闻传播相关专业学习的理论联系实际的方面来看,这个"实际"的概念既包括新闻传播各项实践,也包括他人实践以及客观现实中的新闻传播现象、新闻传播实践等。我们虽然还不可能马上去参加很具体的工作实践,但是,在这个大众传播的时代,我们却每日每时不在与新闻与传播发生着千丝万缕的关系。我们不但每天都要接触和进入经过媒体传播的新闻,而且我们身边的实际生活中也都时时发生着新闻。尤其是在全媒体时代,人人都有麦克风,人人都是新闻的记者和发布者。于是,我们的理论学习的联系实际,就有了非常广阔的"实际"的天地可以"联系"。比如,我们对于新闻作品的阅读,没有学习新闻理论之前我们也许只是被动地或感性地去进行阅读;而学习了理论之后,我们就应该有意识地运用新闻传播理论去分析我们所阅读到的新闻,主动地按照新闻的有关规律去评判新闻报道的是非优劣。而且,我们既然选择了新闻这一专业,既然将来要从事新闻工作,甚至已经开始进入了新闻专业的学习,我们就更应该在学习过程中多多地去接触新闻方面的现象和过程,包括多多地阅读新闻报刊,并且在每一次的阅读当中都要积极地把学到的新闻传播学理论加以运用和检验。一方面加深对理论问题的理解,一方面也从中取得未来实践方面的经验。

(三) 多读多思

在前文中我们还强调过,对于理论的学习不能局限于新闻传播理论这单一的专业理论范围。一个人的理论素养以及整个文化素质的提高,需要广泛开拓理论视野。不同学科的理论之间有许多相互交叉或相辅相成的内容,尤其是在一个知识爆炸、学科渗透的时代,理论视野的狭窄,不可能在残酷的竞争中达到一个运筹帷幄、应对自如的境界,从事新闻工作尤其有着更高的要求。所以,对于新闻传播理论的学习,我们还提倡走出新闻传播理论。我们要把理论的学习,看作是为我们进入更广阔的理论天地打开的一扇门,而不只是让我们钻进一个空间有限的四面封闭的"洞"。所以,在新闻传播理论的学习过程中以及在以后的学习和实践中,我们都应该不断地涉猎专业以外的各种社会科学理论,这就是多读;读得多了,也不能仅仅做"两脚书橱",还要勤于思考,包括对于新闻传播理论本身的学习,都要善于举一反三或追根问底,这就是多思。这是学好新闻传播理论之本,也是将来能够成为新闻界栋梁的最起码的前提。

总而言之,要真正学好新闻传播理论,只靠一本教材显然是很不够的。尤其是近十几年来,新闻传播学理论已经出现了一个百家争鸣的局面。广泛接触和了解各家不同的观点,对于我们独立思考新闻传播理论问题是十分必要的。所以,我们在学习理论的过程中,一定要有更加广泛的阅读,以不断开拓理论视野。

以上,供大家参考和思考。

目 录
Contents

第一章

新闻学与传播学

新闻学是研究全部新闻现象的本质、揭示新闻活动的规律、解决新闻事业的普遍性和根本性问题的一门社会科学①。从历史发展的脉络看,国外新闻学发轫于18世纪,从其逐步成型以及向科学化发展已经有300多年的历史;我国新闻学形成于20世纪20年代初,至今也有百余年的发展历史。传播学是20世纪40年代形成于美国,60年代以后才被普遍认可的一门学科或较为独立的研究领域,并形成了经验学派、批评学派、媒介环境学派等诸多学派②。20世纪50年代以后西方发达国家的新闻学逐渐融入大众传播学③,我国新闻学理论的发展也受到了传播学的深刻影响。

第一节　新闻学诞生与发展

新闻学以人类社会客观存在的新闻现象作为研究对象,重点研究新闻事业与人类社会的关系,探索新闻事业的产生、发展的特殊规律和新闻工作的基本要求,其中心议题是研究社会各种条件对人类新闻活动的决定、支配作用以及新闻活动对社会的反作用④。本节用简要文字对国内外新闻学形成和发展情况进行粗线条梳理,力求能够呈现300多年来国内外新闻学发展的概貌。

---

① 郝雨.新闻学引论[M].上海交通大学出版社,2008:1.
② 陈力丹,陈俊妮.传播学纲要(第二版)[M].中国人民大学出版社,2013:23.
③ 李良荣.新闻学概论(第5版)[M].复旦大学出版社,2013:2.
④ 李良荣.新闻学概论(第5版)[M].复旦大学出版社,2013:1.

一、世界新闻学形成与发展

(一) 萌发期

新闻学作为一门正式社会科学发轫于近代报纸的诞生地——德国。17 世纪中叶新闻事业有了较大发展,报纸对人们生活的影响日渐深入,许多报人和学者对这一新兴事业开始进行一些学术性研究。通常认为 1690 年德国莱比锡大学托拜厄斯·波伊瑟的博士论文《论新闻报道》是西方最早的新闻理论著作,此外还有一本非常重要但却被长期忽略的著作,那就是英国学者卡斯帕·徐特莱尔 1695 年出版的《新闻的娱乐与效用》一书。最初的新闻学基本以报纸为唯一研究对象,因此早期的新闻学又称为"报学",其研究内容也主要侧重于业务技术方面的理论探讨,为指导和培训从业人员服务。

大约到 19 世纪中期新闻学开始从"术"的研究向"学"的研究转变。其中,新闻史学的出现是一个重要的转折点和里程碑。1845 年德国学者普尔兹的《德国新闻事业史》出版,标志着新闻学开始超越业务研究的狭窄视野,从历史发展的宏观角度总结和揭示新闻活动的普遍规律。1895 年科赫教授在德国海得堡设立世界上第一个新闻研究所,此后原有"报学"被改称为"报业科学",并成为与社会学并立的一门社会科学。相应地,新闻理论的雏形逐渐形成。

(二) 成熟期

20 世纪 20 年代起更加体系化的新闻理论专著陆续出版,专门的新闻学研究成果不断问世,标志着科学意义上的新闻学逐步进入成熟阶段。1922 年,美国著名专栏作家沃尔特·李普曼的《舆论学》(又译为《公众舆论》或《公共舆论》)出版;1924 年,美国新闻教育家卡斯柏·约斯特的《新闻学原理》出版,两书成为国外新闻学走向成熟的代表作。除了上述两书之外,这一时期出版的新闻理论著作还有:李普曼《自由与新闻》(美国,1920)、德茹付奈尔《新闻学二十讲》(法国,1920)、塞尔戴斯《新闻学教程》(美国,1921)、迈耶《新闻道德守则》(美国,1922)、克劳福德《新闻伦理学》(美国,1924)、弗林特《报纸的良知》(美国,1925)、特劳布《新闻的基本概念》(德国,1927)、布伦菲巴《近代新闻学》(英国,1930)、罗伯逊《现代新闻学导论》(美国,1930)等,这些奠基性著作形成了西方传统新闻理论体系[①]。20 世纪初,北美洲的新闻事业迅速发展推动了新闻教育的兴起,而新

---

① 刘建明. 当代西方新闻理论[M]. 中国人民大学出版社,2015.

图 1-1　约斯特：《新闻学原理》，中国传媒大学出版社2015年版

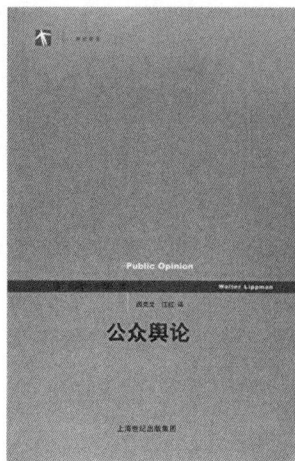

图 1-2　李普曼：《公众舆论》，上海人民出版社2006年版

闻教育在世界各国的专业化和规模化是新闻学进入成熟期的重要条件。

（三）深化期

大众传播学的出现是国外新闻学发展一个飞跃性阶段，使得新闻学中许多理论问题得到了进一步扩展和深化。虽然大众传播学已经发展成一个新的学科，甚至成了统领新闻学的更高级学科，是在新闻学基础上形成和建立起来的。新闻学原本是传播学的理论生长点，最终却又成了大众传播学的一个分支，传播学诞生可以说是世界新闻学发展的一个更高级阶段。进入21世纪以来新闻事业与新闻报道的品质成为西方新闻学关注的焦点，科瓦奇和罗森斯蒂尔所著的《新闻的十大基本原则》对此进行了深入研究，并因此被奉为西方新闻学的"圣经"。此外强化新闻注意力、引导受众鉴别网络信息等新的课题不断被引入，新闻理论研究展现出勃勃生机。

二、我国新闻学形成与发展

我国新闻学的形成既是我国新闻事业实践的必然要求，也是西方新闻学影响的重要结果，从清末至今大体上经历了以下四个重要阶段。

（一）孕育期

鸦片战争以后一些政治人物或著名报人在关注新闻实践的同时，开始探讨新闻传播中的学术理论问题,中国近代新闻学的观点和思想由此诞生。

太平天国后期领导人洪仁玕是第一个较为系统地论述新闻问题的中国政治家。他在太平天国的建国纲领《资政新篇》中提出了设立新闻馆、出版报纸和新闻论著等一系列主张和方略。他把"新闻"的作用归结到"通上下"、"以资圣鉴"这一传统的交往模式中,特别强调新闻必须真实,反对"伪造新闻"。可惜,随着太平天国失败,他的相关主张未能付诸实施。

王韬是我国近代报业的开拓者之一,他创办的《循环日报》在我国新闻报刊史上有着非常重要的地位。在《论日报渐行于中土》《论各省会城宜设新报馆》等文章中王韬提出办报要"指陈时事,无所忌讳",以便形成"言者无罪,闻之者足以戒"的清议之风。他反复论证"言论自由"是中国古已有之的传统,认为报纸能使国家军政大事迅速"上行下达,朝会而夕颁",最终达到"合一国之人心以共为治"的效果。

19世纪90年代末叶,戊戌变法运动进入高潮,梁启超等维新派领袖都十分看重报刊的政治宣传和社会舆论作用,他们不仅亲自办报而且提出了许多重要的思想和主张。例如,梁启超提出报纸"监督政府"和"向导国民"两大职能,认为报纸"非政府之隶属,而与政府立于平等之地位",他关于报纸的"耳目喉舌"之说,至今还被认为是非常形象地概括了报纸的重要职能;他还提出了"宗旨定而高"、"思想新而正"、"材料富而当"、"报事确而速"四大衡量报纸优劣的标准。梁启超的这些新闻观点与当时流行于西方资产阶级新闻学说十分接近,对我国后世新闻界影响力巨大。

辛亥革命时期,以孙中山为代表的资产阶级革命派在从事报刊宣传活动中就报刊性质、任务、作用等问题发表过他们的见解和思想。他们认为报纸是国民与舆论的代表,不仅反映舆论,而且可以影响舆论和制造舆论,承认报纸的党派性,强调报纸宣传革命政党的纲领和思想,把报纸视为政治斗争的锐利武器。

(二)诞生期

新闻学诞生最重要标志是学术专著的出版,常规研究机构以及学术阵地的建立。由于我国近代新闻事业发展落后于西方,所以新闻学研究自然也晚于西方各国。前面提到的新闻学初创阶段提出的那些重要新闻思想大都受到西方思想的影响。我国最早的新闻学著作是1903年商务印书馆出版的日本学者松本君平的《新闻学》(又名《欧美新闻事业》),该书深受美国新闻学影响内容包括新闻理论、新闻业务和欧美各国新闻史。第二本是1913年出版的美国人休曼的《实用新闻学》,由上海广学会出版,商务印书馆代印。另外,还有一些其他的有关新闻学的译著,对于随后诞生的中国新闻学都有很重要的借鉴意义和直接影响。

　　1918年,蔡元培决定在他任校长的北京大学开设新闻课程,同年10月北京大学新闻学研究会成立,次年4月研究会创办了新闻学术刊物《新闻周刊》。自此,学科意义上的新闻学研究和新闻教育正式发端,新闻学作为一门专门学说在中国初步形成。伴随着最高学府中新闻教育和新闻学研究的兴起,一些新闻学专著也很快相继问世。1919年,徐宝璜的《新闻学》(又名《新闻学纲要》)出版,这是我国第一部理论新闻学著作。1922年,任白涛自费出版中国第一本实用新闻学著作《应用新闻学》。1923年,邵飘萍的《实际应用新闻学》出版,次年又出版《新闻学总论》。1927年,戈公振的《中国报学史》出版,这是中国第一部历史新闻学著作①。至此,中国新闻学形成了较为齐全的学科体系,从而标志着中国新闻学达到了初步成熟的程度。自此以后的30—40年代,我国出版新闻学著作共100多种,基本跟上了世界新闻学的发展步伐。

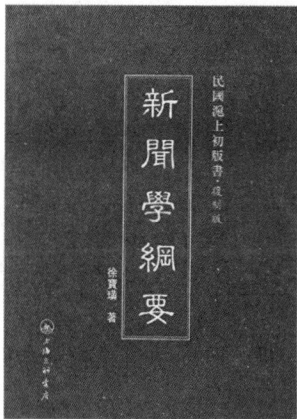

图1-3　徐宝璜:《新闻学纲要》,上海三联出版社2014年版

(三) 缓滞期

　　新中国成立后的一段时期内由于特殊的历史条件和原因,新闻学经历了非常曲折的发展过程。但从40—50年代中期,马克思主义新闻学在我国的产生和发展无疑是新闻学史中一个重要阶段。我国马克思主义新闻学的基础是在1942年开始的延安整风时期奠定的,党的七大前后陆定一《我们对于新闻学的基本观点》(1943年9月1日)、毛泽东《对晋绥日报编辑人员的谈话》(1948年4月2日)、刘少奇《对华北记者团的谈话》(1948年10月2日),都是我国马克思主义新闻学的经典之作。这些文献集中阐述了马克思主义新闻学的若干重大原则问题,最主要的有四点:一是确立了辩证唯物主义和历史唯物主义的新闻观,认为"新闻的本源乃是物质的东西,乃是事实,就是人类在与自然界斗争中和在

①　戈公振(1890—1935),原名绍发,字春霆,中国现代著名的新闻记者、新闻学家,中国新闻史学拓荒者,曾任上海《时报》总编辑,创办过《图画时报》,后兼任复旦大学等高校的新闻学教授。他的《中国报学史》史料翔实,且多为第一手资料,为我国新闻史研究奠定了扎实的基础,被称为"中国新闻史研究开山之作"。

社会斗争中发生的事实",强调新闻报道必须尊重事实,把真实视为新闻的生命。二是明确了对党负责和对人民负责相一致的原则。强调党报是党的事业的组成部分,党报的一言一行必须按党的方针政策办事,一切对党负责,对人民负责,时时处处坚持维护人民的利益。三是首创了宣传党的政策与检验党的政策相统一的思想,提出党的报刊必须无条件地宣传党的政策,同时也通过群众的实践来检验有关的政策,为党修订政策提供事实依据。四是提出并确立了"全党办报,群众办报"的新闻工作路线。这些新闻思想具有很强的创新意义和实践意义,是对马克思主义新闻学的重大发展。

1956年7月以《人民日报》改版为标志的我国新闻工作改革全面启动。这次新闻改革主要立足于以下几个方面:一是力求突出受众的多样性需要,扩大报道范围,多发新闻、发多方面新闻;二是开展自由讨论,发表不同观点的文章,通过群众性讨论把社会见解引向正确道路;三是杜绝党八股,努力改进文风。这次新闻改革是我国新闻战线的一次重要的思想解放,摆脱了教条主义的束缚,打破了以苏联为尊的迷信,为我国社会主义新闻学研究留下了十分宝贵的思想成果;但这次新闻改革只进行了一年多时间由于反右派斗争扩大化而夭折,特别是随着党内"左"倾思想日益严重,新闻事业受到直接干扰,新闻学研究也陷入一片令人窒息的状态。"文化大革命"十年中新闻工作被当成"阶级斗争工具",学术层面的新闻学研究根本无法进展,所以在长达20年时间里我国没有正式出版一部新闻学专著,甚至没有出版一部正规的新闻学教科书。

(四)繁荣期

改革开放使得我国各个领域都发生了全面而深刻的变化,我国新闻事业和新闻学发展也在新的政治与文化大环境中走上了正轨。自1977年以来,我国新闻学研究出现了前所未有的繁荣景象。首先,新闻研究机构和学术交流团体相继成立并迅猛发展。最早是中国社会科学院成立新闻研究所,紧接着首都和各地的新闻学会陆续成立,在此基础上的中国新闻学联合会也成立起来。这就使得我国新闻学有了可靠的政府性质以及社会组织方面的保证。其次,学术研究空前活跃,尤其以中国社会科学院新闻研究所主办的《新闻与传播研究》等为核心的学术刊物成为重要的新闻学研究平台,全国各省份以及各高等院校也纷纷创办了新闻研究期刊。到21世纪初我国公开发行的新闻研究期刊已有50多种,其中主要有:《新闻大学》《国际新闻界》《新闻战线》《中国记者》《现代传播》《新闻记者》《新闻与写作》《新闻界》《当代传播》等,这些学术刊物每年发表的论文可达万篇以上。特别是从 20 世纪 80 年代初传播学的引进大大拓宽了我国新闻学研究的眼界和思路,为丰富和更新我国的新闻观念起到了非常积极的作用。

第二节 传播学在中国

传播学萌芽于欧洲,成型于美国,经过施拉姆等学者艰苦努力最终成为当代社会科学中一门非常重要的交叉性学科。20 世纪 80 年代以后随着西方传播理论传入和施拉姆访华等的推动,传播学在我国迅速普及开来并成为当前社会科学中非常活跃的一门学科。

一、传播学的孕育

(一) 传播学的欧洲渊源

孔德(1798—1857)是社会学的创始人,同时也是实证方法的创始人。他认为社会学应致力于发现人类社会"永恒的自然规律",并依据这个规律建立起新的社会秩序,而规律的发现必须依靠观察、实验等实证研究方法,他甚至提出将数学当作一切科学研究的基础。孔德开创的社会学理论及实证研究的方法对传播学经验学派提供了研究的理论基础与分析工具,至今仍然发挥着非常重要的作用[1]。

塔尔德(1843—1904)是法国社会学创始人之一,在社会学、社会心理学等方面做出了卓越贡献。他的《模仿律》《传播与社会影响》等著作至今仍然是传播学的经典之作。塔尔德认为,模仿作为一种普遍的社会现象是通过人与人的接触和传播发生的,因此传播作为重要的互动渠道具有非常重要的意义。此外,他关于"公众"、"群众"、"舆论"、"报纸"、"模仿"、"舆论"等的论述至今仍然极具震撼力,其中一些精华仍然让人觉得难以超越。这些观念和思想成为美国传播学界长期使用的重要理论,米德、库利、杜威、帕克等学者都深受到他的影响[2]。

---

① 陈力丹. 传播学的三大学派[J]. 东南传播,2015:36 - 41.
② [法]塔尔德. 模仿律[M]. 何道宽译. 中国人民大学出版社,2008:1 - 6.

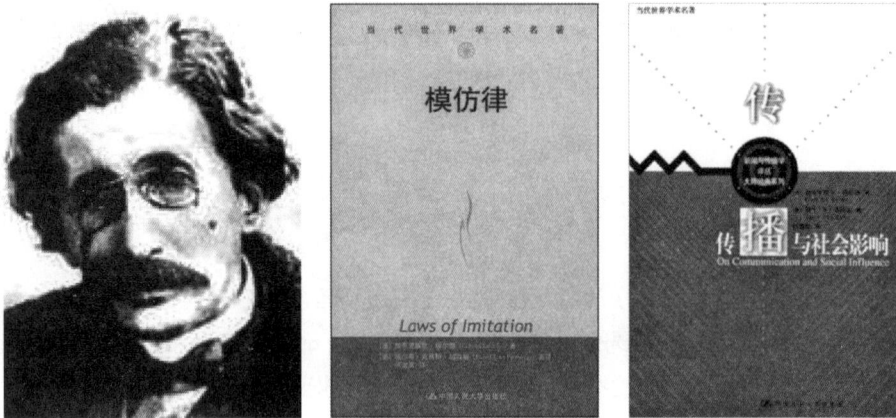

图 1-4 塔尔德及其著作

齐美尔(1858—1918),德国著名社会学家,他提出社会是在人们具一定形式的交往中产生并延续着,社会学应该研究人们交往的过程与形式,研究历史和现实中人们相互作用和联系的基本模式。此外,他还提出人们之间通过信息交流组成群体,进而形成社会,社会犹如一张巨大的传播网络。他的学生帕克对这一观点深感兴趣,并进一步发展了关于群体互动的复杂形式研究①。

此外,马克思(1818—1883)关于阶级冲突、社会变革的观点,以及"对现存的一切进行无情批判"等主张对后世传播学批判学派产生了深远影响。韦伯(1864—1920)对权力的深刻分析和对他人思想、行为的研究以及社会责任论、传者与受众分析理论等的萌发和形成都产生了直接或间接的影响。上述学者虽然只是在自己研究中涉及到了传媒问题,但是其深刻的解读分析为传播学形成提供了丰富的养料。

(二) 传播学的美国渊源

传播学的美国源头可以追溯到杜威、库利、帕克和米德,他们在研究中将传播置于人类行为的中心点上,并对传播研究提出了许多创新性观念,对于传播学形成产生了很大影响。

杜威(1895—1952)是美国知名社会学家,实用主义主要代表之一。他认为社会作为一个有机体,传播是推动社会变迁的工具,"有组织的信息"能帮助创造

---

① 芮必峰,陈燕. 你我交往使社会成为可能:齐美尔人际传播思想札记[J]. 西南民族大学学报(人文社科版),2006(183).

一个"伟大的社会",因此他曾尝试与帕克等人合作办一种新型报纸——《思想新闻》,专门报道社会科学的新发现,反映社会变迁的新动向,介绍解决社会问题的新举措①。杜威一生写了30多本书和800多篇论文,传播问题虽然只是其中一个小问题,但他却为美国传播学的建立提供了许多有益养分,直接影响了库利、帕克和米德等人的学术研究。

库利(1864—1929)是美国著名社会学家,他的《社会组织》一书专门开辟"传播"一章,介绍传播的概念和意义,以及传播与人际关系、社会心理等的关系,对传播学的许多重要问题进行了深刻论述,可以说他是最早系统研究传播观念的一位重要学者。此外,他还提出了两个影响深远的传播学概念,一是"初级群里",二是"镜中我",为后世传播学者的研究提供了非常有益的理论借鉴。诚如切特罗姆所说:库利是第一个为解释传播媒介如何改变行为和文化做出了成功尝试的人,也是第一个为探索复杂的人际关系而付出辛勤努力的人。

帕克(1864—1944),曾经从事过11年新闻记者工作,后进入哈佛大学等高校攻读硕士、博士学位。博士毕业后任教于芝加哥大学社会学系,成为芝加哥学派的代表人物之一。他的《移民报刊及其控制》一书被许多人奉为早期传播学研究的经典之作,在某种意义上他可以称为美国"第一位大众传播研究者",最先对报纸内容、读者与所有权结构进行了较有成效的实证分析。此外,他1925年撰写的《报纸的历史》一文详细论述了报人对传播内容的决定作用和传播者受到的有效制约,他还第一个提出了民意是可以测量的观点,第一个提出了"议题设定"的观念。

图1-5　帕克及其著作

---

① 孙藜.作为"有机知识"的新闻:杜威和夭折的《思想新闻》[J].现代传播,2014(2).

米德(1863—1931)是位杰出的社会心理学家,他的《精神、自我和社会》(1934)等受到广泛的重视。其中《精神、自我和社会》首创的象征互动论,提出了主我、客我等概念。米德的理论有些可以在杜威和库利的学说中找到根源,但他创造性的阐释与引申,推动了人际传播对个人社会化的研究和语言符号与意义关系的研究,而他对人的自我内部沟通的分析,同弗洛伊德(S. freud)对人的个性(本我、自我和超我)分析一样,对于内向传播的研究也有很大的借鉴意义。

图1-6　米德及其著作

虽然他们当中没有一位被视为主要的传播学者,但他们都在研究与教学中重视引介欧洲学术,强调理论发展;都将传播看作是影响人类行为的重要过程,并将传播尤其是人际传播置于人类行为概念的中心点上;都强调一个信息如何被认知的个人主动性是一个重要的人类特质;都寄希望于大众传播媒介对社会变迁、社会进步能有所推动,因此人们有理由称他们为美国传播研究的四位"鼻祖",尽管他们的研究中还有历史唯心主义的成分。

二、传播学的形成

欧美学者们对于传播相关问题的研究,为传播学的形成奠定了初步的理论基础;除此之外,传播学的形成美国当时独特的政治经济条件与拉斯韦尔等人的研究探索,都对传播学的形成起到了非常重要的作用。

(一) 大众传媒的强大社会影响力为传播学形成打下社会基础

1. 政治选举与战争宣传的推动作用

20世纪以来,美国大众传播事业发展迅猛给社会带来了一种全新的、重大的冲击,这种冲击唤起社会对传播现象的高度重视,研究传播现象成为社会的一种急切需要。政治家在日常政治活动中,尤其是 4 年一次的大选,十分重视利用传播媒介来宣传自己的政治主张,树立形象,争取支持。广告、演讲、公关、活动等,在所有媒介上展开攻势,如肯尼迪曾被称为"电视总统"。利用传播媒介塑造形象,衡量政治家的一个标准。

　　战争中的宣传及其研究对于传播学的形成也起到了非常重要的推动作用。比如在第一次世界大战中威尔逊成立了"公共信息委员会",负责美国战时宣传。拉斯韦尔于 1927 年出版博士论文《世界大战中的宣传技巧》就是一部系统而深入研究第一次世界大战宣传问题的著作。第二次世界大战参战各国,均有意识地普遍重视战时的宣传工作,如:美国 1942 年成立军事情报局负责对国内外官方宣传;同年美国陆军部新闻与教育署聘请专家研究部队为士兵精心制作的四部电影是否影响士兵对战争的认识及鼓舞士兵士气。霍夫兰作为该研究的负责人对传播技巧、传播与态度改变等展开了大规模研究,为传播学奠定了相当坚实的实践基础。

　　2. 大众传媒产业迅猛发展的支撑作用

　　经过两次世界大战后,美国取代欧洲成为世界经济重心,当时整个资本主义世界 2/3 的产能集中在美国。为了更好地判断传播媒介对消费者购买行为、购买需要和心理的影响,广告商、公关专家、民意调查人员、新闻工作者和学者等在垄断财团和企业的资助下,不断对广告、公关、消费者以及媒介的经营与竞争进行研究,企业普遍关注营销环节中的各种传播问题。此外,大众传播业在两次大战中也日益壮大,成为一个个相对独立而完善的经济实体,共同形成一个产业——大众传播业。传播业的私营产业特性,使其将对市场的研究视为生存和发展的根本,注重发行量、收听(视)率等指标;客观的激烈竞争成为传播业从业者关心和思考传播技巧、传播效果、受众等问题的动力,急切需要研究传播规律,改变传播行为,扩大传播效果。

(二) 信息科学的崛起为传播学形成提供了理论基础

　　1. 信息论及其对传播学影响

　　人们通常将香农 1948 年发表的论文 *A Mathematical Theory of Communication*(《通信的数学理论》)作为现代信息论研究的开端,虽然该文重在探讨信息的测定和传递,但其不仅对通讯科学而且对行为科学和社会科学都产生了广泛影响,并成为传播学的基础理论之一。信息论认为信息是物质的普遍属性,是一种客观存在的物质运动形式,它与物质和能量并列。信息概念引进传播学领域后,提高了传播学理论表述的科学性和严谨性;拓宽了传播学的视野,使它能够把人类社会的传播活动放到更大的系统和环境中加以考察,这有助于探索人类社会传播的一般规律和特殊规律。

2. 系统论及其对传播学影响

所谓系统,是指由相互联系、相互制约的若干部分结合在一起,并且具有特定功能的有机体。系统科学认为世界上一切事物都处在一定的系统之中。传播学的 5 种基本类型(人内传播、人际传播、群体传播、组织传播和大众传播)实际上就是 5 种不同的传播系统,任何传播活动都是在一定的信息系统中进行的。具体而言,传播作为一个社会信息系统具有以下 4 个特点:一是开放性,即不断收集系统内外的各种信息;二是整体性,即由各种子系统相互连接、相互交织而构成的整体;三是双重偶然性,指传播双方都存在着不确定性,通过传播所做出的选择有受到拒绝的可能;四是能够自我创造和自我完善[①]。这些观点的提出对于深化传播学研究提供了许多有益的思路。

3. 控制论及其对传播学影响

控制论是关于系统内部秩序维持一般法则的科学。按照控制论创始人威纳的观点,任何系统都是按照一定秩序运行的,但由于系统内部以及环境中存在着许多偶然因素和随机因素,因此任何系统都具有从有序向无序、从确定向不确定状态变化的倾向。为了保持系统的正常运行和系统目标的实现,就必须对系统进行控制。传播学中对于系统论的借鉴也是非常普遍的,现场传播学中的制度与规范,法规、政策与管理等,都渗透着控制论的观点。此外,传播学中的反馈观念也来自于控制论,这对于认识人类社会传播过程中的双向性和互动性具有极为深刻的意义,它不仅指导着理论研究,而且指导着实践活动[②]。

(三) 四大先驱对于传播学形成的直接促进作用

对于传播现象给予较多研究、直接促成传播学产生的学者,是拉斯韦尔、卢因、霍夫兰和拉扎斯菲尔德。他们都在中年从自己熟悉的研究领域转向传播研究,出版了有关专著并聚集一批后来都成为该学科领袖的年轻学者。正是这些推动了传播学的产生,确定了传播研究的某些方向,积聚了研究力量,为传播学奠定了进一步发展的坚实基础。

1. 拉斯韦尔对传播学的贡献

拉斯韦尔(1902—1977)是美国著名的政治家、社会学家、心理学家和传播学

---

① 郭庆光. 传播学教程(第 2 版)[M]. 中国人民大学出版社,2011:5 - 10.
② 郭庆光. 传播学教程(第 2 版)[M]. 中国人民大学出版社,2011:252.

者。他对传播学的贡献主要是其 1926 年的博士论文《世界大战中的宣传技巧》和 1948 年发表的《传播在社会中的结构与功能》一文。《世界大战中的宣传技巧》主要描述和分析了第一次世界大战各交战国之间的政治和军事宣传战；在研究方法方面，他开创了内容分析法，提出了定性和定量测度传播信息的方法论，他关于政治宣传和战时宣传的研究代表了一种重要的早期传播学类型。《传播在社会中的结构与功能》的贡献主要表现在两方面：一是从内部结构出发分析了传播过程的五要素，即谁（who）？说什么（what）？对谁（whom）说？通过什么渠道（what channel）？取得什么效果（what effect）？这就是著名的拉斯韦尔 5W 模式。这一模式还奠定了传播学研究的五大基本内容：即控制分析、内容分析、媒介分析、受众分析以及效果分析，涵盖了传播研究的主要领域。二是从外部功能出发，概括了传播学的三大功能，即监视环、协调社会、文化传承。总之，拉斯韦尔对政治传播（尤其是战争宣传）进行了比较系统的分析，为前人所不及。他提出传播的 5W 模式，不仅首次较科学地分析了传播的过程，还首次较完整地划分了传播学的研究领域，为传播学的发展开辟了广阔的道路；此外，他提出的"社会传播"概念从宏观上初步探讨了传播的社会功能等基本课题，他倡导并亲身实践内容分析法，以其精确定量的特色，为使传播学成为一门真正的科学而立下了功勋。

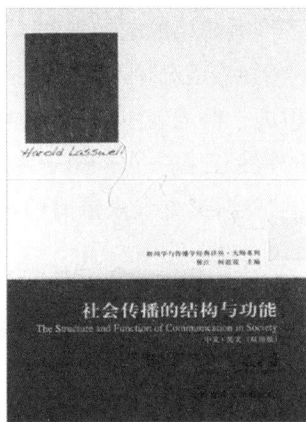

图 1-7 拉斯韦尔及其著作

2. 卢因对传播学的贡献

卢因是著名社会心理学家，他将心理学知识引入传播学研究群体对个人的观念、行为等的影响，其对于传播学的最主要贡献是提出了守门人概念。第二次世界大战期间，因为物资供应紧张，美国政府鼓励通常不吃动物内脏的美国人食用动物内脏。卢因对这一宣传活动进行研究后发现：家庭主妇对各类食物扮演

图 1-8　卢因

着犹如守门人的角色,除非家庭主妇决定将动物内脏推销给她的家人,否则这些食物不可能被端上餐桌。后来卢因在《群体生活的渠道》一文中从理论角度系统地阐述了上述"守门行为"和"守门人"概念,即在信息传播过程中存在一些控制信息通过或不通过的人或机构,即为守门人。守门人的主要作用是选择和过滤传播中的信息。卢因的学生怀特和其他传播学者(如麦克内利和巴斯等人)根据卢因的这一理论研究大众媒介机构中的守门人行为,如报社新闻电讯编辑就把持着全国性和国际性的新闻流向和流量,对于传播学的丰富发展起到了极大的促进作用。

3. 霍夫兰对传播学的贡献

霍夫兰是著名的实验心理学家,第二次世界大战期间霍夫兰为美军进行作战心理研究,战后一直在耶鲁大学主持"传播和态度改变"研究课题。霍夫兰对于传播学的贡献主要体现在以下三个方面:一是将心理实验方法引入传播学研究,使之成为传播学定量研究三大主要研究方法之一,即实验法;二是通过研究揭示了传播效果形成的条件性和复杂性,对否定早期的"子弹论"效果观起到了很大作用;三是对"说服"展开了深入的研究,直接影响了传播研究对传播社会效果的重视。据麦奎尔估计,每年约有 1 000 种有关"说服"研究的出版物出现,从中仍时常看到霍夫兰的影子。总之,霍夫兰等人的研究项目既是现代态度改变研究的开端,又是大众传播理论若干重大贡献的渊源。

图 1-9　霍夫兰及其著作

4. 拉扎斯菲尔德对传播学的贡献

拉扎斯菲尔德是奥裔美籍著名社会学家,他以哥伦比亚大学应用社会学研究所为基地,在洛克菲勒基金会等机构的资助下,运用数学语言和模型对广播媒介、竞选等社会现象进行调查、描述和分析。他对传播学贡献主要体现在两方面:一是将面对面访谈、问卷调查等定量研究方法引入传播学研究,其中问卷调查成为传播学研究最为重要的研究方法之一;二是《人民的选择》《个人影响力》等著作中提出"意见领袖"、"两级传播"、"有限效果论"等影响深远的概念;三是《个人影响力》一书打破了"魔弹论"神话,揭示了社会传播的复杂性。总之,拉扎斯费尔德提出的"两级传播理论"为深入探讨传播的效果和机制开辟了道路,他倡导的"实地调查法"使传播学走出书斋直接与现实生活发生紧密联系。

图 1-10　拉扎斯菲尔德及其著作

四位来自不同学科的传播学的创始人,都以自己所熟悉的学科知识营养合力浇灌了传播学这株新苗。他们不仅为传播学提供了科学的研究方法,为进一步研究打下厚实的基础,而且用"传播学"学科的铁锹为传播学打开了一扇扇审视外部世界的窗口,使其得到许多有益的启示和收获。

(四) 施拉姆的大力推动

施拉姆是第一个具有试图创建"传播学"学科,并为之奋斗一生的人。他的历史功绩不是从某个相关学科出发为传播学做出某个方面的贡献,而是将前人的成果集中起来,进行归纳、整理,使之系统化、完善化,最终使"传播学"作为一门独立学科屹立于学术殿堂之中。施拉姆对传播学的贡献主要体现在以下三方面:

1. 完善传播学体系

他一生撰写和主编了 29 本书,约 500 多万字。其中,1949《大众传播》的出版标志着传播学的正式诞生;1973 年《男人、女人、讯息和媒介:人类传播概论》的问世则标志着传播学基本体系已初步形成。

2. 十分重视教学和科研

他先后亲自创建过 4 个传播学研究机构,即衣阿华民意调查中心(1934年)、伊利诺斯大学传播研究中心(1948 年)、斯坦福大学传播学研究所(1955 年)和夏威夷东西方研究中心传播研究所(1973 年),通过这些教育研究机构施拉姆培养了一大批传播学研究生,美国诸多知名传播学者中都是他的学生。

3. 在传播学研究中提出许多新的观点和见解

比如,对早期传播学效果"魔弹论"的理解、对传播社会问题的研究等,为丰富传播学理论做出了许多开创性的贡献,给后人带来许多有益的思考。

图 1-11 施拉姆及其著作

三、传播学的东渐

新闻学其实是传播学的一种。但是传播学研究起步较晚,在中国更是较晚。虽然传播学现象在中国古已有之,但是现代意义上的传播学是 20 世纪 50 年代的舶来品。这可以说是现代传播学在中国最早的出现,但是受当时社会形势影响,它的传播和影响都是极为有限的,直至 20 世纪 70 年代才算是有了初步的发展,翻译外国著作的译作也逐渐增多。引进现代传播学在中国主要分为两个阶段:

第一个阶段是 20 世纪 50 年代的首次引进。主要由郑北渭、张隆栋、王中等教授发起,他们在授课和学术中都有运用到传播学知识。在当时,复旦大学一个没有刊号的杂志《世界新闻译丛》曾较为系统地介绍过传播学。但是受制于当时的社会背景,这些刚刚燃起的传播学苗头很快偃旗息鼓了!

第二个阶段就是 20 世纪 70 年代末。我国改革开放,敞开国门,为传播学在中国立根发芽提供了重要的社会环境。70 年代末,《外国新闻事业资料》作为复旦大学新闻系的内部刊物,介绍了很多传播学的情况;1983 年人民出版社出版、由中国社会科学院新闻研究所编写的《传播学(简介)》。以此为开端,越来越多的西方传播学著作在我国出版发行,如《报刊的四种理论》(1980 年)《传播学概论》(1984 年)《传播学的起源、研究与应用》(1985 年)《传播概论:传媒、信息与人》(1985 年)等。所以,现在的很多新闻学者将 20 世纪 70 年代末、80 年代初的这一举措视作中国大陆传播学研究的真正起步。

第三节　新闻学与传播学科基本构成

新闻传播学原来属于中国语言文学下的二级学科,20 世纪 90 年代末学科调整中新闻传播学科从二级学科升级为一级学科,新闻学与传播学相应地升级为二级学科,并逐步建立起了各自完整的学科体系。

一、新闻学学科基本构成

新闻学作为一门独立完整的学科体系主要包括三大分支学科及三大学术领域,即:理论新闻学、历史新闻学和应用新闻学(或分别简称为新闻理论、新闻史和新闻业务)。这三大分支学科又各自承担着怎样的具体的研究任务以及它们在新闻学体系中的具体地位和关系又是如何的呢？首先,从外在的学科结构的布局上,如图 1-12 所示:

学科门类	一级学科	二级学科	专业内容
文学	新闻传播学	新闻学 传播学	新闻理论(理论新闻学) 新闻史(历史新闻学) 新闻业务(应用新闻学)

图 1-12　新闻学学科构成

新闻学的学科构成当中,又包含着新闻理论、新闻史和新闻业务三大分支学科。就三大新闻学分支学科从各自从事的研究范围来说,也是有着明显的不同和具体的分工。

一般来说,历史新闻学也就是新闻史研究,关注的是新闻事业历史发展中的种种现象和过程。它的基本学术方向是纵向的,即以时间顺序而加以延伸性的观照和把握。因而,新闻史的研究主要就是运用历史学的原则和方法,通过详细考证已经发生过的新闻领域的历史事件,根据新闻传播历史发展的自然进程,一方面要系统化、有序化地准确描述和尽量重现新闻界的历史事实,另一方面要从中揭示新闻事业发展的基本规律。

应用新闻学即通常所说的新闻业务,其中包括应用理论和应用技术等不同层面。它所研究的主要是新闻传播过程中,尤其是具体操作过程中可以直接加以实施和应用的一般性原则,也包括具体的操作方法和相关的规则与规律。按我国新闻学术界的划分习惯,应用新闻学又包括新闻采访、新闻写作、新闻编辑、新闻评论(简称采、写、编、评)以及广播电视的节目制作、编播和主持等方面的研究,这一类的研究实践性或实用性更强。

理论新闻学的性质属于更为纯粹的抽象研究范畴,其基本方法也是纯粹理论研究,一般采用逻辑的方法和思辨的程序,而其最终所产生的成果也就是"新闻理论"。说得更明确一些,理论新闻学,就是运用逻辑的与思辨的方法,通过对客观的新闻领域内的大量的事实和材料进行科学的抽象和概括,从而形成基本的概念和范畴,并经过进一步的推理和深化,建立起一定的理论体系,从而反映和揭示整个新闻事业的本质及其普遍的活动规律。

二、传播学学科基本构成

(一) 基于研究对象的传播学构成①

传播学是一个复杂的学科体系,从研究对象入手,传播学可以分为人际传播、小团体传播学、组织传播、公共传播学、大众传播、文化间/国际传播学六大板块。我国学者比较关注的是其中三个板块:

1. 人际传播学

西方人际传播学的研究最早可以追溯到古希腊、古罗马时代的修辞术和演讲术,在当时演讲被作为一种非常重要的能力受到社会的广泛重视,相关的研究也非常活跃。在这些相关著作或文章中最为著名的就是亚里士多德的《修辞学》一书。从那时起至今关于修辞表达的研究在西方延绵数千年。这些研究可以看做是人际传播学的萌芽形态或者前学科形态。而真正意义上的人际传播学诞生于 20 世纪六七十年代,八九十年代以后逐步走向成熟。特别是随着约德维托(Joseph A. Devito)《人际传播教程》、耐普(Knapp,M. L.)《人际传播研究手册》、薛可、余明阳《人际传播学》等著作的出版,人际传播学作为大众传播学的一个重要分支日益成熟,发展壮大。

2. 组织传播学

从广义来说,任何由若干不同功能的要素按照一定的原理或秩序组合而形成的统一体都可以成为组织;从狭义来看,组织是指人们为了实现共同目标而承担不同的角色分工,在统一的意志之下从事写作行为的持续性体系[郭庆光(1989)]。顾名思义,组织传播学就是研究组织传播的传播学分支,它是我国传播学研究中蓬勃发展的一个分支学科。

3. 大众传播学

所谓大众传播,就是专业化的媒介组织运用先进的传播技术和产业化手段,以社会上一般大众为对象而进行的大规模的信息生产和传播活动,即大众传播学就是研究报刊、广播电视等大众传播媒介的传播学分支。长期以来,大众传播学在传播学各个分支中一直居于核心地位,我国当前的传播学主流教材如郭庆光著的《传播学教程》(第 2 版)、胡正荣等著的《传播学总论》(第 2 版)等其主体内容介绍的都是大众传播的内容,人际传播学、组织传播学等通常只在个别章节提到,所占份额非常少。

---

① 陈国明等. 传播学研究方法[M]. 复旦大学出版社,2011:3-8.

(二) 基于分支性质的传播学构成

从分支性质入手,传播学可以分为传播和应用传播两大板块。

1. 理论传播学

任何一个独立的学科都至少应该包含三个部分:理论、历史与方法。就传播学而言,这三部分构成了传播学的理论部分。

所谓理论,是帮助我们理解某个现象的概念及其关系的抽象系统,其中既有试图解释某一现象的某个较小方面的微观理论,也包括试图解释某个现象的中观理论,还包括试图解释所有现象的宏大理论①。就传播理论而言,主要可以分为六大板块:社会心理控制学、修辞学、符号学、社会文化、批评理论和现象学。对于这些理论,李特约翰《人类传播理论》、格里芬《初识传播理论》等国外经典教材给予了详细介绍。

诚如罗杰斯所言,"任何涉入一条新的河流的人都想知道这里的水来自何方,它为什么这样流淌"②,因此对于传播史的研究一直是传播学的重要组成部分。具体而言,传播史的研究又可以分为几个分支:一是以罗杰斯《传播学史》等著作为代表,重点研究传播学的学科发展历史;二是以熊澄宇《媒介史纲》等著作为代表,重点介绍传播媒介的发展历史;三是以许正林《欧洲传播思想史》等著作为代表,重在梳理传播思想的发展历史。这些"史"的梳理大大拓展了传播学历史纵深感,增加了传播学的学术厚度。

传播方法是研究传播学的路径与规则,对于方法的探索与学习一直都是传播学的重点内容。目前传播学研究方法大致可以分为两套系统,即定量研究方法和定性研究方法。定性研究方法就是建立一套概念体系,借助理论范式进行逻辑推演,据此解释或结构假设的命题,最后得出理性结论,代表性的方法有符号互动论、人种学方法、民族志学方法、焦点小组坐谈法和投影技法。定量研究方法又称量化研究方法或市政研究方法,它是在占有大量量化事实的基础上,描述、解释和预测研究对象,通过逻辑推论和相关分析,提出理论观点,代表性的研究方法包括实地调查法、内容分析法、实验法和个案研究法③。

2. 应用传播学④

应用传播学是运用传播学理论并与其他学科相结合来解决人类信息传播活动中事件的一门学科。根据其研究范围可以分为两大类型:一是宏观范围的应

---

① 理查德·韦斯特. 传播理论导引(第 2 版)[M]. 中国人民大学出版社,2007:49 - 51.

② 罗杰斯. 传播学史:一种传记式的方法[M]. 上海译文出版社,2005:1.

③ 段鹏. 传播学基础:历史、框架与外延(第 2 版)[M]. 中国传媒大学出版社,2013:115 - 125.

④ 周鸿铎. 应用传播学教程[M]. 中国书籍出版社,2010:4 - 12.

用传播学,主要包括政治传播学、经济传播学、文化传播学、区域传播学;二是微观范围的应用传播学,主要包括传媒经济学、传播心理学、传播效果研究等。本书第十章将对相关内容做详细介绍。

基本概念与问题思考

1. 新闻学
2. 戈公振
3. 杜威
4. 库利
5. 施拉姆
6. 拉斯韦尔
7. 拉扎斯菲尔德
8. 新闻学与传播学的关系
9. 谈谈传播学的学术渊源
10. 简述传播学四大创始人及其对传播学的贡献

第二章

新 闻 与 传 播

概念是了解与建构一个学科的基石。学习新闻传播学必须从新闻传播最基础的概念入手,进而掌握新闻与传播的特征、模式等内容,这样才能做到概念清晰、思路明确,为进一步深入学习新闻传播相关理论打下坚实基础。

第一节 新闻基本概念

新闻一词源远流长。本节在梳理中文新闻概念发展历程基础上,重点介绍当前国内外关于新闻的代表性定义,并对新闻的主要特征做简要分析。

一、新闻概念溯源

(一)古代新闻用语考辨

新闻一词最早见于《新唐书·隐逸》篇中记载唐初文人孙处玄说过一句话:"恨天下无书以广新闻。"但孙处玄所说的新闻是指记载当时社会发生的事件和传闻的文章而已。《全唐诗》中也多次出现过新闻一词。例如,唐人李咸用《春日喜逢乡人刘松》曰:"旧业久抛耕钓侣,新闻多说战争功";《冬夕喜友生至》又云:"天涯行欲遍,此夜故人情。乡国别来久,干戈还未平。灯残偏有焰,雪甚却无声。多少新闻见,应须语到明。"显然,这里的新闻主要指战乱期间人们口头谈论的消息和传闻,也就是广义的原始状态的新闻。

古代典籍中新闻还有一些其他的含义,比如传说故事、宫廷秘闻等。之所以称其为新闻主要是突出其"新奇"之意,如:唐朝尉迟枢《南楚新闻》中的"新闻"都属于尉迟枢所收集到的传说和故事,而且多是以志怪形式出现,"新"即等于

"奇"①；宋朝赵升的《朝野类要》中也用过"新闻"一说："其有所谓内探、省探、衙探者，皆衷私小报率有泄露之禁，故隐而号之曰新闻。"此类"号而隐之"的新闻实际上也大多是宫廷以及官府内部的传闻。

到了明清时代，在一般人们的口语中，尤其是那些读书人的口头中已经时常用到新闻一词，如《红楼梦》里的人物对话就多处有新闻一说。这些新闻大多也是指人们口中流传的新鲜事或希奇事。

（二）西方新闻概念溯源

德文中的新闻（Zeitung）一词是由德国北部的俗语"Tidender"（报道）演变过来的，而"Tidender"又源出于"Tiden"（时间）。当时所谓新闻是指有时间性的趣闻轶事。1321 年，德国莱茵一带流行"Zitunge"，到 15 世纪后逐步演变成"Zeitung"，意思是"在时间上绝对新颖的事物"②。另据英国《牛津词典》记载，英语中最早使用新闻一词是 1423 年苏格兰詹姆士第一的一句话："我把可喜的新闻带给你。"

综上可知，新闻这一概念无论在中国还是在西方都有着一个长期的演变过程，而且最早所使用的新闻一词，与现在专业意义上的新闻有很大区别。

二、新闻定义考辨

（一）我国学者关于新闻的定义

我国学者给新闻下定义从 1919 年徐宝璜编著的我国第一部新闻学著作《新闻学》就已经开始了。在此我们选择几种影响较大的，供大家参考和比较。

> 新闻者，乃多数阅者所注意之最近之事实也。
>
> ——徐宝璜：《新闻学》（1919 年）
>
> 新闻的定义，就是新近发生的事实的报道。
>
> ——陆定一：《我们对于新闻学的基本观点》（1943 年）

---

① 《南楚新闻》原书已失传，但宋朝专辑历代奇闻异事的《太平广记》中有《南楚新闻》的故事辑录。陆游的《老学庵笔记》也有关于此书内容的片断记载。

② 何光先. 现代新闻学[M]. 云南教育出版社，1988：232 - 233.

图 2-1　陆定一

图 2-2　《解放日报》1943
年 9 月 1 日

新闻,广大群众欲知、应知而未知的重要的事实。

——范长江:《记者工作随想》(1961 年)

新闻是新近变动的事实传布。

——王中:《论新闻》(1981 年)

新闻定义 1:新闻是新近发生的事实的报道。新闻定义 2:新闻是新近事实变动的信息。

——李良荣:《新闻学概论》(2014 年)

20 世纪 80 年代中期以后,我国新闻学界虽然也给新闻下过众多定义,但是大多均围绕着以上定义在表述上稍加修正、补充和变化,基本思路和逻辑模式没有根本改变。

(二) 西方学者关于新闻的定义

曾经有学者把西方关于新闻的解释和定义分为两大派:实用派和理论派。所谓实用派,并非一个学术派别,而是说他们对新闻问题的阐述全都从实际应用的角度揭示其实用价值和操作方法。实用派中人物全都是新闻业界的编辑、记者、主编和发行人。他们对什么是新闻的回答并非科学地表述新闻的根本性质是什么,而是强调在具体实践中新闻报道应该去"报道"些什么。美国是实用派新闻学的大本营,他们的说法也最有代表性。下面列举一些耳熟能详的定义,供大家参考。

狗咬人不是新闻，人咬狗才是新闻。

　　　　　　　　　　——《纽约太阳报》采访部主任博加特

什么是新闻呢？新闻就是女人、金钱和犯罪①。

　　　　　　——美国《纽约先驱论坛报》采编部主任瓦利克尔

凡是让女人喊一声"哎哟我的天呀"的东西，就是新闻。

　　　　　　　　　　——美国《环球报》主编爱德华

　　上述说法的提出者们也并非真的是要为新闻下一个科学的定义，他们只不过是站在经营者的立场，用一些未免夸张和偏激的言词，高度概括地表明什么样的新闻才是最能赚钱的新闻，也就是最容易卖得出去的新闻，所以这些说法在西方新闻界一直流行甚广。而归根结底，这些说法的出发点主要就是强调新闻迎合人性中低俗的一面，以便有更多的人愿意掏钱去买报刊。

　　所谓理论派大多是学者、教授，他们对于新闻的界定在态度和方法上更加严谨与科学。他们有些观点与我国学者的看法非常接近，比如美国新闻学者卡斯柏·约斯特在《新闻学原理》中给新闻所下的定义："新闻是已经发生或正在发生的事实的报道。"这与陆定一对新闻的定义如出一辙。下面简单列举一些有代表性的新闻定义供大家参考。

　　新闻是经过记者选择以后及时的事实报道。

　　　　　　　　　　——美国新闻学者乔治·穆脱

　　新闻就是把最新的现实的现象在最短的时间距离内，连续介绍给最广泛的公众。

　　　　　　　　　——德国柏林大学新闻学教授比德特

　　新闻是最近发生的，能引人兴味的事实。

　　　　　　　——美国威斯康辛新闻学院教授布莱尔

　　新闻是关于突破事物正常轨道或出乎意料的事件的情况。

　　　　　　　——美国哥伦比亚大学教授麦曼切尔

　　上述这些新闻定义在对新闻性质的概括和表述上大同小异，但透过细微的差别可以更多地了解国外新闻定义的现实情况。

———————————

① 即所谓 3"W"：woman（女人）、wampum（金钱）、wrongdoing（坏事）。

三、新闻特征述略

(一) 真实性

新闻最基本、最重要的就是传播者在对新闻现象和具体事件进行报道时,一定要实实在在地向受传者报告事实产生的原因、发生发展的经过以及它所导致的结果。在整个过程和每一个环节都必须符合客观事物的本来面貌,容不得半点虚假或夸张。真实是新闻的生命,没有真实就没有新闻,新闻必须以事实为根本。用比较理论化的语言表述就是:"新闻传播的信息主体,是一种客观信息。"①陈述事实,是新闻传播的最根本的特征。任何无中生有与凭空捏造都会给新闻业带来极大的冲击。即使传播的事实被夸大或者缩小,某些事实层面被有意无意地加以改动,这样的报道也同样违背新闻传播的基本精神。忠实地陈述事实,确保新闻的完全真实,就是维护新闻的生命。新闻无论采用语言或其他方式陈述事实,必须是对事实原貌的纯粹客观再现。

(二) 及时性

及时是新闻的第二生命,没有报道的及时性也同样没有新闻,所谓"新闻谓'新',不新不成新闻"。而"新",首先指的就是"新近"之意,就是"刚刚发生(或正在进行)"之意。这是在通常被公认的若干新闻的定义当中就已经特别强调了的。所谓"新闻是新近发生的事实的报道"、"新闻是新近事实变动的信息"以及"新闻是最近发生的,能引人兴味的事实"等,这些表述当中对于"事实"共同的限制语就全都是"新近"。所以,新闻传播的及时性也就成为新闻对于事实传播的快速性的特征。及时报道这个特点,是新闻区别于历史的又一个方面。同新闻相比,历史是缺乏新意的,因为历史只是昨日的新闻。同新闻总是报道及时相比,历史又总是最后说话的。新闻是新近发生的事实的迅速报道,历史总得在事件经过一个相当长的阶段之后,才有研究者对之进行完整全面的考察与研究。与存在于故纸堆里的历史比起来,新闻总是时时散发着油墨的清香。

(三) 新鲜性

"新闻谓'新'"中的"新"不仅指时间的新近,而且还指内容的新鲜。新近、新鲜、新意、新异以及新奇等都是那个姓"新"的"新"字中所共同具有的因素。童兵

---

① 童兵.理论新闻传播学导论[M].中国人民大学出版社,2000:20.

先生曾经阐述道:"报道及时是新闻的运动态,具有新意是新闻的静止态。前者是后者得以实现的操作上的主要保证。出现了新意的事实没能发现,发现了有新意的事实没能抓住,完成了有新意事实的报道没能公开传播,都无法使新闻具有新意,这样的'新闻'严格说来也难于成为真正的新闻。迟缓是新闻传播的大敌。"①

客观世界一切事物无不处于不断运动、不断变化、不断地新老交替的发展嬗变之中。事物的运动是绝对的,新事物的不断出现也是绝对的。这也正是新闻报道之树常青的最终根源所在。但是,具体到每一件个别的新闻报道来看,它们又只能是该事物运动到某一时空的以及某一状态的陈述,是该事物发展到最新层面的一个事实的报道。而由于生生不息的世界的运动规律使然,这种状态很快改变,这一新的层面很快由另一新的层面所代替。在这种情况下,原先报道"新状态"、"新层面"的新闻,就开始显得陈旧落后,不再具有新意,也就失去了原本具备的新闻的生命,失去了作为新闻而存在的意义。也就是说,每一件具体的新闻报道,它的生命力是非常短暂的,是易逝的、脆弱的,因而,西方有学者把新闻报道比之为"易碎品"。由于客观事物的这种"新鲜性"特征是非常易逝的和脆弱的,新闻传播者就必须非常敏感和及时地在其还处于"新状态"和"新面貌"的那个瞬间,迅速准确地把它报道出来,反映出来。否则,当事物本身已经失去了新鲜性的时候,新闻报道也就绝无新意,或者报道也就不再具有新闻价值,而只能传递给历史了。

(四) 敏感性

新闻具有"新鲜性"这一重要特征,使其同历史有了根本区别;而新闻的这种特征归根结底是由于新闻对于世界变动的"敏感性"。对于世界最新变化与变动的敏感性是新闻的更为重要的特征。童兵先生从理论上深入揭示了新闻报道敏感性的理论根据,他说:从新闻报道的角度考察,一般事物的运动轨迹是:常规变动即量的运动中,缺少足够的新意,此种时空状态下的事物可称之为"普通事实";而当量变达到一定量的积累时会出现质的变化,质变出现时的事物往往具有明显的新意,此种时空状态下的事物,称为"新闻事实"。接着该事物又回复到一般量的变动之中,又成为"普通事实"。新闻所传播的是具有新意的事实,就是指当事物的变动由"普通事实"变化为"新闻事实",而尚未回复至"普通事实"这一状态时,传播者及时发现,尽快捕捉,在第一时间里迅速

---

① 童兵. 理论新闻传播学导论[M]. 中国人民大学出版社,2000:23.

报道这一变化。新闻传播的这种抓事物变动的具有新意的"一瞬间"时空态的特点，人们称之为"报道及时"，所谓在第一时间内报道。这就是新闻最突出的敏感特征。

(五) 直观性

新闻可以通过直接而生动的语言、直观而真实的场面、动感而逼真的声音把人们带入新闻的现场，体会原本事实尤其是世界重大变动的酣畅淋漓或是惊心动魄的感觉。新闻报道的直观性与直接性，让我们足不出户就能感受世界变幻，体验多彩人生。可以说，在所有媒介的话语表达上，只有新闻是最直观和最直接的。

首先，就感官层面而言，报纸媒体上新闻图片的运用以及文字表达上对追求现场感的自觉带给我们视觉的直观性，尤其是新闻摄影在报纸上得以最充分的发挥，使某些场景或人物同样能给人留下深刻印象，形成强烈的视觉冲击。而广播新闻中音乐音响的组合和现场声音的同步记录，直接对听觉系统产生刺激，进而激发受众的神经中枢系统，调动其联想和想象力，使生动的新闻图景在脑海中浮现。作为"集大成者"的电视新闻，其声形并茂的特色与现场报道方式，给人带来最直观、最形象的感官体验。电视图像中既包含了视觉信息的传递，又有记者的同步解说，还配以字幕提示甚至动画演示，全方位调动了受众的视听感官，非常具有冲击力和震撼效果，较之报纸新闻和广播新闻，真正使新闻的形态由平面化达到立体化，其优越性是不言而喻的。

其次，从心理的层面而言，话语表达的直观性和直接性，主要体现在对于新闻事件的叙述上非常直白，易于被理解和接受，这同文学作品与电影等有着明显的区别。因为新闻讲究时效和实用，因此在内容表达上也最为直接有力。在这个瞬息万变的现代世界，人们对获取信息的需求越来越强烈，新闻的功能就在于以最短的时间以最直接的方式提供给大众一个信息网和资讯平台。它告诉人们，世界上发生过什么，正在发生什么甚至将要发生什么，精心营造出一片盛大的新闻图景让人们徜徉其中，难以适应其突然的缺失。这种直观和直接的表达方式就像为世界树立了一面巨大的镜子，透过这面镜子，我们看到新闻就是生产、生活和大千世界的一个个截面，具有直观可感的特点，而那些令人们感到兴奋、惊异、激动、惋惜、陌生或者熟悉的场景，使受众的神经中枢始终保持新鲜的感受兴趣。也可以说，正是因为受众在心理上有一种天生的对新鲜事物的渴求和接受的愿望，新闻的直观再现与直接表达功能才得以最大地实现。

第二节 传播基本常识

对于什么是传播不同学者有不同理解,仅美国传播学者丹斯在 1976 出版的《人类传播功能》一书就统计有 126 种定义。本节在梳理当前国内外代表性的传播定义基础上,对传播的类型、构成等传播基本常识逐一详细介绍。

一、传播的含义

(一) 共享说

共享说播往往从传播(communication)一词的源于拉丁文"communicare"(使共同)谈起,传播看做是传者与受者之间的信息分享活动。代表性观点有:

> 传播就是便独有为共有的过程。
>
> ——A. 戈德(1959)[①]
>
> 它即是对一组告知性符号采取同一意向。
>
> ——施拉姆

在实践中作为"共享"的传播随处可见,比如同学们课间的闲聊、课堂上老师精彩的讲课等等。但是共享说并不能概括一切传播现象。比如,甲传递信息,但乙拒绝接受;再比如,由于符号系统不同等原因,乙无法解读(破译)甲发出的信息;此外,还存在传受双方存在互相错误理解对方意思的可能;等等。

(二) 影响(劝服)说

影响(劝服)说是从传播者的视角出发,强调传播是传者对受者(通过说服)施加影响的行为。主要代表性观点有:

> 传播这一概念,包括了人与人之间相互影响的全部过程。
>
> ——[美]露西和彼得森

---

① 胡正荣等. 传播学总论(第 2 版)[M].清华大学出版社,2008:52.

某个人(传播者)传递刺激(通常是语言的)以影响另一个人(接受者)行为的过程。

——霍夫兰

传播是一个系统(信源),通过操纵可选择的符号去影响另一个系统(信宿)。

——奥斯古德

一个心灵影响另一个心灵的全部程序。

——韦　弗

影响(劝服)说强调传播传递信息的目的性和影响性,把传者目的的实现和受者行为的改变看作是一切传播的基本特征,并据此检测传播活动进行了没有和进行得怎样;但其忽视了传播有时不一定能够产生影响,有时甚至会产生与传播者预期相反,或者预期之外的效果。

(三) 反应说

反应说从受众的视角出发,吸收了心理学中"刺激—反应"论的观点,强调传播是人类对刺激的反应。代表性观点有:

传播是一个有机体对于某种刺激的各不相同的反应。

——史蒂文斯

一个来源透过对讯息(不管是语文或非语文、记号或符号)的传达,能使接受者引起反应的过程。

——理　兹

反应说在强调传播的广泛性和受者反应的必然性的同时,抛弃了传播的社会性和受者的能动性,有的定义甚至混淆了人类传播与动物传播、传播学与心理学及生物学之间的界限与区别,使传播学成为一门无所不包的百科全书。此外,这种对传播的理解过于宽泛,因为刺激反应不仅是人类的传播行为,动物、植物都有刺激反应问题,传播学无法涵盖生物学、植物学。

(四) 符号(信息)说

所谓信息主要包括三层含义:一是信息是事物的表征与表述,是一切消息、讯号、知识的总称;二是信息与物质、能量并列,构成人类生存环境三大基本要素之一;三是信息是用以减少或消除事物不确定性的东西①。符号(信息)说着眼于信息的第一层含义,从传播的内容出发,强调传播是符号(信息)的流动。国内学者持这一观点主要有:

> 传播广义上指系统(自身及相互之间)传受信息的行为;狭义上指人(自身及相互之间)传受信息的行为。
> ——张国良
>
> 所谓传播即社会信息的传递或社会信息系统的运行。
> ——郭庆光
>
> 传播是信息在时间和空间的移动和变化。
> ——戴元光

(五) 互动说

互动说强调了传播者与受传者之间通过信息相互传播、相互影响的双向性和互动性。代表性的观点有:

> 互动,甚至在生物层次上,也是一种传播;不然,共同行为就无法产生。
> ——米 德
>
> 通过讯息进行的社会的相互作用。
> ——格伯纳
>
> 在互动的情境中,有讯息价值的所有活动都是传播。
> ——瓦茨罗维克

但人类传播毕竟不是一种简单意义上的一来一往的讯息互动,而是一种复杂的多向的有目的、合需求的信息交流与沟通。同时,随着信息传播的持续进行,每个参与交流的人所拥有的信息非但不会减少,也不限于对等交换,而是一起增加、共同累积。

(六) 过程说

过程说强调了信息由传播者经媒介流向受传者这一过程的完整性和连续性,它要求传播有始有终,而且传播的效果最终能够显示出来。代表性的观点有:

---

① 张国良. 传播学原理(第2版)[M]. 复旦大学出版社,2009:166-167.

> 大众传播就是通过某种媒介向许多人传递信息、思想和观念的过程。
>
> ——彼 德
>
> 大众传播是一个过程,在这个过程中,职业传播者利用机械媒介广泛、迅速、连续不断地发出讯息,目的是使人数众多、成分复杂的受众分享传播者要表达的含义,并试图以各种方式影响他们。
>
> ——德弗勒和丹尼

但如果传播缺乏基本要素或者传播中断、阻塞,传播过程就不能正常进行并发挥特有的功能。这是一个似乎成熟的定义,它既标明了信息传播的轨迹,也明确了传播研究的要素,但仍有宽泛、模糊和难以把握的缺陷。

二、传播的类型

(一) 传播类型结构

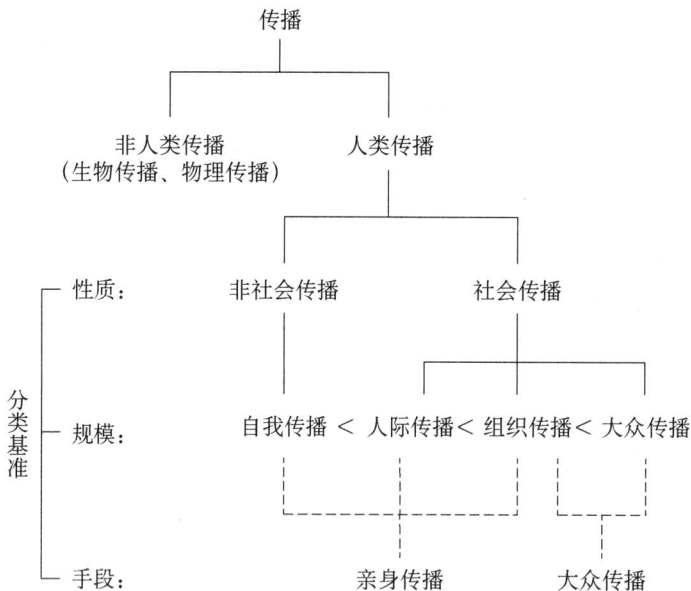

图 2-3 传播的类型结构①

人内传播是指个人接受外部信息并在人体内部进行信息处理的活动。人的

---

① 张国良. 现代大众传播学[M]. 四川人民出版社,2006:14.

身体具有一般信息传播系统的特点：人体既有信息接收装置（感官系统），又有信息传输装置（神经系统）；既有记忆和处理装置（人的大脑），又有输出装置（发声等表达器官及控制这些器官的肌肉神经）；人的身体既是一个独立的有机体，又与自然和社会外部环境保持着普遍联系。

人际传播是指两个人或者多个人之间面对面交谈、打电话、发邮件、微信或者 QQ 群聊等各种形式的交流活动。而人际传播学是以人与人之间交往这一社会活动为主要研究对象，并有所侧重地吸收各门学科的新成果，系统地探讨人们如何通过相互间的交往建立和维护一定的人际关系，并着重研究人类社会交往在人际关系中所起作用的学科。人际传播学就是研究人际传播活动及其规律的科学①。

组织传播系由各种相互依赖关系结成的网络，为应付环境的不确定性而创造和交流信息的活动②，主要包括两个方面：组织内传播和组织外传播。这两个方面都是组织生存和发展必不可少的保障。

大众传播是社会媒介面向社会大众通过文字、电视、广播、网络等大众传播媒介传递自身生产或者复制的信息的实践活动过程。

（二）传播主要类型比较

传播学研究的主要是人类的社会传播，即人际传播、组织传播和大众传播问题，三种情况如表 2-1 所示：

表 2-1 传播主要类型比较

类型	人际传播	组织传播	大众传播
手段（媒介）	人自身（谈话、表情、动作等）+机械化、电子化媒介（由网络带来的最新动向）	人自身+机械化+电子化	机械化+电子化媒介（报刊、广播、电视、网络等）
规模	少数人	特定、较多数人	不特定、多数人
空间	小	中	大
周期	不规则	较规则	规则
角色	随时交替	有所固定	固定（网络正在引起变化）

① 薛可，余明阳. 人际传播学[M]. 上海人民出版社，2012：41.
② 范东生，张雅宾. 传播学原理[M]. 北京出版社，1990：256.

（续表）

类型	人际传播	组织传播	大众传播
反馈	灵活	有点困难	十分困难（网络正在引起变化）
信息（表达）	不规范	较规范	规范

三、传播的功能

（一）传播的正面功能

1. 传播功能的历史叙述

1948 年，拉斯韦尔在《传播在社会中的结构与功能》一文中提出传播的三大功能：对环境进行监视，使社会各部分为适应环境而建立相互关系，使社会遗产代代相传。1957 年，莱特在《大众传播：功能的探讨》一文中进一步补充传播的舆论功能，进而提出传播的四大功能：监视环境、舆论引导、传承文化、娱乐。施拉姆综合前人研究，概括了传播的四大功能：即大众传播是社会雷达，具有寻求、传递和接收信息的功能，用于监视社会环境；大众传播具有操纵、决定和管理功能，对受众进行诱导、劝服、解释信息，并引导其作出决定；大众传播具有指导功能，也就是教育功能以及大众传播具有娱乐功能。

2. 传播功能的当代含义

（1）守望与预警的功能，指持续不断地、及时地注意环境的变动；

（2）协调与商讨的功能，指聚合人们对环境采取一种有效的行动；

（3）传承与教化的功能，指知识和社会规范等精神遗产世代相传；

（4）娱乐与商业的功能，指娱乐、休闲以调节身心、保持活力。

（二）传播的负面功能

李普曼在《舆论学》一书中提出传播"歪曲环境"的负面功能。该理论的突出贡献在于指出了大众传播的作用：即现代社会中，虚拟环境的比重越来越大，它主要由大众媒介造成。换言之，现代人与现代环境之间，插入了一个由大众媒介构筑的巨大的虚拟环境（或曰媒介环境）。由于大众传播的普及、信息传播技术的飞速发展，现代人的认识能力等同于虚拟环境大大扩张。与此同时，现代人对这种虚拟环境的验证能力却相对地大大缩小了。这里主要有两个问题：一是当传媒有意无意地歪曲环境时，人们无法验证；二是不仅如此，人们还将之视为"现实环境"而展开现实的行动，结果却制造出一幕幕悲剧。

1948 年，美国哥伦比亚大学应用社会学研究所保罗·拉扎斯费尔德和罗伯特·默顿博士在《大众传播、大众鉴赏力和有组织的社会行动》提出，大众媒介具有可以作为长期研究对象的多种多样的社会功能：授予地位的功能；促进社会准则的实行；麻醉精神的消极功能。其中，对于传播麻醉精神功能的分析给人们颇多启示。

负功能和正功能是相互依存、相互对应的。新闻可以正确反映世界，也可以歪曲世界；宣传可以稳定社会，也可以搅乱社会；教育可以使人聪明，也可以使人愚蠢；娱乐可调剂受者，也可毒害受者；等等。正功能和负功能之间的辩证关系还表现为在一定条件下两者可以互相转化。与正功能研究相比，负功能的研究一直很薄弱。一个重要原因是，长期在传播学研究中占据主导地位的传统学者中，很多人持急功近利的指导思想，因而对"正效果"的关心大大超过对"负效果"的注意。这一偏向，后来遭到批判学派的批评。时至今日，伴随着信息化时代的急速展开，大众传播乃至一般意义上的社会传播（尤其是电子传播）的负功能、负效果，已成为全球范围内普遍重视的课题。

第三节 大众传播与传播模式

传播过程是传播运动的程序和状态。为了将传播过程研究简化、直观化，传播学者们提出了"模式"这种手段来进行研究。到目前为止，已提出了几百个传播模式，其中有关传播过程的模式也有几十个。所有这些传播过程模式可以分成三类：线性传播过程模式（线性模式）、控制论传播过程模式（控制论模式）和社会系统传播过程模式（社会系统模式）。

一、线性模式

（一）5W 模式或拉斯韦尔程式

传播过程的直线模式在传播学史上，第一位提出传播过程模式的是美国学者 H. 拉斯韦尔。1948 年，他在《传播在社会中的结构与功能》一文中，首次提出了构成传播过程的 5 种基本要素，并按照一定结构顺序将它们排列，形成了后来人们称之为"5W 模式"或"拉斯韦尔程式"的过程模式。这 5W 分别是英语中 5个疑问代词的第一个字母，即：

Who(谁)，

Says what（说了什么），

In which channel（通过什么渠道），

To whom（向谁说），

With what effect（有什么效果）。

后来，英国传播学家 D. 麦奎尔等将这个模式做了如图 2-4 所示：

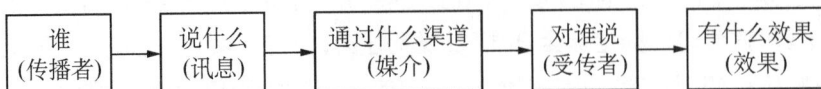

图 2-4　拉斯韦尔的传播过程模式

这个模式第一次将人们每天从事却又阐释不清的传播活动明确表述为由 5 个环节和要素构成的过程，为人们理解传播过程的结构和特性提供了具体的出发点。后来大众传播学研究的五大领域即控制研究、内容分析、媒介分析、受众分析和效果分析，就是沿着拉斯韦尔模式的这条思路形成的。它属于一个单向直线模式。拉斯韦尔虽然考虑到了受传者的反应（效果），却没有提供一条反馈渠道，因而，这个模式没有揭示人类社会传播的双向和互动性质。

（二）数学模式或香农—韦弗模式

大约与拉斯韦尔同时，美国的两位信息学者 C. 香农和 W. 韦弗在《传播的数学理论》（1949）一文中也提出了一个过程模式，称为传播过程的数学模式或香农—韦弗模式，如图 2-5 所示：

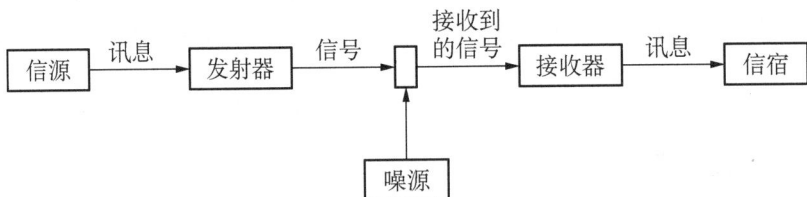

图 2-5　香农—韦弗数学模式

香农—韦弗的模式是描述电子通信过程的。它的第一个环节是信源，由信源发出讯息，再由发射器将讯息转为可以传送的信号，经过传输，由接收器把接收到的信号还原为讯息，将之传递给信宿。在这个过程中，讯息可能受到噪音的干扰，产生某些衰减或失真。香农—韦弗模式为传播过程研究进一步提供了重要的启发。这个模式导入了噪音的概念，表明了传播不是在封闭的真空中进行的，过程内外的各种障碍因素会形成对讯息的干扰，这对于社会传播过程来说也是一个不可忽略的重要因素。此外,香农—韦弗模式对一些技术和设备环节的分析,提高了传播学者对信息科技在传播过程中的作用的认识,这种作用在现代信息社会中越来越明显。这个模式为以文理结合的方法考察传播过程打下了基础。应该指出的是,由于香农—韦弗模式描述的是电子通信过程,而且是一个直线单向过程,缺少反馈的环节,如果把这个模式完全应用于人类的社会传播是不可行的。作为电子通信的过程,这个模式并没有什么不妥。这是因为:第一,单向过程在电子通信中是存在的,例如电视台的发射器与我们家庭中的电视机之间的电子信号的传输和接收就是一个单向过程。第二,即使在双向电子通信过程中,信息的传达和反馈一般也是通过同一条通道(或同性质的媒介)进行的,例如电话机和电话线路等。在这里,由于传达的机理和反馈的机理是一致的,在制定电子通信过程模式时,本着简要和经济的原则,将反馈部分加以省略也是允许的。但是,在考察人类社会传播之际,反馈的因素和环节却不容许省略。这是因为在社会传播中,传播的双方都是具有能动性的主体,互动是社会传播的本质特征,离开了反馈便缺乏互动性。

二、控制论模式

(一) 奥斯古德模式

奥斯古德模式认为,每一个合适的模式至少要包括两人个(人)传播单位,一个是来源单位(说话的人),一个是目的单位(听话的人)。连接两个单位的是讯息。在传播活动中,每个人既是发送者又是接收者,既编码又译码,具有双重行为。这种双向互动的情形,描述为"既可以是直接的,也可以是间接的"。

(二) 施拉姆循环模式

1954 年,施拉姆在《传播是怎样运行的》一文中,在 C. E. 奥斯古德观点启发的基础上,提出了一个新的过程模式,称为"循环模式"(见图 2 - 6)。

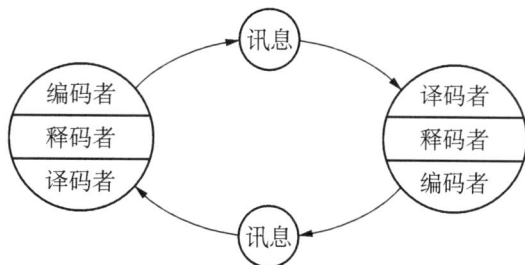

图 2-6　施拉姆循环模式

从图 2-6 可以看出,该模式与直线模式有明显的不同。①这里没有传播者和受传者的概念,传播双方都作为传播行为的主体,通过讯息的授受处于你来我往的相互作用之中。②该模式的重点不在于分析传播渠道中的各个环节,而在于解析传播双方的角色功能;参加传播过程的每一方在不同阶段都依次扮演着译码者(执行接收和符号解读功能)、解释者(执行解释意义功能)和编码者(执行符号化和传达功能)的角色,并相互交替着这些角色。

奥斯古德与施拉姆的循环模式强调了社会传播的互动性,并把传播双方都看做是传播行为的主体,这无疑是正确的。首先,划清了与单向传播的界限;其次,强调在信源与目的地(传受两者)之间,只有在共同的经验范围之内才真正有所谓的传通,因为只有这范围内的信号才能为传受两者所共享;再次,传受双方在编码、解释、译码和传递、接收信息时,是相互作用、相互影响的;最后,传播信息、分享信息和反映信息的过程是往复循环、持续不断的。

这一模式的局限之处在于,首先,它把传播双方放在完全对等或平等的关系中(至少从模式本身看是如此),这与社会传播的现实情况不符。在现实社会中,由于传播双方在政治、经济和文化地位、传播资源以及传播能力等方面通常存在着差异,这种完全对等或平等的传播关系与其说具有普遍性,不如说是极少见的。其次,这个模式能够体现人际传播特别是面对面传播的特点,却不能适用于大众传播的过程。再次,未能显示传播过程与社会过程的互动。

(三) 施拉姆大众传播过程模式

施拉姆意识到了奥古斯都模式存在的问题,于是又另外提出了一个大众传播过程模式(见图 2-7)。

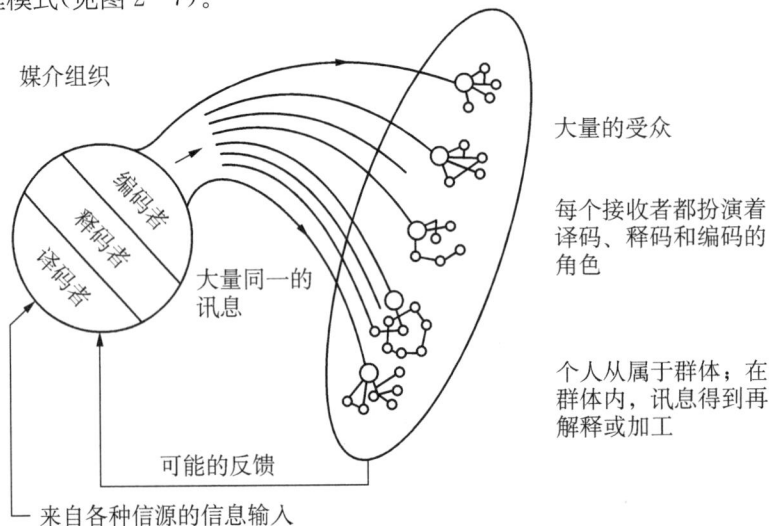

图 2-7　施拉姆大众传播过程模式

这个模式充分体现了大众传播的特点。构成传播过程的双方分别是大众传媒与受众,这两者之间存在着传达与反馈的关系。作为传播者的大众传媒与一定的信源相连接,又通过大量复制的讯息与作为传播对象的受众相联系。这个模式在一定程度上揭示了社会传播过程的相互连结性和交织性,初步具备了系统模式的特点。

(四)德弗勒互动过程模式

1960 年,《大众传播理论》在论述所传讯息的含义与所受讯息的含义之间的一致性时,对单向或线性传播进行了修改,提出环形模式。该模式认为:在传播过程中,人们将含义变换为信息,发射器又将信息转化为信号传送,接收器收到信号后再还原为信息,信息被信宿(人)接收又内化为含义。他接着说:在这种情况下,如果发出的讯息与接收的信息在含义上是一致的,那么就是传通;若两者的含义截然相反,即等于没有传通。德弗勒互动过程模式是在香农—韦弗模式的基础上发展而来的,它克服了前者单向直线的缺点,明确补充了反馈的要素、环节和渠道(见图 2-8)。

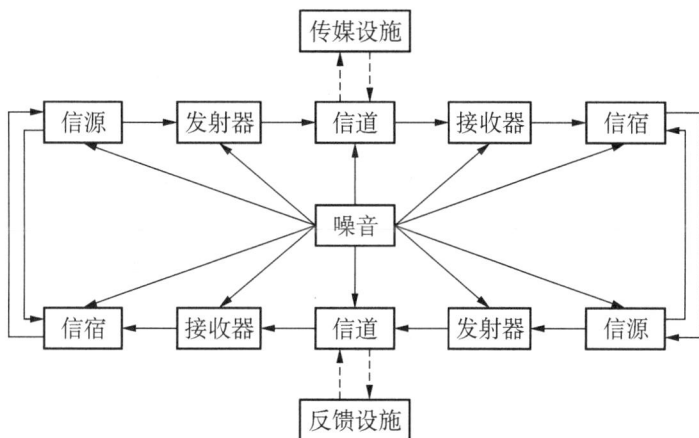

图 2-8 德弗勒互动过程模式

这一模式的优势在于以双向的环形结构真实地呈现了信息交流的复杂性,较全面地反映了传播的主要过程。它增加了另一组要素,以显示信源获得反馈有多种途径(大众媒介设施和反馈设施),而反馈则使信源有可能不断改进传播方式以更有效地适应信宿,从而增加了两种含义之间达到一致的可能性。此外,这一模式也显示了两种含义之间产生不一致的一个重要原因,即噪音的干扰。但是,德氏没有指出:在大众传播中,信源(传播者)只能从受众处获得有限的或间接的反馈,而且是针对传播行为的评价性或意见性的反馈信息。

这个模式也没有超出从过程本身或从过程内部来说明过程的范畴。从辩证法的观点来看,事物的运动过程不仅仅取决于过程的内部因素或内部机制,还会受到外部条件或外部环境的制约和影响。在德弗勒的模式中,唯一提到的一个外部影响因素是噪音,但是,影响传播过程的外部条件和环境因素的全部复杂性,并不是一个简单的噪音概念所能说明的。这主要表现在两方面:首先,简单化、理想化。对人类传播,特别是对报纸、广播、电视等媒介为主的大众传播构成要素的众多性和复杂性反映不够,不能用来分析和解释人类的全部传播现象;其次,对人类传播的新媒介(卫星电视、订阅电视、图文电视等)和新技术(网络传播)未予以足够重视,甚至往往有低诂新的传播技术的效果的倾向。

三、社会系统模式

(一) 赖利夫妇的传播系统模式

1959 年,美国一对从事社会学研究的夫妇 J. W. 赖利和 M. W. 赖利在《大众传播与社会系统》一文中,提出了一个引人注目的系统模式(见图 2 - 9)。

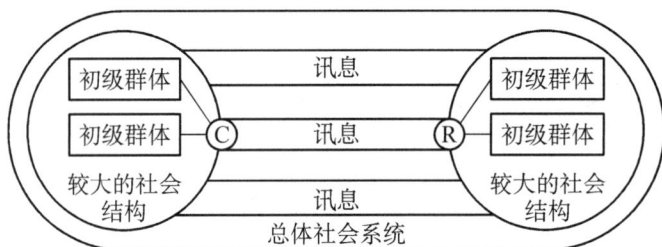

C=传播者 　　　 R=受传者

图 2 - 9　赖利夫妇的传播系统模式

这个模式阐明了,任何一种传播过程都表现为一定的系统的活动,而多重结构是社会传播系统的本质特点:①从事传播的双方即传播者和受传者都可以被看做是一个个体系统,这些个体系统各有自己的内在活动,即人内传播;②个体系统与其他个体系统相互连接,形成人际传播;③个体系统不是孤立的,而是分属于不同的群体系统,形成群体传播;④群体系统的运行又是在更大的社会结构和总体社会系统中进行的,与社会的政治、经济、文化、意识形态的大环境保持着相互作用的关系。赖利夫妇认为:报刊、广播、电视为代表的大众传播,也不外乎是现代社会各种传播系统中的一种。

从这个模式中我们可以看到,社会传播系统的各种类型,包括微观的、中观的和宏观的系统,每个系统既具有相对的独立性,又与其他系统处于普遍联系和相互作用之中。每一种传播活动,每一个传播过程,除了受到其内部机制的制约之外,还受到外部环境和条件的广泛影响。这种结构的多重性和联系的广泛性体现了社会传播是一个复杂、有机的综合系统。

(二) 马莱兹克的大众传播模式

德国学者马莱兹克于 1963 年在《大众传播心理学》一书中提出的系统模式,就充分说明了这一点(见图 2 - 10)。

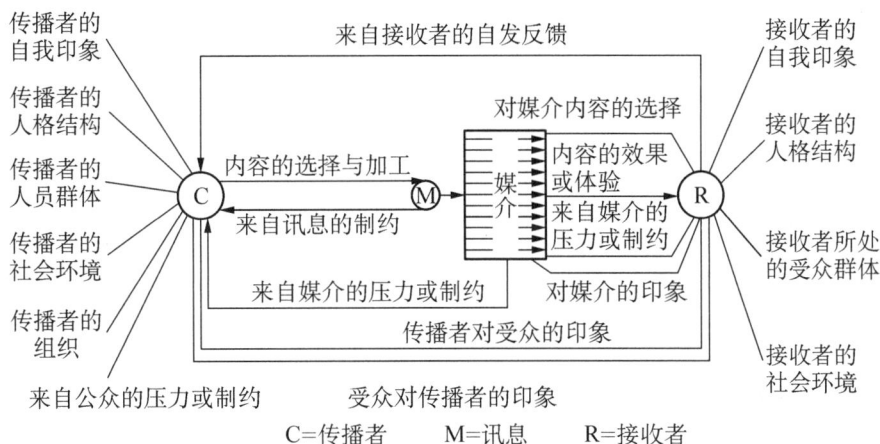

图 2-10　马莱兹克的大众传播模式

在这个模式中,马莱兹克把大众传播看做是包括社会心理因素在内的各种社会影响力交互作用的"场",这个系统的每个主要环节都是这些因素或影响力的集。

(1) 影响和制约传播者的因素:传播者的自我印象、传播者的人格结构、传播者的同僚群体、传播者的社会环境、传播者所处的组织、媒介内容的公共性所产生的约束力、受众的自发反馈所产生的约束力、来自讯息本身以及媒介性质的压力或约束力,等等。

(2) 影响和制约受传者的因素:受传者的自我印象、受传者的人格结构、作为群体一员的受传者(受众群体对个人的影响)、受传者所处的社会环境、讯息内容的效果或影响、来自媒介的约束力,等等。

(3) 影响和制约媒介与讯息的因素:主要来自两个方面:一是传播者对讯息内容的选择和加工。这种选择和加工也可以说是传播者背后的许多因素起作用的结果;二是受传者对媒介内容的接触选择。这种选择当然也是基于受传者本身的社会背景和社会需求作出的。此外,制约媒介的一个重要因素是受传者对媒介的印象,而这种印象是基于平时的媒体接触经验形成的。

综上所述,马莱兹克的系统模式表明,社会传播是一个极其复杂的过程,评价任何一种传播活动。解释任何一个传播过程即便是单一过程的结果,都不能简单地下结论,而必须对涉及该活动或过程的各种因素或影响力进行全面的、系统的分析。

基本概念与问题思考

1. 新闻
2. 传播
3. 新闻本源
4. 新闻来源
5. 新闻要素
6. 新闻主体
7. 《我们对于新闻学的基本观点》
8. 5W 模式
9. 人内传播
10. 组织传播
11. 大众传播
12. 麻醉理论
13. 拟态环境。
14. 简述信息的特点。
15. 简析新闻与宣传的异同。
16. 简述奥斯斯德—施拉姆模式。
17. 简述施拉姆"循环模式"和"大众传播过程模式"。
18. 大众传播的"四功能说"是指哪些功能?
19. 阐述李普曼与拟态环境理论,并结合当前信息社会特点谈谈你的理解。
20. 试述大众传播负面功能产生原因、一般表现及克服方法。

第三章

新闻传播体制与社会意识形态

在阶级社会里,不同社会体制下的新闻事业有着不同的阶级属性,有什么样的社会体制就会有相应的新闻事业;而在不同阶级和社会形态下的新闻事业也表现着各自不同的特征。这里,首先简要概述资产阶级和无产阶级两大体制下的新闻事业。

第一节　不同社会制度下的新闻事业

一、资产阶级的新闻事业

新闻事业最早是伴随着资本主义商品经济的兴起而产生的。资本主义的商品经济不仅为新闻事业的产生创造了必要的社会条件和全部的物质条件,而且带来了全社会思想文化的大解放,为新闻事业的产生提供了思想文化土壤,即:资本主义的商品经济孕育了新闻事业,新闻事业是资本主义商品经济发展的必然结果。因此,从体制上看,历史上最早出现的新闻事业是在资本主义阶段。

17 世纪初,西欧相继出现了许多连续出版的印刷报纸。世界现存的最早的印刷周报是 1609 年德国的《报道与新闻报》。17 世纪上半叶,为了缩短新闻传播的时间,周报开始改为日报,如 1660 年德国的《莱比锡新闻》是世界上最早的印刷日报。一般认为,周报、日报的发展使得报纸已经成为一种企业,成为一种经常的、制度化的事业——新闻事业。

17 世纪中叶至 18 世纪,以英、美、法等国为代表的许多欧美国家爆发了资产阶级革命,最终推翻了封建政权,建立了资本主义制度。资产阶级为了登上历史舞台,就将报刊作为宣传自由、平等、博爱等资产阶级民主思想的舆论工具,为资产阶级政权的建立创造舆论环境。此时的许多报刊具有鲜明的政治倾向性和革命的鼓动性,成为反对封建专制、反对教会的最强大的思想武器,如:法国大革命时期马拉主编的《人民之友报》;英国辉格党的《每日新闻报》;美国独立战争期间,资产阶级革命家富兰克林、杰弗逊、潘恩等创办的大量报刊;等等。

与此同时,一些资产阶级革命家提出了一系列著名的新闻出版思想和观点。如1644年,英国诗人、政论家弥尔顿发表演说,倡导言论、出版自由,即后来出版的《论出版自由》。这是人类历史上第一次系统地提出新闻出版自由,不仅奠定了资产阶级新闻自由理论的基础,而且对后来的资产阶级新闻理论乃至整个新闻事业的发展都产生了巨大的影响。

18世纪后半叶至19世纪初,资产阶级正式登上历史舞台。而资产阶级内部由于各自的政治及经济利益也开始分化。此时的报刊又变成了资产阶级内部各派别、各集团进行争斗、谩骂甚至人身攻击的工具,在社会生活中扮演了一个极不光彩的角色。这个"政党报纸"时期,就连资产阶级的新闻学者都认为是资产阶级报刊史上"最黑暗的时代"。美国的资产阶级报纸是这一时期的典型代表。

19世纪30年代,"政党报纸"被"大众化报纸"所取代。"大众化报纸"又称便士报、廉价报纸。它十分强调报纸的独立性,声称"不党、不私、不偏、不倚",即不受任何政党、团体左右;大量刊登广告,保持经济独立;大量刊登趣味性强乃至耸人听闻的新闻报道;价格低廉,大量发行。"大众化报纸"使报纸成为一种资本主义企业,经营完全企业化。到19世纪末,"大众化报纸"已经成为资产阶级报纸的主体。

19世纪末至20世纪初,随着欧美各国经济的迅速发展,原来各自独立的"大众化报纸"纷纷被有实力的资本家收买,形成报系或报团。所谓报系或报团,是指在不同地区拥有多种报刊的托拉斯,其资本相对集中,由某个资本家或更大的垄断资本集团统一经营管理,有一致的办报思想和方针。之后,金融垄断资本将众多的报系或报团组成更大的垄断报业集团;直至今日,垄断资本主义已经转变为国家垄断资本主义;而国有垄断资本与私人垄断资本的结合,又使得垄断报业演变成了集各种传播媒介于一体的庞大的传播集团。国外有的学者称之为"传播帝国"。

总之,资产阶级新闻的性质,随着其意识形态的逐步发展,其意识形态的属性也有着相应的变化,但是却不能摆脱其资产阶级的本质属性。在资产阶级为夺取政权而斗争的时候,他们的报刊就是为了宣传资产阶级思想,为资产阶级革命呐喊助威;当资产阶级取得了权力,资产阶级的报纸又开始为其政权服务;而随着资本主义经济的进一步发展,商业报纸的出现,开始出现自由竞争,标榜自由与公正,但是仍然是站在资产阶级这个大的集团利益下的,仍然是为资产阶级的整体利益服务的,仍然具有资产阶级的意识形态属性;随着垄断资本主义的出现,西方的新闻媒体也开始出现集团化,通过并购、收买,使得多数的媒体被控制在少数的报业巨头手中,这时的新闻媒体的自由已经更是被限制在少数大资本家的利益范围之内,而资本家为了自身的利益也会联合国家,做出相应的倾向,因此,其意识形态的属性仍然是不可避免地具有资产阶级的烙印。

二、无产阶级的新闻事业

18世纪后半叶至19世纪中期,欧美的几个主要资本主义国家先后完成了工业革命。工业革命不仅创造出了巨大的社会财富,而且也创造出了一个新兴的阶级——无产阶级。无产阶级在与资产阶级的斗争中,建立了自己的组织,工人报刊也随之开始出现。

19世纪20年代,随着无产阶级反抗资产阶级剥削和压迫斗争的深入开展,出现了最初的无产阶级报刊,如:1825年伦敦各行业代表委员会创办的《各行业新闻及工匠周刊》,1828年美国工人组织创办的《机器工人自由报》,1830年英国全国劳工保护协会创办的《联合行业周报》及后来的《人民之声》周刊等。这些报刊站在工人阶级的立场上,反映工人的要求,支持工人罢工,为维护工人的基本利益和权利进行了不懈的斗争。但由于当时的无产阶级还没有从整体上完成自在阶级向自为阶级的转变,因此,这些早期的工人报刊还算不上是完全意义上的无产阶级新闻事业。

19世纪三四十年代,法国、英国和德国相继爆发了规模宏大的工人运动,如法国里昂纺织工人的起义、英国的宪章运动及德国西里西亚纺织工人的起义,这三大工人运动标志着无产阶级已经作为一支独立的政治力量登上了历史舞台。也正是在这一时期,产生了革命的、政治性的无产阶级报刊。其中,最著名的是1837年创刊的《北极星》周报。该报坚持出版15年,是在群众中最有威信、影响最大的宪章派报纸。马克思、恩格斯曾经给予很高的评价,称它为真正民主和摆脱了民族、宗教偏见的报纸,"在各方面都成了欧洲最优秀的报纸之一"[1]。

19世纪40年代后期,马克思和恩格斯创立了辩证唯物主义和历史唯物主义,奠定了无产阶级科学世界观的基础,从而使得无产阶级逐渐形成并诞生了一个独立的、自觉的阶级政党。1847年6月,共产主义者同盟成立,这是人类历史上第一个以科学社会主义理论为指导的无产阶级政党。1848年2月发表的《共

---

[1] 马克思恩格斯全集(第2卷)[M].人民出版社,1985:668.

产党宣言》,就是科学社会主义理论与工人运动相结合的产物,标志着工人运动
进入了一个新时期。

1848 年 6 月,马克思、恩格斯创办了《新莱茵报》,它是全世界第一份真正的
无产阶级报纸,是第一份无产阶级政党的机关报。《新莱茵报》一创刊就高举无
产阶级国际主义大旗,大力支持各国工人阶级的革命事业,始终坚持与敌人进行
斗争,宣传无产阶级革命的纲领和路线,充分体现了无产阶级报纸的性质。《新
莱茵报》在世界无产阶级报刊史上写下了光辉的一页,树立了一座不朽的丰碑。
列宁称赞它是"最好的、无与伦比的革命无产阶级的机关报"。

图 3-1 《新莱茵报》,1846 年 6 月—1949 年 5 月于德国科隆出版

图 3-2 《火星报》,1900—1905 年先后于德国、英国、瑞士等地出版

19 世纪末 20 世纪初,世界无产阶级的革命中心逐渐转移至俄国。1900 年
12 月,列宁同普列汉诺夫等人在德国的莱比锡创办了《火星报》,这是全俄无产
阶级的第一份政治性报纸。报纸明确提出了建党计划:"报纸的作用并不限于传
播思想,进行政治教育和吸引政治同盟军,报纸不仅是集体的宣传员和集体的鼓
动员,而且是集体的组织者。"《火星报》是继《新莱茵报》之后国际共产主义运动
史上最出色的马克思主义政党机关报。

1912 年,俄国掀起新的革命高潮,群众性的工人日报《真理报》应运而生。
它继承和发扬《火星报》的优良传统,造就了整整一代新的革命工人。十月革命
胜利后,《真理报》成了社会主义报刊的典范和核心。而社会主义新闻事业正是
在无产阶级夺取政权、建立社会主义制度之后出现的一种崭新的新闻事业。

1917 年,世界上第一个社会主义国家——苏联成立,社会主义新闻事业从此走上了人类历史的舞台。

图 3-3　《真理报》,1918—1991 年苏共中央机关报

中国共产党在新民主主义革命时期创办的报刊也是世界无产阶级报刊体系的重要组成部分。1922 年,中国共产党创办了第一份中央机关报——《向导》;1925 年,创办了第一份日报——《热血日报》;1931 年,创办了红色中华通讯社;抗战期间,又先后创办了《解放日报》《新华日报》;1940 年,创办了延安新华广播电台。它们在不同时期,大力宣传党的各项方针政策,团结人民,打击敌人,为争取革命的最后胜利做出了巨大的贡献,也为社会主义时期新闻事业的发展奠定了坚实的基础。

图 3-4　《向导》,1922 年 9
月—1927 年 7 月

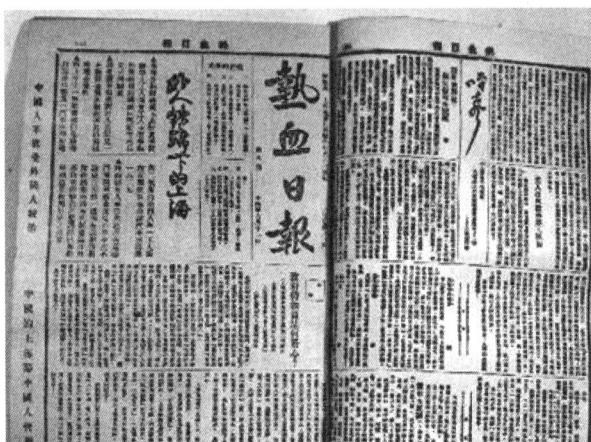

图 3-5　《热血日报》,1925 年 6 月 4 日—1925 年 6 月 27 日

此外,第二次世界大战后,亚、非、拉地区一大批国家摆脱了殖民主义统治,获得了民族独立,并逐渐形成了第三世界。从 20 世纪 60 年代起,广大第三世界的发展中国家掀起了一股"建立世界新闻传播新秩序"的巨大潮流,并得到了国际社会的广泛认同,取得了可喜的进展。

综上所述,新闻事业从诞生至今的 300 多年间,由于不同的国家、社会制度、文化传统,其体制和类型也日益呈现多样化的态势。但是,从整体上看,世界新闻事业的类型也不外乎三种:资本主义新闻事业、社会主义新闻事业、第三世界发展中国家的新闻事业。资本主义新闻事业发展最早,凭借几百年来强大的经济和科技力量,是构成目前世界新闻事业体系中实力最雄厚的一部分;社会主义新闻事业虽然只有几十年的历史,且发展道路曲折,但它代表着人类新闻事业的历史走向,必将开拓出广阔的发展前景;第三世界发展中国家的新闻事业,尽管在发展进程中不尽一致,指导方针上也存在着差异,但它同样是构成世界新闻事业体系中的一分子,是"建立世界新闻传播新秩序"的一支不可忽视的重要力量。

第二节 社会主义新闻体制特点

一、客观认识新闻事业的阶级性

所谓新闻事业的阶级性,是指新闻事业在运用新闻手段来报道事实、反映客观世界的过程中,总是会表现出特定阶级的立场、观点,并为本阶级的政治、经济、文化等活动提供有利的社会舆论环境。因此,新闻事业是建立在一定社会的经济基础之上的上层建筑。在一般情况下,新闻事业都是被社会生活当中占统治地位的阶级所控制。他们必然地从本阶级的根本利益和需要出发,建立居于统治地位的上层建筑,如国家机构、政治、法律制度等,包括新闻传播机构,即统治阶级必然要通过新闻事业为自己的政党服务。无论何种新闻事业,都不能超越统治阶级的意志,只能在统治阶级允许的范围内活动。不同阶级的新闻事业即便是在报道同一件新闻时,也往往出现差异,甚至出现完全相反的报道。毕竟"统治阶级的思想在每一时代都是占统治地位的思想。这就是说,一个阶级是社会上占统治地位的物质力量,同时也是社会上占统治地位的精神力量。支配着物质生产资料的阶级,同时也支配着精神生产的资料。因此,那些没有生产资料的人的思想,一般地是受统治阶级支配。"①所

---

① 马克思、恩格斯:马克思恩格斯选集(第 1 卷)[M].人民出版社,1972:52.

以，只要阶级还存在，新闻事业的阶级属性就不可避免。正如毛泽东所说："在阶级消灭之前，不管通讯社或报纸的新闻，都有阶级性。"①

当然，我们说新闻事业具有强烈的阶级性，是指它在阶级社会的基本属性，并不能因此否认新闻事业的其他属性和职能。任何思想上的简单化、片面化、绝对化都会导致理论和实践上的错误。一句话，我们应当坚持历史唯物主义的基本观点，以实事求是的科学态度来看待新闻事业的阶级性。

二、社会主义新闻事业党性原则

在阶级社会，新闻事业是掌握在一定阶级手中的舆论工具，具有强烈的阶级倾向性。阶级斗争一旦发展到一定的阶段，势必演变成为政治斗争。而"各阶级政治斗争的最严整、最完全和最明显的表现就是各政党的斗争"②。即一定阶级的政党无不自觉地以新闻工具作为自己的斗争武器，也就不可避免地赋予各种新闻事业以鲜明的党性。

（一）党性原则概说

关于党性概念，是马克思、恩格斯在 1847 年指导《德意志—布鲁塞尔报》时，在该报发给一位读者的公开信中提出的。"它是一份彻头彻尾有党派的报纸，如果有人认为它是无党派性的，那是对它的最大侮辱。"马克思、恩格斯进一步指出，在现代文明国家，每家报纸无不表达它所代表的政党的意见，无产阶级政党需要的首先是政治性的机关报，这种报纸是党的战斗旗帜，能够确保全党以党特有的严格党派倾向进行阶级斗争。

而列宁在 1895 年谈到民粹主义的问题时，也曾明确了党性的概念。他指出，唯物主义本身包含有所谓党性，要求在对事变做出任何估计时，都必须直率而公开地站到一定社会集团的立场上。1905 年，列宁在著名的《党的组织和党的出版物》一文中，又将党性概念具体化了。他旗帜鲜明地提出了"党的出版物的原则"——"这不只是说，对于社会主义无产阶级，写作事业不能是个人或集团的赚钱工具，而且根本不能是与无产阶级总的事业无关的个人事业。无党性的写作者滚开！超人的写作者滚开！写作事业应当成为无产阶级总的事业的一部分，成为由全体工人阶级的整个觉悟的先锋队所开动的一部巨大的社会民主主义机器的'齿轮和螺丝钉'。写作事业应当成为社会民主党有组织的、有计划的、

① 毛泽东：同新闻出版界代表的谈话，毛泽东新闻工作文选[M]. 新华出版社，1983：191.
② 列宁选集（第 1 卷）[M]. 人民出版社，1972：660.

统一的党的工作的一个组成部分。"①因此,无产阶级的新闻事业不仅具有鲜明的党性,而且公开宣布自己的党性,声明在新闻工作中体现无产阶级政党的思想意志、政治要求和组织原则。这是无产阶级新闻事业区别于其他阶级的新闻事业的显著标志。

早期的资产阶级新闻事业,也大多以政党报刊的面目出现,直接宣传资产阶级政党的思想和政策,不讳言自己的党派性。后来以商品化为特征的资产阶级新闻企业,标榜报道的客观、公正,不受政府和政党的控制。然而事实上,大多数商品化的资产阶级新闻企业都依附于一定的财团,而财团又支持和控制一定的政党。因此,资产阶级新闻事业仍然反映和维护着资产阶级的阶级或集团的利益,不能摆脱其党派性。正如列宁所言:"在资产阶级社会中,非党性不过是属于饱食者的政党、统治者的政党、剥削者的政党的一种虚伪、隐蔽和消极的表现。"②

(二) 社会主义新闻事业的党性原则

新闻事业的党性原则,不仅在无产阶级革命时期是适用的,在无产阶级取得了政权、进行社会主义建设时期同样是适用的。在社会主义社会,新闻事业成为社会主义国家的事业,成为社会主义上层建筑的一部分,担负着宣传社会主义物质文明和精神文明,促进社会主义事业发展的任务。在工作中坚持党性原则,就是坚持社会主义的政治方向。

社会主义新闻事业的党性在政治上的表现,就是积极、准确、生动地向群众宣传党的纲领路线、方针政策,并组织和引导群众贯彻执行,使党的政策成为广大群众自觉行动的理论指南。毛泽东指出:"我们的政策,不光要使领导者知道,干部知道,还要使广大的群众知道。群众知道了真理,有了共同的目的,就会齐心来做。报纸的作用和力量,就在它能使党的纲领路线、方针政策、工作任务和工作方法,最迅速最广泛地同群众见面。"③因此,要在新闻工作的实践中贯彻党性的要求,必须注意以下几点:宣传党的路线政策必须立场坚定,旗帜鲜明;要明确党的总路线、总政策与具体路线、具体政策之间的关系;善于把党的政策变为群众的自觉行动;实事求是地反映群众的呼声、意见和要求,在实践中检验党的政策。

社会主义新闻事业的党性在思想上,就是要以党的指导思想作为新闻事业

---

① 列宁. 党的组织和党的出版物[J]. 红旗,1982(22).

② 列宁选集(第1卷)[M]. 人民出版社,1972:661.

③ 毛泽东选集四卷合订本[Z]. 人民出版社,1964:1213.

的指南,宣传党的思想体系和理论基础。无产阶级政党的指导思想是马克思主义。在我们今天的新闻宣传中,仍然必须坚持以马克思主义为指针。即对于马克思列宁主义、毛泽东思想的基本观点,应当结合当前的实际情况,持久不懈地进行生动有力的宣传。具体来说,要密切结合实际,完整地、准确地、生动地宣传马克思列宁主义、毛泽东思想的基本观点和基本知识;要以马克思列宁主义、毛泽东思想的基本观点、立场和方法,对各种新闻事件进行解释和报道,向群众进行辩证唯物主义和社会主义的思想教育;要有高度的政治坚定性和鲜明的战斗风格。毛泽东在 1948 年对《晋绥日报》编辑人员的谈话中曾经指出:"我们必须坚持真理,而真理必须旗帜鲜明。我们共产党人从来认为隐瞒自己的观点是可耻的。我们党所办的报纸,我们党所进行的一切宣传工作,都应当是生动的、鲜明的、尖锐的,毫不吞吞吐吐。这是我们革命无产阶级应有的战斗风格。"①

　　社会主义新闻事业的党性在组织上的要求,就是接受党对新闻事业的领导,遵守民主集中制的组织原则。我国无产阶级报刊始终自觉地把自己作为党手中的舆论工具,党也把它作为自己组织中的一个工作部门。1942 年,中共中央宣传部在《为改造党报的通知》中规定:"把报纸办好,是党的一个中心工作,要使党报编辑部与党的领导机关的政治生活联成一气。"②1981 年 1 月 29 日发表的《中共中央关于当前报刊新闻广播宣传方针的决定》,又进一步明确规定:"报刊、新闻、广播、电视是党的舆论机关,要加强组织性纪律性。必须无条件地同中央保持政治上的一致,不允许发表与中央路线、方针、政策相违背的言论。必须接受和服从党的领导,凡是涉及党的路线、方针、政策以及重大政治性的理论问题,对外必须统一于党中央的决定和口径,与党的步调一致,不得各行其是。"即党对新闻事业的领导,主要是思想上、政治上、组织上的领导,是对宣传党的思想观点、方针、政策的领导。因此,在我国社会主义制度下,所有的新闻事业都必须接受党的领导。

　　如今,在我国社会主义市场经济体制条件下,在改革开放不断推进并且已经加入 WTO 的形势下,尤其是在全球化进程越来越加快的趋势下,我们的新闻媒体面临着巨大挑战,这就更加需要继续坚持党性原则。正如江泽民指出的:"我们的新闻工作是党的整个事业的一个重要组成部分。因此,不言而喻,必须坚持党性原则。""这里的道理是不言自明的,因为我们的国家是共产党领导的国家,每一家(包括民主党派)的新闻媒体都接受中国共产党的领导,所以一定要坚持党性原则。在涉及党的重大方针政策和行动部署时,宣传的口径必须与中央保

---

① 毛泽东选集四卷合订本[Z]. 人民出版社,1964:1217.
② 中国社会科学院新闻研究所编. 中国共产党新闻工作文件汇编(上卷)[Z]. 新华出版社,1980:126.

持一致,决不允许各行其是,另唱一个调。"①因此,我们国家的新闻媒体必须坚持党性原则,为我国的社会主义的事业服务,与党的路线方针政策保持一致。

三、坚持"政治家办报"有关原则

(一)"政治家办报"的含义

据新闻界老前辈吴冷西回忆,至少在 1954 年,毛泽东就曾讲过:"搞新闻工作,要政治家办报。"1957 年,毛泽东再次强调:"写文章尤其是社论,一定要从政治上总揽全局,紧密结合政治形势。这叫政治家办报。"②

"政治家办报"思想,充分体现出新闻从业者积极入世、敢于直面社会现实的职业使命感和社会责任感。毛泽东提出"政治家办报"这一主张,针对的正是"同人办报"的旧传统。旧中国办报,多是"集资千金,局居斗室,因陋就简,就可创业"。如此一来,仅凭理想与兴趣,纯粹的书生意气,"同人之报"难免狭促为小圈子票友们的俱乐部,或孤芳自赏,将百姓视为愚民;或愤然弃世,鸳鸯蝴蝶自娱自乐无论春秋……而作为一个有着政治家风骨的新闻人,则会让自己成为一位活跃的、热情的社会活动家,参政议政,永远将自己置于时代的风口浪尖,竭尽所能为人民为社会做出贡献。与世无争固然可贵,但即使看透黑暗险恶,仍怀揣理想积极进取则更加令人钦佩。"政治家办报",就是要既能为了超越和发展努力让自己适应社会,首先进入主流话语圈,又能不完全淹没于现实,利用自己的话语权改造现实。只有这样,社会才有希望。

1996 年 1 月 2 日,江泽民在接见《解放军报》社师以上干部时的讲话中说:"最近,中央多次强调,高级干部一定要讲政治,在政治问题上必须头脑清醒。毫无疑问,在党的新闻工作中同样要强调这个问题,这是新的形势和任务提出的必然要求。因此,报社的同志,必须讲政治,必须具有良好的政治素质,具有很强的政治鉴别力和政治敏锐性,必须树立高度的政治责任感。每个同志都要自觉地在思想上、政治上与党中央保持一致。"③江泽民这次重申"政治家办报",强调报纸的宣传艺术,不仅仅是重复毛泽东当年的讲话精神,重要的是向新时期的党报工作提出了新的任务和更高的要求。

所谓"政治家办报",主要是指办报的人要有政治头脑,要有高度的政治敏锐性和政治鉴别力,在复杂的事实面前能够做到把握全局,高瞻远瞩。正如有学者

---

① 顾潜. 中西方新闻传播:冲突、交融、共存[M]. 复旦大学出版,2003.
② 吴松营,眼光、技巧和开拓精神:谈社会主义市场经济条件下的政治家办报[J]. 新闻战线,1996(6).
③ 江泽民在接见《解放军报》师以上干部时的讲话[J]. 新闻战线,1996(2).

所说:"毛泽东要求要政治家办报,不要书生办报,就是要求记者能够透过形形色色的现象从政治的高度把握事物。一个新闻工作者,如果不能从政治上观察问题,没有高瞻远瞩的政治眼光,只能是一个三流记者。"①

确实如此。"新闻作为一种意识形态,作为宣传、教育、动员人民群众的一种舆论形式,总是直接或间接地反映我们党和国家的政治立场、政治主张和政治观点。我们的报纸办得好,可以对党的路线、方针、政策和任务起到有力的宣传、贯彻作用,对群众起到极大的动员、鼓舞作用,对先进的东西起到积极的倡导弘扬作用,对错误的东西起到及时的制止、纠正作用,还可以对科学知识起到广泛的传播、普及作用。"②

换言之,"政治家办报",包含两层意思:一是对一切新闻工作者的具体要求,每个报人都要有政治家的眼光、政治敏锐力和政治责任感;二是各种新闻事业都要"讲政治",要体现坚定的党性原则。

(二)坚持"政治家办报"的有关原则

1. 讲政治

强调"政治家办报",最根本的就是要求新闻工作者一定要讲政治。那么,在新闻事业的工作和实践中究竟如何来体现讲政治的原则呢?

对此,有人曾经做过如下阐述:①要自觉地在思想上、政治上与党中央保持一致;②树立大局意识,积极而有效地为党的中心任务服务;③牢记全心全意为人民服务的宗旨;④善于学习,不断提高自身的政治素质③。只有这样,我们才能提高自身的政治水平、理论水平和思想水平,才能善于从政治上去分析和处理各种新闻事件,运用各种新闻素材,挖掘各种新闻资源,才能在新闻作品中自然而生动地体现我们党的政治立场和政治观点,进而达到引导人、启迪人、教育人、激励人的目的。

"当然,强调讲政治,并不意味着简单地重复一些政治口号,搞一些空洞的东西。要讲究宣传艺术,增强吸引力、感召力和说服力,把报纸办得生动活泼,喜闻乐见。"江泽民这段话的意思是办报"讲政治",但又要避免把所有的报纸都办成一成不变的政治思想教育报,切忌抽象、教条地去宣传党的方针、政策。对此,邱曙东在《略论社会主义市场经济条件下办报"讲政治"》一文中提出:"办报讲政治,但又要克服办报思想的误区:不是否定办报规律而不讲宣传艺术;不是单一

---

① 李广增. 新闻传播学[M]. 河北大学出版社,1997:44.
② 江泽民在接见《解放军报》师以上干部时的讲话[J]. 新闻战线,1996(2).
③ 尹维祖:讲政治是党报工作的基本准则[J]. 新闻战线,1996(3).

强调舆论导向功能而忽视其他信息传递、娱乐功能等；也不是空喊空洞的口号。"①

2. 政治素质

关于"政治家办报"的前一层含义，即要求有政治家的眼光、政治敏锐力和政治责任感，是要求新闻工作者须具有政治素质。"为什么政治素质是一个重要的问题呢？这是由新闻工作的性质决定的。新闻工作同政治是密切联系的，任何一家报纸、电台、电视台的新闻宣传都服务、体现一定的政治，这是马克思主义新闻学的基本观点。"②

具体来说，新闻工作者的政治素质主要包括以下几个方面：

（1）新闻工作者要有坚定正确的政治立场，坚持和宣传四项基本原则，自觉地与党中央保持高度一致。即在原则问题上，一定要立场坚定，旗帜鲜明，要把国家、人民的利益放在第一位。也就是说，有了正确的政治立场，就有了政治敏感性，就会对新出现、新发生事物的政治属性、政治倾向、政治后果及政治意义等迅速而准确地做出判断，并进而确定这件事情是否有意义，是否需要报道以及应当怎样报道。

（2）要有较高的理论修养。我们的政治不是自发的、盲目的政治，而是一种自觉的政治，那就需要懂得理论。理论是行动的指南，只有正确的、科学的理论才能使自己的政治信仰坚定不移。而只有坚定了正确的政治立场，才会有强烈的政治责任感，时刻想到自己手中这支笔的分量，使自己写出来的东西要对社会负责、对人民负责，尤其要经得起读者的检验，经得起社会实践的检验。

（3）要有优良的思想作风。它既是实现政治方向的一个重要因素，也是一个人政治方向的外在的、经常的、具体的体现，如坚持勤奋敬业、实事求是、艰苦奋斗、清正廉洁、勇于创新的思想作风，就能够与人民群众同呼吸、共命运。用恩格斯的话说："党的新闻工作者仅仅有写作才能或理论知识是不够的，还需要熟悉党的斗争条件，掌握这种斗争的方式，具备久经考验的耿耿忠心和坚强性格，最后还必须自愿地把自己列入战士的行列中。"③

（4）要对人民群众怀有深厚的感情，经常深入到人民群众之中去，了解他们的生活状况，反映他们的愿望、要求和呼声。1996年9月26日，江泽民在视察《人民日报》社时的讲话中指出："新闻工作、党报工作，说到底也是群众工作，是我们党联系群众的重要纽带。密切联系群众，是新闻工作者的必修课和基本功。

① 邱曙东：略论社会主义市场经济条件下办报"讲政治"[J]. 新闻战线，1996(5).
② 邵华泽：谈新闻工作者的政治素质[J]. 新闻战线，1996(3).
③ 马克思恩格斯全集(第20卷)[M]. 人民出版社，1985：113.

大家要树立牢固的群众观点,同广大人民群众同呼吸、共命运,善于做调查研究工作,紧扣时代的脉搏,倾听群众的心声。"可以这样说,这既是对新时期新闻工作者的思想政治修养提出的新的更高的要求,也为新闻工作者加强思想政治素质指明了目标和努力方向。

综上所述,坚持"政治家办报"的方针,是对党的新闻工作者的一项很高的要求。毕竟"党报的负责同志和全体编辑、记者,都不是什么自由撰稿人,也不是旧时报馆里的报人,更不是西方资本主义国家报刊的老板和雇员,而是马克思主义的新闻工作者,是党的新闻战士"①。因此,党报的工作人员特别是领导干部,都要以马克思主义政治家的标准来要求自己;必须具备与之相适应的政治、思想、理论水平;必须立场坚定,政治成熟,胸有全局,高瞻远瞩;必须从全局出发,从党和人民的整体利益出发;必须用马列主义、毛泽东思想、邓小平理论和习近平总书记系列重要讲话武装自己,全面提高自己的政治思想素质。只有这样,只有坚持不懈地努力工作,我们的新闻工作者才能成为称职的新闻战线上的政治家,才能把党的新闻工作提高到一个新的水平。

基本概念与问题思考

1. 大众化报纸
2. 党性原则
3. 政治家办报
4.《新莱茵报》
5. 简述社会主义新闻体制特点。
6. 简述无产阶级报刊发展历程。

---

① 王晨:面对传媒之襄[M].中国发展出版社,2000:78.

第四章

传者与受众：新闻传播的双重主体

传者是传播流程的始点，受众是传播流程的重点。把两者放在一起讨论便于从整体上理解和把握新闻传播主体间关系。特别是进入自媒体时代以来，传受之间界限越来越模糊，传者和受众之间的角色在不停地转换。

第一节　新闻传播者

新闻传播者不仅在整个的新闻传播活动中处于主体的地位，而且在全部的新闻传播流程中起着主导作用。他们在社会结构中有着极为特殊的身份和角色，记者甚至被称作"无冕之王"，其重要性可见一斑。

一、角色定位

新闻传播者的基本角色是新闻信息的传播者和公众领域中的意识交流家，从其诞生之日起就以各种信息搜集人和传播人的形象活跃于社会生活的各个领域，成为社会各个群体之间相互联系的纽带。具体而言，新闻传播者的角色特征体现在如下几方面：

（一）新闻传播者是"信息流通的主动力"

作为整个传播行为和活动中的主动者，专业的新闻传播者是使社会信息的流动永不停息的主要推动力。原生态的信息如果没有人去发现、采集并转化为可流动的信息，它就不可能进入传播过程。而如果整个社会都失去了这种对于信息的及时采集和传播，信息也就会凝滞。一个社会如果在信息的流通方面长期缺乏及时和畅通，那就必然会造成整个社会生命力的衰退；反之，一个社会充分保持信息的活跃，才能保证社会血脉的畅通，社会生命力也就自然会强盛。由于信息具有使用不灭的特性，所以信息的传播范围越广、传播力度越大，整个社会的总体信息就越丰富。新闻传播者充当了信息流通传播的专业的角色，使得全社会的信息及时流通和传播。新闻传播者的"信息流通主动力"作用发挥得越好，社会历史的政治、经济和文化的发展就一定会健康旺盛。

（二）新闻传播者是社会信息传播的主体"选择者"和"把关人"

按照新闻传播的基本规律，新闻信息的传播需要经过许多环节的新闻选择，而新闻传播者不仅是新闻信息的传递者，而且又首先是新闻信息流量和流向的控制者与引导者。他们在新闻传播的各个环节担当着"选择者"和"把关人"的角色。所谓把关，是指传播者不可避免地要对信息进行筛选和过滤，而这种筛选和过滤的行为就叫把关（守门）。也就是说，在任何传播活动中都必然要受到一些个人或集团的控制，传播学家们将这一论点发展成为传播学中的把关人理论。一般认为把关人在对信息处理的过程中主要有以下三方面的作用：删去某些信息；增强某些信息的重要性；降低某些信息的重要性。这其中就显然参与和体现着传播者本人的主观选择的倾向或意愿，而新闻传播者当然就是新闻传播活动中的最主要的"把关人"。既然如此，新闻的把关就肩负了一种巨大的责任，他们对于信息的选择和把关会直接对整个社会和广大公众的利益带来影响。因此，新闻传播者的信息选择和把关人角色，干系重大。

（三）新闻传播者是"意识交流的桥梁"

新闻传播者作为社会信息的传递者，从社会结构的纵向来看，可联系上与下；而从横向上来看，则可沟通左与右。新闻传播活动所传递的信息中，既包括上对下的精神，也包括下对上的意愿。政府、政党、集团通过传播者而向下向外发布政令、政策、方针、计划，使传播者发挥"喉舌"的作用；而基层、民众、外界又有赖于传播者向上级、政党、政府反映意见、建议和呼声，从而发挥"耳目"的作用。在功能健全的条件下，新闻传播者就成了社会上下意识沟通和交流的纽带。尤其是，在这样的一种关系中，新闻传播者还具有"监督权力的镜鉴"的职能和角色。因为，新闻传播者通过大量的社会决策与社会现实的公开报道，使政府官员和公务人员的行政行为与个人品质处于较高的透明度中，以便全社会对其实施评议和监督。这里需要特别指出的是，传播者作为"意识交流的桥梁"，在上与下的关系上，一定不能过于重"喉舌"作用而轻"耳目"作用，这是以往历史上常常出现的问题。至于对左右的沟通方面,由于人们社会身份、经济地位、政治观点、文化水平等方面的差别,往往对于各种事物的认识和观念有着很大的不同。新闻传播就需及时提供交流的机会和渠道,使得社会上不同的见解得到沟通,尤其还要进行一定的舆论引导,使得某些公众意见尽可能地达到统一和一致①。

总之,新闻传播者的基本角色定位就是新闻信息的传播者和公众领域中的意识交流家;而新闻传者的社会行为与社会各个领域有着各种各样的联系,因而其基本角色也向着派生角色延伸。

二、素质要求

作为一个新闻传播者的整体素质,可以用下面的一个公式来表示:

$$新闻传播者的整体素质=长×宽×高。$$

其中,长=业务专长;宽=知识面;高=思想境界。
那么这三方面的构成又具体包括哪些具体内容呢?

(一) 超常新闻敏感

所谓超常新闻敏感,是指新闻传播者在现实生活中能够迅速而敏捷地捕捉和判别各种事物变动的信息,并及时衡量信息中所含有新闻价值大小的能力。新闻敏感既是对重大新闻事件的快速反应能力,也是对处于萌芽状态新闻素材的透视能力,通常需在长期的新闻实践中积累和训练而成,是新闻传播者总体业务水平的集中、综合表现。

对于新闻传播活动来说,新闻传播者最需要具备的素质就是新闻敏感。因为新闻永远面对的事实,是绝对真实的事实。新闻传播绝不可以凭借灵感去加以任何性质的想象和虚构,而且,新闻的事实又必须首先有"新"的基本属性;传播者能够及时抓住新闻事实的"新"的特征,当然就需要"敏感",所以新闻敏感在新闻传播中就同艺术灵感在艺术创造中一样,是必不可少的也是最重要的传播者的主体品格。如果运用心理学的观点和理论来加以解释,新闻敏感就是新闻传播者经过一定的新闻实践的积累和训练,已经自然养成的一种思维的待激状态。在这种状态下,新闻传播者已有的新闻价值观念作为特定的知识结构潜藏在意识深层,如果大脑对进入自己认知领域的各种信息保持高度警惕,一旦遇到

---

① 以上观点和本章中的部分观点吸收和借鉴了童兵的说法。见理论新闻学导论[M]. 中国人民大学出版社,2000.

符合新闻价值标准的目标，立刻就会予以捕捉，产生职业性的思想"火花"。所以，新闻敏感者对于事物的新闻价值的判断，类似条件反射，完全形成了一种职业化的习惯反应。归根结底，新闻敏感的核心是一种鉴别能力。依靠这样的一种能力，记者可以迅速判断哪些事实是有新闻价值的，哪些是没有新闻价值的；哪些是可以进入新闻选题的，哪些是没有选题意义的。

（二）较强沟通能力

新闻传播者要快速、广泛地发现并采集新闻，当然就必须同社会上各个阶层和各色各样的成员打交道，只有建立广泛的社会联系，与社会生活的各个方面随时保持密切和畅通的连接，才能及时抓住社会运行发展的新动向，发现萌芽中的新事物、新状态。如果不善于参与社会活动和调动人际关系，那就是从事新闻传播工作的严重缺陷。作为一个优秀的新闻人，其最良好的素质就是能够和生活完全打成一片。他可以和任何人沟通，从任何人的身上得到有用的信息。此外，沟通交往能力还包括采访过程中的情感性交流。意大利著名记者法拉奇是一位谙熟"情感因素"内蕴的高手，她能熟练地使用"情感手段"攻破一个个叱咤风云的政界人物的防线，激活他们接受采访的欲望并启动他们的智力活动。20世纪80年代初，法拉奇对邓小平进行一次成功的采访。据说性格内向、从不愿宣扬自己的邓小平先生，起初并不愿意接受这次采访。但法拉奇精心设计了一个极富人情味的开头。这次采访是这样开始的：

法拉奇一见邓小平就说："明天是您的生日！"（引起对方回忆）

小平同志有些惊讶："我的生日，我的生日是明天吗？"

法拉奇肯定地答道："不错，邓小平先生，我是从您的传记中知道的。"

小平同志接着说："既然你这样说，就算是罢！我从来不记得什么时候是我的生日，就算明天是我的生日，你也不应祝贺我啊。我已76岁了，76岁是衰退的年龄啦！"

法拉奇立即把话接过来："邓小平先生，我父亲也是76岁，如果我对他说那是一个衰退的年龄，他会给我一个耳光呢。"（把邓小平与自己的父亲联系起来，给人以父女相称的温情）

小平同志笑了笑："他做的对。你也不会这样对你父亲说话的，是吗？"（共识，以父辈口吻交谈）

对话不多，但人情味浓浓的。交谈时间不长，仅几分钟，却已激起小平同志

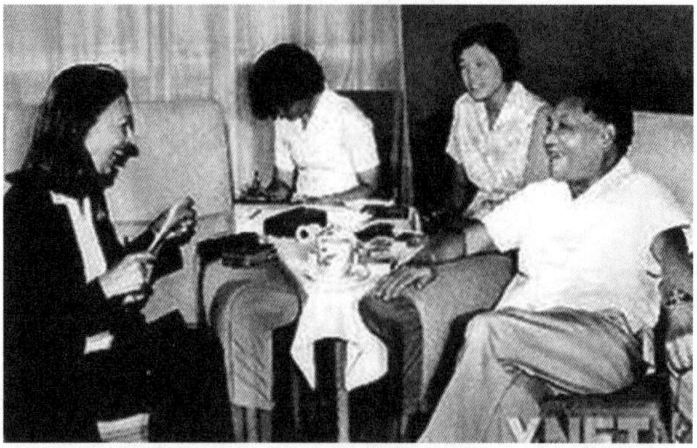

图 4-1 法拉奇采访邓小平

谈话的愿望,并启动了记忆闸门①。

(三) 出色表达能力

新闻传播者活动方式的最后落脚点就是新闻作品的制作与报道。在现代高科技的条件下新闻作品制作主要有文字语言和视像以及声音广播等形式,所以驾驭现代采编工具的能力也是最常规的要求。随着传播技术的不断进步,现代社会的新闻传播者必须及时适应新的传播技术和手段,除了必须具备的文字表达能力以外,目前普遍应用的录音、摄像、照相、网络等技术与技巧,都要熟练地掌握。写作技巧和图像表达能力都是新闻传播者向社会传播新闻事实和信息的基本手段,是沟通传者与受众的唯一的桥梁。因而新闻的编码表达能力是决定新闻传播者素质高低的一个最基本的方面。对于一个传播者来说,如果其他方面的素质全都具备了,新闻信息也顺利地掌握到手了,却不能以准确地以及精彩的书面或画面形式表达出来,新闻的传播或者根本就不能实现,或者由于表达的不力而达不到很好的效果。

(四) 专业的信息筛选能力

随着网络技术的普及和新媒体平台大量应用,传统新闻传播者不再以采访作为获得新闻信息的唯一手段,借助微博、微信等信息平台也可以获得海量信息。新闻传播者应对这些信息具备新闻专业的筛选能力和判断力:一方面是因为专业的新闻传播者凭借其自身眼光和素养,在纷繁复杂的海量信息中可以提

---

① 刘京林. 大众传播心理学[M]. 中国传媒大学出版社,2005:187-188.

取最具价值的信息,让受者可以在最短时间内获取最具价值的信息,从而实现新闻行业自身的经济价值①;另一方面是因为面对新媒体时代的来临,新闻传播者的范围逐渐扩大,不再局限于专业新闻从业人员,一些新闻接受者通过新媒体平台也在扮演着新闻传播者的角色,但是新闻专业素养的缺乏容易造成其传播的信息表现出浅表化、碎片化和情绪化的特征,容易构成虚假新闻。因此,新闻传播者有责任、有义务对新闻信息进行甄别和筛选,保证新闻信息的真实性和客观性。

(五) 广博的文化知识

新闻传播者的知识结构是在"专"的前提下,越"杂"越好。当然,在"杂"的基础上,也不要各个方面都是一知半解,浅尝辄止,还应当尽量在某些专业和领域有更加深入的了解。因为,新闻传播者所面对的是整个世界和人类社会,作为新闻信息的缘起,新闻事实有可能发生在世界的各个角落或社会的各个领域。如果一个新闻传播者缺乏相关的一些专业知识,有时候就无法准确判断某一事实有无新闻价值。知识的广博不仅可以对某一专业性事件及时发现其新闻性,而且还可以帮助新闻传播者对于相关领域的事实进行必要的比较,从而在更加开阔的视野上,居高临下地判断和把握事实的新闻价值及其本质与特性。

三、角色权利

角色权利专指新闻传播者完成本职工作必须具备的职业权利。童兵教授将之归纳为如下四个方面:

(一) 知情权

知情权,又称知晓权、了解权,是所有公民(特别是新闻从业者)的基本权利。在民主社会,公民有权依法知晓政府及其公务员的行政行为及一切与其利益或兴趣相关的社会性活动的信息,而公民的知情权在很大程度上有赖于新闻传播者的公开报道才得以实现,因而新闻传播者也就具有了该职业所特有的采访权和报道权。这就是指新闻传播者的职业行为——收集、核实信息以及传递信息的活动不受阻碍。政府、公务员及一切有关人士

---

① 刘鹏. 传统媒体融合转型的若干趋势[J]. 新闻记者,2015(4).

应该提供公民依法应当知晓的信息,如果有意扣压公共新闻信息,或有意传播虚假消息,以及阻止传播者正当传播信息通常都会被认为侵犯公民的知情权。如果新闻媒介知晓某一信息而隐匿不公开报道,也应该被认为侵犯了全体公民的知情权。

(二)监督批评权

依据宪法,公民享有对政府及其工作人员进行监督与批评的权利。新闻传播者的监督批评权则专指传播者以事实为依据,以法律法规和社会道德规范为准绳,利用新闻传播媒介对政府、公务员及社会其他行业和人士的行政业绩、个人品行和违法失职行为进行公开报道,以实施监督与批评的权利。实际上,这是新闻消息权、公开传播权、控告权和言论出版权在国家政治活动、经济文化活动和整个社会生活领域的具体运用。独立、负责地开展舆论监督与新闻批评,是新闻传播者的重要权利之一。

(三)秘匿权

秘匿权主要是指"取材秘密"、"消息来源秘密"、"保守职业秘密"等权利,其具体内涵就是新闻传播者为了对有些信息来源的权益甚至是人身或名誉保护,而不向外界透露消息提供者身份和姓名的权利。国家法律保护这项权利,以保证信息渠道的畅通,保护消息提供者不受报复和打击,更不能让其受到人身和名誉的伤害。在民主社会,新闻传播者享有必要的秘匿权。但是,在一定的条件下,为保证司法正常进行,司法机关在取证程序中,新闻传播者也不得以秘匿权为由拒绝提供有关证据。

(四)人身安全权

由于新闻传播者常常活跃在社会势力尖锐较量的领域,人身安全常常受到比一般人更多和更大的威胁,所以必须对新闻传播者提供特殊的人身安全保护权。为此,国际交流问题研究委员会倡议为新闻传播者提供特殊保护。日内瓦公约中关于保护国际武装冲突受害者附加议定书中,设置专条保护新闻传播者,规定应将在冲突地区从事专业任务的新闻人员视为平民而予以有条件的保护。联合国教科文组织通过的关于大众传播工具的 1978 年宣言规定,必须保证从事大众传播事业的新闻人员和其他人员在本国或国外都能得到保护,保证他们有进行本职工作的最好条件。当然,新闻传播者也不得在特有的人身安全权的掩护下从事同其身份不相符合的活动。

第二节　新闻传播的受众

本节主要以传播学理论为依据来考察和研究新闻传播的受众问题。

一、受众含义

受众是新闻信息流程的终端，是媒介产品的消费者，也是对信息、讯息、媒介以及传播者的最终检验者与评判者。受众是新闻传播活动中的又一个活跃的因素，是新闻信息传受过程中积极主动的参与者，是不可忽略的反馈信源。

童兵教授认为："受众是新闻信息传播流程中的终端，是新闻媒介及其承载信息的消费者，又是对于新闻媒介、新闻信息和新闻传播者本身的检验人。受众是新闻传播系统中的一个复杂的子系统，他们是新闻信息的受传者，又是反馈信息的发布者。如果他们把自己所收受的信息进行加工制作之后再次转传于他人，他们则成了下一级传播（通过人际传播或大众传播）的起始者。总之，受众是新闻传播活动中的积极能动的行为主体。"[①]

二、受众特征

（一）受众范围覆盖面广

就受众范围来说，理论上凡具有社会交往能力的人都属于新闻传播受众的范围，但实际中并不是所有人都是事实上的受众。一般来说，受众有着现实受众与潜在受众之分。坚持接触和利用新闻媒介的人是新闻传播媒介的现实受众；具备健全的阅听能力而尚未接触全部或部分新闻传播媒介的人属于潜在受众。新闻事业的目标就是要尽量把这些潜在受众最大限度地改变成现实的受众。此外，应该注意的是，受众对媒体的需求是多种多样的和不断变化的，新闻传播者也必须注意受众的这方面的特征，尤其是他们对现有媒体的更高水平的要求。

（二）受众内部差异巨大

处在不同政治地位和经济地位的人，在思想观念和信息需求上有着重大差

---

① 童兵.理论新闻学导论[M].中国人民大学出版社，2000：142.

别。人们的社会地位的差异,甚至生活区域、民族环境和地理环境的差异,对于人的文化素养和文化层次的影响也是十分直接的。如果从整个新闻业所共同面对的所有现实的以及潜在的受众范围来看,他们在文化成分的组成上是十分复杂的。由于受众的文化素养和层次的不同,也就决定着人的文化观念和生活习俗的不同,因而其对于新闻信息的需求也就必然有着明显的不同。根据这样的特征,新闻传播媒体的读者定位是十分重要的,而同时媒体对于潜在受众的开发和争夺也是必不可少的,这就特别需要研究受众的文化构成。

(三)对新闻选择性接受

人们在自己的日常生活中,总是希望能够不断地听到和看到一些新鲜的事物或者得到一些新鲜的信息。这样的心理期待有些是出于对自己切身利益的关心,也有一些则只是出于好奇之心。一般来说,受众在接触信息时,会自觉和不自觉地注意那些与自己原有观念、态度和价值观相吻合的信息,或自己需要与关心的信息。这种依据自己的需求和态度对新闻媒介、新闻信息的取舍,称为受众的选择性接触。受众的这一特征表明,对一个具体的受众来说,它不可能去接触所有的媒介,也不可能去接受所有的新闻信息。一定的媒介和一定的信息,只能和只需要满足某些特定的受众。了解受众这样的特征,可以通过更新传播内容、扩大信息容量、优化传播手段等办法来强化新闻信息的刺激力,引起受众的集中注意,改变受众的固有观念。

三、受者中心

长期以来,传播者一直居于中心地位,但随着新媒体等的崛起,受众的地位日益上升,新闻传播从"传者中心"开始过渡到"受者中心"。然而受者中心论也有可能走向"一切由受众决定"的误区。正确认识受者中心论的负面影响,采取必要措施进行有效地避免及改善,是当今新闻媒介需要特别注意的问题。

(一)媒介社会功能和社会责任的弱化

随着人类社会的发展和进步,存在于社会的政治、经济、文化等各个方面的信息越来越丰富,而新闻媒介更是人们获取信息的主要渠道,并担负着引导舆论、指导行为、提供社会的"公共领域"和开展"精神交往"等作用。这是媒介的重要功能,更是媒介的社会责任。

但是,在商业化的语境下,受众既是媒介信息的接受者,又是广告产品的消费者。媒介为追求发行量收视率，提高广告收入，必然重视经济效益，因而也就容易忽视社会效益。很多时候，媒介表面上是在传播信息，而深层次上却是为了更实际的经济收入。媒介在经济效益不断攀升的同时，公众利益却面临着威胁，媒介作为"公共领域"而提供时政评论、舆论引导、文化教育等方面的社会职责功能日渐衰微，甚至使一些社会责任感不强的新闻工作者逐步演变成为文化商人；媒介具有的文化传播功能却往往传播一些与社会发展要求格格不入的观念和意识，有时非但不能为社会受众提供真实的信息，形成正确的舆论引导，反而麻痹受众，使得监督环境的功能在经济效益至上的理念下也失去了评判的价值标准，更不用说监督社会及批评腐败现象了。

（二）媒介主体性和思想性的泛化

由于"受者中心"过分抬高受众的传播地位，必然破坏双方的平等互动的关系，导致受众本位意识的扩张和扭曲，从而衍生出"一切为了受众，一切迎合受众"的受众决定论。如此，媒介很容易丧失作为思想特点标志的主体性，而且会使媒介的主导性方向演变为无原则和不负责任的倾向，沦落为受众的附庸。在时下商业化充斥的时代，媒介的主体丧失和思想的泛化表现在各媒介之间的模仿和抄袭，"跟风"、"从众"、"时尚"——在这种信息交互传播的过程中，不免人云亦云，甚至为一些带上了时髦光环的腐朽观念提供了迅速生长的土壤，这必将淡漠传者对媒介的独立思考的责任，并抑制传媒的创造力。

（三）新闻媒介传播内容和品位的俗化

对于新闻传播媒介来说，"受众中心"并不是一味地满足受众的所有需求，新闻媒介首先要以受众需求为基本的服务目标，但同时还负有培养受众的消费口味、提高受众的品位以及教化人性中庸俗、低级的弱点的职责。其实，这同样是以受众为中心。因为归根结底，对于受众精神境界的提高，受益者仍然是受众本身。而片面追求商业利益，一味迎合受众的自然口味必然导致新闻的异化。如果过于片面地从"受众中心论"出发，媒介就会迎合受众一般天性中的不良需求，表现出媚俗化倾向，从而把"受众中心"演变为"以受众一切兴趣为中心"。从一般人性的基本构成来看，受众的爱好兴趣各有不同，有的优雅，有的庸俗，有的高尚，也有的低劣。一味单纯地满足受众娱乐消遣的需求，会使新闻传播的内容日趋庸俗化而产生出更多的垃圾文化。

以上分析了"受者中心论"的负面影响，新闻传播工作者在实际工作中应该对此有高度的注意，而且要有清醒的意识及有效的措施，尽量避免负面效应的发生。首先,尽量满足受众的合理要求,并不等于完全满足受众的所有要求。需要努力寻求主流舆论引导和一般受众需求之间的最佳结合点,担当起应有的社会责任。其次,维护百姓的利益并不等于简单化地纠缠于诸如停水、停电这类生活琐事之中,新闻内容的路子应该灵活、宽阔,而不能僵化,更需要具有一定境界,否则就失去了媒介更本质的价值和意义。再次,"受者中心论"的转变,绝不是简单的节目改版,更不是单纯地传播形式的变化,重要的是新闻工作者在观念上的彻底更新。作为新闻工作者,首先应在自己头脑中把受众放在中心的位置,所谓"受众中心"也就首先表现在传播者心中有受众。这样,我们才能真正使新闻扎根于群众之中,从而真正保持永远旺盛的媒介生命力。

四、受众观念

(一) 作为社会成员的受众观

受众群体背景或社会背景影响他们对事物的态度及采取的行动,这种影响有时候甚至会超过报纸、广播电视等大众媒体的影响。对此,前文已分析,不再赘述。

(二) 作为市场或消费者的受众观

随着大众传媒产业的发展壮大,把受众看做消费者或大众传媒市场的观点逐渐被社会所接受。20世纪80年代起,人们通常把受众看做是一个没有内部差别的"大众"市场,传媒的任务就是提供能够满足普遍需求的信息产品和服务。随着大众传媒数量的不断增多,满足普遍需求的大众市场已经饱和,需要对受众重新进行细分,开拓"小众"市场成为媒体新的关注重点。

(三) 作为权利主体的受众观

受众作为社会成员享有参与公共事务和社会管理等诸多正当权利,主要包括:

(1) 传播权。受众有权将自己的观点、思想、认识等通过言论、著述等活动表现出来,并通过一切合法手段和渠道加以传播。

(2) 知晓权。狭义上是指受众对国家的立法、司法和行政等公共权力结构的活动拥有知情或知察的权利;广义上是指受众有获得自身所处环境及其变化信息的权利。

(3) 接近权。受众有利用传播媒介阐述主张、发表言论及开展各种社会和文化活动的权利,同时也承担相应的责任。

五、受众理论

(一) 个人差异论

个人差异论认为大众传播内容在受众之间产生不同效果是由于受众个人兴趣、信仰态度、价值观等因素造成的。该理论最大贡献在于关注到了选择性注意与理解。这就提醒传播者要关注受众的经验、态度、立场等,只有尊重受众才能取得很好的传播效果。

(二) 社会分化论

社会分化论突出人的群体性特征,认为人受到所在群体的很大影响,社会对人的影响也是通过群体这个中介来实现的。

(三) 文化规范论

文化规范论认为如果大众传媒经常报道或强调某些事物、观念等,就会在受众中造成这些事物或观念是社会文化规范的印象,进而促使受众模仿,产生一定的间接影响。

(四) 社会参与论

社会参与论认为受众不是被动的信息接受者,而是积极的大众传播参与者,传播者应该尊重受众,顾及受众参与的愿望与权利。

六、受众与信息

(一) 选择性接触

受众在接触大众媒体时通常倾向于接触与自己观点、立场、态度等一致或接近的传播内容,有意无意地回避那些与自己既有倾向差异较大的内容。

(二) 选择性理解

选择性理解是指具有不同心理特征、文化倾向的受众会以不同的方式解读同样的媒介内容,使之与自己固有的认识协调,而不是冲突。

（三）选择性记忆

选择性记忆是指人们根据各自需要在媒介信息中挑选出对自己有用、有价值的信息，然后储存在记忆里。

第三节　传者与受众的互动关系及角色转换

新闻传播的整个活动过程是由传者和受众共同决定和完成的，缺少任何一方新闻传播活动都将不复存在。在某种意义上传者与受众才是一对主体对应物，新闻信息只是建立两者的联系与沟通的无形渠道和连通物。其关系结构如图4-2所示：

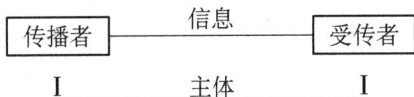

图4-2　传者与受众互动关系

上图看上去只是一种线性关系，其实两者相互依存，又相互制约，存在着复杂的互动关系。在传播学理论中，施拉姆等提出的经典模式就是将传播视为两个部分编码、解码、传送和接收信号的互动，这种互动模式强调了反馈和共享信息的连续"循环"。显然，大众媒介的传播不是从信源到信宿的单向过程，而是一个循环互动的过程，信宿作为信息的接收者并不是传播的"终结点"，而是反馈的"起点"。从信宿到信源的反馈可以帮助传播者对后续的传播进行修正，从而使传播在互动的过程中形成一种良性循环。

一、传者与受众传播关系重构

受众是新闻传播活动中起着决定性作用的主体。从理论上讲，"受者中心论"则充分突出了受众在传播中的主导地位，更加强调了新闻传播活动围绕受众而展开，一切服务于受众的基本理念。虽然传者对新闻传播的内容拥有控制权，但受众对内容也具有选择性；虽然舆论具有导向性，但受众对舆论也具有自主性；虽然传者对受众能产生影响，但受众通过反馈对传播内容也有着制约，不仅可以影响传播效果，也可以左右传播行为。在新闻传播的实践活动中，以受者为中心主要体现在：

（1）报道题材从民生新闻入手，将新闻策划融入人们喜闻乐见的报道形式中，以得到最佳的收视效果；同时，新闻传播者注重受众的反馈，注重倾听老百姓的声音。

（2）报道角度选择平民视角，在新闻传播中，报道者尽量不要采用居高临下的说教姿态，要把自己和受众放在平等的地位。而受众一般都有一种"求近心理"，只有尊重受众，从受众角度去想问题，才能获得受众的尊重和亲近。

（3）报道方式多样化兼有创新，以新的立意、新的角度宣传报道，给受众耳目一新的感觉。我们熟悉的《东方时空》就是以其多种报道方式实现新闻贴近性，满足受众的收看心理。

（4）报道原则定位在满足受众需要，说出受众想说的话，维护受众应有的权益上。假如新闻作品不能做到为受众说话，不能维护受众的权益，它所包含的价值观和导向性必然受到受众的抵制，那么新闻传播的价值也将无法实现。

（5）报道的最终目的是要实现与受众的正面接受，要避免受众的逆反心理，从而达到"处处得民心"，增强宣传效果，提升收视率的目的。一个好的新闻节目，只有真正地融入到受众的生活当中去，真正地走入受众心里，才能保证自己的消息来源，保持长久而鲜活的生命力。

（6）报道的语言应尽量通俗化。传统的新闻报道"新闻腔"突出，语言表达刻板，模式化现象突出，严重脱离群众，不能与群众"心贴心"，让受众在心理上就有一种排斥感，更遑论接受新闻信息本身。

二、传者与受众互动角色与功能

（一）作为服务大众有效途径的互动

互动作为一种理念，它的基本出发点应该是"人"。正如前文所说，最大限度地彰显"以人为本"的传播理念是传播者与受众互动的初衷，而这种互动首先是通过为大众服务体现出来的。服务性的互动通常是通过媒体提供各类服务性节目，如提供咨询、解答知识、交流经验，为受众释疑解惑、解决实际困难而实现的。早在1979年8月，中央电视台推出《为您服务》栏目，主要是介绍电视节目和回答观众来信。电视台介绍将要播出的电视节目，说明传播者主动和观众拉近距离，让观众先睹为快，提前看到"内幕"，这从一定程度上意味着一种权利的获取和地位的改善，而同时公开回答观众来信也是对大众参与的肯定。信件交流这种方式是一种传统的带有私密性质的互动行为，当它在媒体上公开时等于是在鼓励大众的参与意识。作为党和人民的喉舌，媒体为人民服务是义不容辞的责任和义务。可以说，媒体互动是从服务开始的，在服务的过程中互动双方开始调整自己的位置,而传者也愈来愈重视反馈的通道。

例如,2005 年 7 月 18 日至 8 月 1 日,《解放日报》与上海电视台联合推出了特色互动平台——夏令热线。夏令热线每天集中倾听和反映市民关心的一个专题,接受市民投诉,进行现场采访,邀请相关职能部门负责人进演播室释疑解惑,落实解决措施。记者还将对各级政府和职能部门如何重视群众呼声,把执政为民落到实处,及时采取整改措施,并对为民排忧解难的情况进行跟踪采访报道。还有诸如总编辑热线、各类服务热线等都是贴近百姓、服务百姓、为百姓解决实际问题的有效互动途径。

(二) 作为议程设置辅助手段的互动

议程设置理论认为,大众媒介加大对某些问题的报道量,或突出报道某些问题,能影响受众对这些问题重要性的认知。在"传者本位"的时代,新闻媒体的确主导着社会舆论的走向,但媒介对新闻的选择并不总是一定能导致观众作出相应的反应。也就是说,媒介议题与公众议题多多少少会存在偏差。

复旦大学新闻学院在 2001 年所做的关于中国"议题设置"的调查中,发现有些话题受众关注程度与媒体关注程度不一样。比如,受众将环保、腐败、就业、入世这几项排得较前,而这些在媒体关注的话题中,却排在比较后的位置。也就是说,受众关心的,媒体却没有突出;受众相对不关心的,媒体却把它突出了,两者形成了错位。在"受众本位"的时代,传者与受众的互动是媒介议程设置的辅助手段,让受众参与到议程设置的进程中来,能在一定程度上起到适度的"纠偏"作用。这种作用有时是通过媒体直接引用读者的言论内容体现出来的,也有通过媒体采纳读者的反馈建议后对新闻选题、方针、角度进行调整后,在后来的报道、节目中体现出来。

例如,《湖北三峡商报》创刊之前,对于版面内容的设置,开展了"有奖征集办报金点子"大型问卷调查。通过市场反馈的信息,进行综合分析,将报纸定位在"替政府分忧,帮百姓解难"上。报纸创刊后,仍坚持每半年公开向读者征求意见一次,征求读者对版面、专栏的认可程度,作为设置报道内容的前提[①]。这种互动,使读者真正感到他们不仅是报纸的读者,也是办报的参与者。在互动过程中,报社对读者感兴趣、关注度高的内容进行强化处理,在报道中予以体现,版面配合同时跟进,需求度足够的话可以出版相关专版、专刊,通过紧跟读者的需求来实现传播目的。

---

① 罗文全. 构筑报纸与读者需求互动的平台[J]. 新闻战线,2003(3).

又如，在第二次美伊战争中，加强同观众的互动成了 CCTV－4 直播报道的"超级武器"。在直播期间，CCTV－4 公布了自己的电子邮箱，同中央电视台公众资讯中心合作，收集广大观众发来的大量电子邮件（每天 3 000—4 000 封）和短信（每天 39 万条），及时了解他们对直播的意见和建议，据此对节目加以完善和调整，并把有关伊拉克战事的最新情况通过短信的形式发给观众，实现了与观众的互动；同时，观众可以提问题和建议，而主持人则挑选具有代表性的问题来问嘉宾。在这样的互动过程中，传播者对受众的议题与意见给予了较多的关照。

（三）作为提供大众交流平台的互动

英国自由思想家弥尔顿曾在《论出版自由》中指出："一切看法，包括一切错误在内，对于迅速取得最真纯的知识来说，都有极大帮助。"弥尔顿相信真理是肯定的，是可以表达出来的，并且只要让真理参加"自由而公开的斗争"，真理本身就具有战胜其他意见而存在下来的无可比拟的力量。从弥尔顿的这种思想出发，形成了现代关于"观点的公开市场"以及"自我修正过程"的概念，那就是让所有想说什么的人都自由地表达自己的思想。真实的、正确的思想会保存下来，虚假的和错误的思想会被克服。政府不应该参加战斗，也不应该协助其中的一方。尽管这种"观点的公开市场"、"自我修正过程"的带有理想主义色彩，但媒体作为"社会公器"有能力且更有责任为公众提供交流平台，从而使传者与受众、受众与受众、政府与公众之间形成良好的互动。

"大众传播机构应担负沟通公共消息与意见的责任"，要"成为意见与批评的论坛"。[①] 无论是处于哪个阶层，人们的利益都需要得到尊重，他们的话语权都应该得到保障。不同的阶层，不同的利益群体之间，也需要利益的磨合以及思想观点的交流。媒体，作为最佳的公众话语平台，作为思想观点的交流市场，理应提供这种最广泛的话语交流的空间，成为整合各阶层观点的最佳场所。这对于社会克服不稳定因素，保护公众利益，建构和谐社会，都具有非常重要的意义。媒体在纷繁复杂的社会结构面前，必须尽到建构公众交流平台的责任。报纸的言论版、网络论坛等互动平台都是公众交流的"市场"，这种交流要有受众与受众之间、受众与编辑之间观点的碰撞，要体现客观与公正性。以《中国青年报》的"青年话题"版面为例。用该报总编辑李学谦的话说，这个版面是追求"大嘴小嘴都说话"。一个农民的一封几百字的来信，也能刊登，专家学者的几千字的分析文章，也能登。特别是设立"不同观点"这样一个栏目，重视观点的冲突，让社会

---

① 李瞻. 新闻学[M]. 三民书局//马少华. 冲突与宽容的言论生态——中美报纸言论版的比较研究[J]. 国际新闻界，2002(3).

上不同利益的人,让批评者和被批评者在一起说话。《人民日报》编辑陈家兴撰文介绍"青年话题"版面:"话题的内容无疑是'热'的,多是围绕社会生活中刚刚发生的、颇为读者关注的事件、人物指点评论。话题文章不浅不深也不俗,易为读者阅读和接受,不知不觉中就会让读者喜欢上并逐渐培养出一种'我也想说'的兴趣。因此,广大读者的支持与参与是话题类栏目板块'火爆'的根本所在。它们的兴起,正是'读者办报'的一个具体体现,也是与广大读者参与社会生活、发表意见看法的意识分不开的。"①

传播者与受众的互动应该对弱势群体的话语权给予更多的关照。多年前王小波说过这样一段话:"所谓弱势群体,就是有些话没有说出来的人。就是因为这些话没有说出来,所以很多人以为他们不存在或者很遥远……然后我又猛省到自己也属于古往今来最大的一个弱势群体,就是沉默的大多数。这些人保持沉默的原因多种多样,有些人没能力、或者没有机会说话;还有人有某些隐情不便说话;还有一些人,由于多种原因,对于话语的世界有某种厌恶之情。②对于弱势群体,中国学者郑杭生等提出以下方略:关心、支持、自助、增权。所谓增权,即:"应当尊重和保障弱势群体的政治、经济和社会权利,特别是要加强民主制度建设,保障弱势群体的参与权利,尤其是保障其参与与其有关的各项决策的权利,使其能够表达和维护自身的权益。如果弱势群体被排斥在社会进程之外,不能参与相关决策的进程,他们的声音就无法表达,更谈不上有效维护其权益。"③只有当弱势群体的声音通过大众传媒发表出来的时候,传媒才不会让大多数人"失语",社会的民主进程才更进了一步。

在新媒体不断涌现并不断与传统媒体融合的背景下,传播者与受众互动的途径与形式定将越来越丰富。形式是前提,但"互动"在传播过程中所扮演的角色与功能的实现最终取决于互动的内容。如果媒体纯粹为了互动而互动,将"互动"仅仅作为一种夺取受众眼球、获取经济利益的经营手段的话,只会使传播内容趋于庸俗化,最终后果是导致媒体自身的公信力下降和受众的远离。"互动意识是基于对受众知情权、话语权的尊重建立起来的,心理空间的互动含量比外在手段重要得多。"④面对滚滚而来的世界性互动节目浪潮,BBC 互动性节目制作部主管埃玛·萨默维尔指出:"我们必须谨慎考虑,应该以互动性增强哪些节目;这不是一个多多益善的问题,而是适当地选择节目,能以互动性使其价值最大化

① 陈家兴. 传媒"话题"热——中国青年报"青年话题"版述评[J]. 编采业务,2000(413).
② 王小波. 思维的乐趣[M]. 北岳文艺出版社,1996:85.
③ 郑杭生,李迎生. 走向更加公正的社会:中国人民大学社会发展研究报告 2002—2003(前言)[M]. 中国人民大学出版社,2003.
④ 于丹. 电视新闻:媒体变局的聚焦点[J]. 中国广播电视学刊,2004(1).

的问题。"①媒体不能仅仅为了互动而互动，放弃自身所负有的社会责任，传播的
内容与实质以及对受众权利的关照才是互动最终的目的。

基本概念与问题思考

1. 大众
2. 受众
3. 知情权/知晓权
4. 传媒接近权
5. 受众特征
6. 受众中心
7. 选择性接受
8. 选择性注意
9. 简述受众特征及信息选择。
10. 请谈谈您对知情权的理解。
11. 简述社会关系论的特点及意义。
12. 试述受众选择性心理三个层面的关系。

---

① 梅格·卡特."广告商不懂电视互动"[N].全球经济报道,2005－2－17.

第五章

传播媒介与功能

加拿大学者麦克卢汉认为"媒介即讯息"。从长远来看媒介对人类思维方式与行动方式的影响甚至超过媒介承载的内容,本章在简要介绍媒介发展历史基础上,对传统大众媒介与新媒介进行细致的介绍。

第一节　媒　介　的　发　展

一、媒介含义

媒介一词,最早见于《旧唐书·张行成传》:"观古今用人,必因媒介。"在这里,媒介是指使双方发生关系的人或事物。其中,媒字,在先秦时期是指媒人,后引申为事物发生的诱因。《诗·卫风·氓》:"匪我愆期,子无良媒。"《文中子·魏相》:"见誉而喜者,佞之媒也。"而介字,则一直是指居于两者之间的中介体或工具。在英语中,媒介"media"系"medium"的复数形式,它大约出现于 19 世纪末20 世纪初,其义是指使事物之间发生关系的介质或工具。这种广义的媒介,不仅在人类的日常生活中时有所闻(如蚊虫是传播疾病的媒介、绣球是传递爱情的媒介等),就是在传播学著作中也屡见不鲜。在麦克鲁汉的笔下,媒介即万物,万物皆媒,而所有媒介都可以与人体发生某种联系,如石斧是手的延伸、车轮是脚的延伸、书籍是眼的延伸、广播是耳的延伸、衣服是皮肤的延伸,等等。

传播媒介大致有两种含义:第一,它指信息传递的载体、工具或技术手段;第二,它指从事信息的采集、加工制作和传播的社会组织,即传媒机构。这两种含义指示的对象和领域是不同的,本章指的媒介是指传播的工具或技术手段。

二、媒介演进

从媒介发展的角度看,人类传播的历程大致可分为六个阶段:即亲身传播时代、口头语言时代、文字书写时代、印刷媒体时代、大众传播时代和网络传播时代。有学者将这称为人类传播的 5 次重大革命。而人类传播的 5 次革命,又主要表现在传播媒介的发展上,因而可说是媒介发展代表了人类文明的进步程度和社会历史的先进程度。

(一) 口语传播时代

在人类还没有完全与动物彻底分离的时期,那时的传播媒介只能是靠自身的动作,或者叫做"体语",这种原始状态的传播是由古人类的生理局限导致的。古人类学家对早期类人动物头盖骨、舌长及软骨组织结构的研究显示,这一时代的人类不具备"说话"的基本生理条件。也就是说,他们虽然已会发声,但不会"说话"。而在笔者看来,能够"发声"的生理能力,却也恰恰源于那时的"人"已经有了传播和交流的欲望,只是距离可以准确表达意思的"说话"能力,还路途遥遥。

随着古人类各种生理机能的不断进化,传播与交流的欲望和需求也在不断发展,最终为语言的诞生奠定了基础。语言不但成了人类与动物的最早的分界,而且使得人类有了最早的交际与传播的工具。施拉姆指出:语言的产生,标志着人类已经"学会把声音和它们所指的对象分离",拥有了"可以随处携带和用来在一切地方都指同一样东西的声音符号,而无须指着对象或站在对象旁边或朝对象嗥叫"[1],从而摆脱了亲身传播时代人的信息传播对"具体对象"的依赖,极大地拓宽了传播范围,丰富了传播内容。这就是人类的第一次传播革命。

(二) 文字传播时代

在第二次传播革命中,人类发明了文字。这个时代大约始于 5 000 年前。口头语言传播给人类传播带来了许多方便,但是,口头传播的传受双方必须同时在场,而且口头语言传播又有"转瞬即逝"的特点。随着人们之间交往活动范围的日益扩大,为了形成更加复杂的社会组织,也为了传承知识和经验,人类又在传播的媒介形式上进行了更大规模的创造。于是,各大古代文明先后发明了文

---

[1] 威尔伯·施拉姆. 传播学概论[M]. 新华出版社,1984:7-10.

字。这使人类在"学会把声音和它们所指的对象分离",即发明了语言之后,"又学会了把声音同发出声音的人也分离开"。于是,媒介的功能产生了更大的延伸。文字是记录和传达人类语言的书写符号,是使得更多的人可以在更大范围和更长时间内进行交流和传播的新工具、新媒介。它的产生是人类进入文明社会的重要标志。

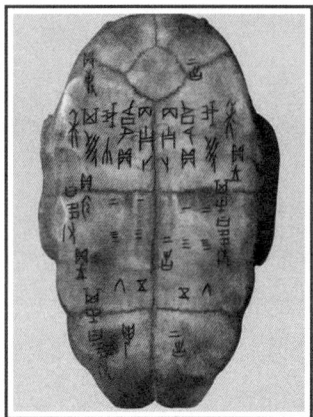

图 5-1　甲骨与甲骨文

图 5-2　泥板与楔形文字

(三)印刷媒体时代

第三次传播革命就是印刷术的发明。用印刷手段传播信息,克服了书写传播用手工书写难于大规模复制信息的局限性。在这之前,由于媒介笨重、符号复杂、复制困难以及传播垄断,书本知识只被少数人掌握,竹简、帛书、邸报等书写媒介也只能在上流社会中传递。印刷术给整个人类社会的发展带来了巨大的影响。利用印刷术,人们可以大量地、高效率地获取信息,一本书可以精确地复制,成批生产,文化因此得到了更为广泛地传播。印刷术的产生和流传还打破了少数人对知识的垄断,加速了新思想、新观念在更大范围内进行有效的传播,进而在西方首先引发了文艺复兴,并导致了工业革命。而随着印刷技术的发展,报纸等新闻出版物很快就在全世界普及开来。

按照美国社会学家查尔斯·库利在《社会组织》(1909)一书中的观点,报纸、书籍和杂志作为新的大众媒介,它不仅消除了人们相互隔绝的障碍,影响到社区相互作用的方式,而且引起了社会的组织和功能的重大变化,甚至永久地改变了那些使用者的精神面貌和心理结构。因为,"个人通过与更大范围的、更多样化的生活发生关系而头脑开拓,而且这种生活给他带来的大量的不断变化的启发,

图 5-3　古登堡印刷机

使他保持兴奋,有时甚至兴奋过度"①。总之,印刷术所带来的传播革命,使人类社会在各个方面都发生了前所未有的深刻变化。

(四) 大众传播时代

电讯技术的发明,引起了第四次传播革命,也使人类社会开始真正进入了大众传播时代。大众传播时代的到来首先是由于大众化报纸的出现。由于工业革命带来的造纸、印刷、交通等领域的一系列巨大变革,极大地降低了报纸的生产成本,提高了报纸发行的数量和速度,为报纸的大众化奠定了物质基础。从 19世纪三四十年代起,美国、英国、法国等相继进入大众化报纸时代。而在定期印刷的报纸产生了 300 年后,又出现了广播和电视这两类大众传播媒介。广播的产生,标志着电子媒介时代的来临。到 1936 年 11 月 2 日,世界上第一座电视台——英国广播公司(BBC)电视台正式开播,电视新闻媒介正式产生。至此,大众传播时代真正来临。

在人类的第四次传播革命中,以广播和电视为主体的电讯传播,不仅彻底突破了时间和空间的界限,使信息传播瞬间万里,而且摆脱了印刷传播中必不可少的物质载体(书、报、刊)和运输工具等方面的束缚,为信息传播开辟了一条更加便捷、高效的空中通道。同时,电讯传播也不像印刷传播那样是将人推向信息,而是将信息推向人。接收印刷媒介中的信息,最起码的条件是识字,而接收电讯媒介中的信息,只要懂得口头语言就可以。因此,罗杰斯指出,电讯传播是"在没

---

① 邵培仁. 传播学导论[M]. 浙江大学出版社,1998:76.

有识字需要的情况下,为人类提供了超越识字障碍、跳入大众传播的一个方法"。① 大众传播时代的到来,从根本上改变了人类的信息传播方式,并进而深刻地影响了整个人类社会的发展进程。

(五) 网络时代

网络传播的出现被称作第五次传播革命。网络传播也被称为互动传播,它是以电脑等数字信息处理终端为主体,以多媒体为辅助的、能提供以交谈方式来处理包括捕捉、操作、编辑、存贮交换、放映、打印等多种功能的信息传播活动。由于网络传播是把各种数据、文字、图示、动画、音频、图像以及视频信息组合在电脑上,并以此互动,所以一般以 1946 年埃克特等人研制成功的世界第一台电脑主机"埃尼阿克"(E-NIAC)的诞生年,作为第五次传播革命的纪元。美国于1969 年实现电脑对接,又于 1980 年结成互联网络,1994 年各发达国家纷纷提出"信息高速公路计划",中国亦及时跟进。50 多年来,电脑更新换代越来越快,体积越来越小,造价越来越低,而功能却得到了全方位的拓展,操作也日趋简易化、人性化。而随着移动互联网的迅速普及,网络传播正在经历更具革命性的变革。在这一次的传播革命中,电脑已不再是唯一的互联网接入终端,以手机为代表的各类移动设备成了引领传播革命的先锋。而这些数字信息处理终端加上各种软件和多媒体的广泛应用,无疑已经成为人们综合处理人际传播、组织传播、大众传播的主要媒介。人类已经进入信息社会,并将进入一个综合传播的新时代。

图 5-4　计算机

---

① 邵培仁.传播学导论[M].浙江大学出版社,1998:77.

三、媒介控制

每个国家的媒介都处于一定制度的管控之下。所谓媒介控制是指一定社会制度中对大众传播活动直接或间接地制约和控制。

(一) 媒介控制的主要类型

一般而言,媒介控制主要分为四种类型:一是国家和政府通过制定法律法规和政策等实施政治控制;二是各种利益及群体和经济势力通过各种手段直接或间接地控制;三是广大受众的社会监督控制;四是传播媒介的内部控制。

(二) 媒介控制的相关理论

1. 极权主义媒介规范理论

极权主义媒介规范理论认为报刊必须对当权者负责,维护国王和专制国家的利益;报刊必须绝对服从于权力或权威,不得批判占统治地位的道德和政治价值;政府有权对出版物进行事先检查,这种检查是合法的;对当权者或当局制度的批判属于犯罪行为,给予严厉的法律制裁。在极权主义媒介制度下,报刊和出版受到的管制是严厉的,甚至是残酷的。

2. 自由主义媒介规范理论

自由主义媒介规范理论也称报刊的自由主义理论,其核心反映了资产阶级自由主义的观点,即认为报刊应该是"观点的自由市场",是实行自律的自由企业。自由主义理论的主要内容包括:任何人都拥有出版自由而不必经过政府当局的特别许可;除人身攻击以外,报刊有权批评政府和官吏,这种批评是正当合法的;新闻出版不应接受第三者的事先检查,出版内容不能受到任何强制;在涉及观点、意见和信念的问题上,真理和"谬误"的传播必须同样得到保护。

3. 社会责任论

社会责任论由美国新闻自由委员会于 1947 年出版的《自由与负责的报刊》一书中提出,具体观点为:大众传播具有很强的公共性,因而媒介机构必须对社会和公众承担和履行一定的责任和义务;媒介的新闻报道和信息传播应该符合真实性、正确性、客观性、公正性等专业标准;媒介必须在现存法律和制度的范围内进行自我约束,不能煽动社会犯罪,不能传播宗教或种族歧视等的内容;受众有权要求媒介从事高品位的传播活动,这种干预是正当的。

4. 社会主义制度下的媒介规范理论

社会主义制度下的媒介规范理论的具体内容为：传播媒介和传播资源是国家的公有财产，不允许私人占有；传播媒介必须为人民服务，必须接受工人阶级先锋队——共产党的思想和组织上的领导；媒介必须按照马列主义原理、社会主义的意识形态和价值体系来传播信息，宣传、动员、组织和教育群众；在服务社会总体目标的同时，媒介应该满足广大群众的愿望与需求；国家有权监督和管理出版物，取缔反社会的传播内容。

第二节 传 统 媒 介

一、报纸期刊

实际上，在报刊历史发展的一个很长时期，报纸和期刊并无太大区别。我国清末的《京报》，号称"报"，其实是十几页或数十页装订成册发行，严格来说，仍是期刊。童兵教授认为，从出版史考察，报纸是从期刊发展而来，而期刊又是从书籍分化出来的。印刷术发明并在全世界推广之后，最早出现的便是书籍，从手抄著述发展到印刷书册。经过若干年，人们才开始以连续出版的形式印刷期刊。

据专家研究，期刊即杂志一词源于阿拉伯文的"仓库"或"军用品供应库"，它被人用来指期刊的代名词还不到 4 个世纪。1731 年，英人爱德华·克伏出版了一种期刊，译成中文可以叫做《绅士知识供应库》，供给绅士们各种艺文、科学和新闻资料。以后，类似的期刊就逐渐风靡于世界各地。中文对期刊最早的译文是"统记传"，意即本书无所不记，借此广为传播。如中文最早的一本近代期刊——1915 年由伦敦布道会传教士罗伯特·马礼逊和威廉·米怜在马六甲创办，就叫《察世俗每月统记传》。实际上，我国曾长期用"报"而不用"期刊"称呼杂志。如梁启超主编的《时务报》、章炳麟主编的《经世报》，都是典型的期刊。而最早以期刊、杂志等名称呼的，要属《东方杂志》，此刊由商务印书馆于 1904 年创刊。可见，我国报与期刊的明确区分，要追溯到 20 世纪初。

报纸与期刊作为现代新闻传播事业中共同以文字作为传播符号的印刷媒介，有着不少共同的功能，但两者又各自有不同的特征。报纸之所以从杂志分离出来，独立出一种全新的新闻媒介形式，主要就是因为社会生活节奏的加快，可以说，是新闻手段与生产能力不断演进的必然结果。具体来说，报纸和期刊的不同在于：

从出版周期来看，报纸的周期短，期刊的周期长。一般的报纸都是每日出版,甚至一日数刊,周期最长的也是周刊或旬刊。而期刊中的周刊是最短的,一般为月刊或双月刊,其次则有季刊甚至年刊。这样,报纸与期刊的出版速度也就大不一样。报纸要求非常迅速,期刊则相对较慢。一张日报,从采写到出版,一般不到 24 小时;一本期刊,则要经过很长时间的编辑、印刷以及最后装订等。

从所提供新闻量来看,报纸由于刊期短出版快,提供的新闻远比较长时间才出版一期的期刊要多得多。所以,报纸一般在新闻的数量和反映的快速上做文章,而期刊则只能扬长避短,在新闻的深度和文化与思想的内涵方面发挥优势。

然而,报纸与期刊的不同,最主要的还是各自承担的传播任务、发挥的传播职能不同。也就是说,主要的区别在于各自刊载的内容侧重点不同。用马克思和恩格斯的话来说,就是:"报纸最大的好处,就是它每日都能干预运动,能够成为运动的喉舌,能够反映出当前的整个局势,能够使人民和人民的日刊发生不断的、生动活泼的联系。至于杂志,当然就没有这些好处。不过杂志也有杂志的优点,它能够更广泛地研究各种事件。杂志则可以详细地、科学地研究作为整个政治运动的基础的经济关系。"[①]我国也有学者曾经提出,报纸以报告新闻为主,而期刊以刊载评论为主。随着新闻事业和社会生产力的发展,报纸和期刊的形式及种类越来越丰富,分工也越来越精细了。

二、广播、电视

广播和电视是电子时代的新闻媒介,是科技革命的产物,与报纸和期刊相比出现的时间要晚许多。广播是通过无线电波或导线传送声音的新闻媒介,电视是运用电子技术传送声音、图像的一种新闻传媒。

就两者的特征而言,与传统的印刷媒体相比较,它们都有着以下几点强大优势:第一,对象广泛,不同年龄、不同地域、不同文化层次的人群,都可以自由地收听收看。第二,传播迅速,世界上每有重要事件发生,一瞬间就可通过电波传送到每一个区域和角落,完全不受时间与空间距离的局限。第三,功能多样,既可以传播新闻,又可以传授知识,提供娱乐和多种服务。第四,感染力强,尤其是电视媒介,更可以使得受众"身临其境",比报刊上的文字更显得有生命感。而电视媒介的视听兼备,集形、声、色、动于一体,综合绘画、音乐、文学甚至雕塑等多种艺术的优长,表现力更强,节目内容更加丰富,又比广播在与受众的亲和力方面大大前进了一步。

---

① 马克思恩格斯全集(第七卷)[M].人民出版社,1959:3.

当然,广播和电视也存在劣势,因为它们都采用顺时连续播出的方式,内容转瞬即逝,不便选择和保留。这一点就不及报刊,可以自由翻阅,阅后还可长期保存。这样的不足,即使在录音机和录像机普及之后,也仍然会存在。所以,印刷媒体在电子传播时代仍然有着不可替代的长处。

三、新闻媒介

新闻媒介是以传播新闻为主要任务的媒介载体。就近现代以来的新闻媒介而言,报刊、广播、电视三大新闻媒介,一直呈三足鼎立之势,在形式上相辅相成,在新闻传播的历史长河中扮演了极其重要的角色,时至今日仍然具有非常大的社会影响力。

(一)新闻媒介个性特征

新闻媒介区别去其他媒介的个性特征主要表现在以下四个方面:一是以新闻报道的迅速、及时见长;二是以新闻报道的真实、客观、公正取胜;三是以发表具有独到见解的评论为世人瞩目;四是以编排新颖活泼、独创性的作品吸引大众关注。

(二)新闻媒介的双重属性

我国新闻媒介属于"事业性质,企业管理",即在政治上恪守党性原则,在经济上按社会主义市场经济规则办事。具体而言,体现在以下两方面:

1. 政治属性

新闻媒体作为党和政府的喉舌,承担着重要的宣传任务,肩负着引导社会意识形态、弘扬社会主义核心价值观等各项重要责任,因此新闻媒介具有很强的政治色彩,遵从政治家办报的原则。

2. 产业属性

新闻媒介不仅具有政治属性,而且作为信息产业的重要组成部分,在经济上自主经营、自负盈亏、依法纳税,具有很强的产业属性。

第三节 新媒体时代媒介特征

从兴起至今,以网络和信息高速公路为主体的"第四媒体"——网络传媒经历了从 Web 1.0 到 Web 2.0 再到 Web 3.0 的技术进步，以及网络经济的破灭与复兴，到当今已呈现出一派欣欣向荣的局面。网络媒体的兴起深刻地改造了人类生活的各个领域，实施跨国跨文化传播，将把受众带入一个全新的传播世界。这里所说的网络媒体是基于传统 PC 互联网技术的网络媒体。

一、网络媒体特征及其影响

（一）网络媒体的变迁

1. Web 1.0：内容为王的时代

万维网是因特网应用取得爆炸性突破的关键性条件，通过 Web 万维网，互联网上的资源，可以在一个网页里比较直观地表示出来，而且资源之间在网页上可以链来链去。这种利用互联网络实现了人类海量资源共享的技术，就叫"Web 1.0"[①]。

"Web 1.0"的本质是聚合、联合、搜索，因此 Web 1.0 时代的口号是内容为王，网站的目标是以内容来吸引眼球、吸引人，这种思想也是传统媒体思想的一种延续。在这一时期，虽然各个网站采用的手段和方法不同，但都强调技术创新主导模式，都是通过点击流量来作为依据谋取盈利等。

在众多互联网公司中，Netscape，Yahoo 和 Google 为 web1.0 的发展做出了卓越的贡献：Netscape 研发出第一个大规模商用的浏览器；Yahoo 的杨致远提出了互联网黄页；Google 则推出了大受欢迎的搜索服务。

2. Web 2.0：自媒体的时代

Web 2.0 是指互联网的第二代服务，这既包括互联网的底层技术变革，例如 P2P 技术对现有的客户端/服务器结构的冲击，同时也指互联网应用层面的变化，其中博客（包括播客）、维基、RSS、SNS、社会书签等尤其受到关注[②]。

虽然 Web 2.0 也强调内容的生产，但是内容生产的主体已经由专业网站扩展为个体，从专业组织制度化的、组织把关式的生产扩展为更多自组织的、随机的、自我把关式的生产。人类正在进入自媒体时代，通过博客、SNS 等技术平台，个体生产内容的目的已经不局限于内容本身，而在于以内容为纽带、为媒介，延伸自己在网络社会中的关系。Web 2.0 使网络不再停留在传递信息的媒体这样一个角色上，不再作为"拟态社会"的静态组成部分，而是成为与现实生活相互交融的一部分。

---

① 刘畅."网人合一"：从 Web 1.0 到 Web 3.0 之路[J]. 河南社会科学，2008(3).
② 彭兰. WEB 2.0 在中国的发展及其社会意义[J]. 国际新闻界，2007(10).

在 Web 2.0 技术的推动下,平等成为新闻传播的核心理念,网状传播成为主流的传播形态,而传统的新闻真实受到了强烈的质疑,传统媒体的公信力不断降低,面对海量的信息,受众产生了前所未有的选择性困惑。自媒体在给予每个人"麦克风"的同时,也将人们带入了一个纷繁嘈杂的网络喧嚣时代。

3. Web 3.0:互联网的商业时代

Web 3.0 一词最早由 Bille Gaizi 在 2005 年提出,意指个新的搜索引擎智能化互联网概念模式。到目前为止,这仍然是一个在讨论中的概念,大家对于其内涵和外延仍远远没有达成共识。

假如说 Web 1.0 的本质是联合,Web 2.0 的本质是互动,那么 Web 3.0 的本质就是价值。目前最能代表 Web 3.0 的应该说是网络游戏和电子商务领域。不管是 B2C 还是 C2C,网民利用互联网提供的平台进行交易,在这个过程中他们并获得了财富。

在 Web 3.0 时代,搜索引擎智能化,搜索结果精准;网络带宽更宽,传输速度更高,传输容量更大;互联网服务更加个性化和智能化①。此外,网络支付、网络交易的安全性、便捷性也大大提高。

正是在这一大背景下,当前我国以经济转型为契机,提出了国家层面的"互联网+"战略,将互联网(特别是移动互联)作为促进经济转型发展的强大动力支持。这一战略的实施对于 Web 3.0 的发展必然起到强大的推动作用,推动传播媒介技术变革的飞跃性发展。

(二) 我国网络媒体发展简史

就我国网络媒体发展而言,1994—1998 年是网络媒体的萌芽阶段,在这一时期以新浪为代表的商业网站纷纷建立,以报刊为代表的中国传统媒体掀起了网络化的热潮,传统媒体网站和商业网站在各自的轨道上不断向前发展。1999—2000 年是我国网络媒体大跃进的两年,受全球互联网热潮的影响,我国网站和网民的数量成倍暴涨,据中国互联网信息中心发布的中国互联网统计报告,截至 2000 年 7 月,中国网民数量达到了 1 690 万人,CN 域名数量达到 9.9 万个。可惜持续不长,从 2000 年下半年到 2002 年上半年,我国网络媒体的发展遇到了前所未有的巨大挫折,许多商业网站纷纷倒闭,存活下来的也在不断寻找新的发展模式,网络媒体的发展进入了调整期。

在经历两年的互联网"严冬"之后,从 2002 年 7 月开始,三大门户网站先后

① 张植禾,张晓青,相春艳. Web 3.0 对网络传播的影响[J]. 现代传播,2013(6).

宣布扭亏为盈。这标志着中国网络媒体开始走出低谷，进入了一个再起飞的新阶段。2004年更被誉为中国网络媒体发展的第二个拐点。从这一年开始，搜狐、新浪等商业网站在网民中的影响力越来越大，许多成为网民上网的第一门户；这一年，人民网、新华网、中国网、央视网等传统媒体传播的综合性新闻网站迅速崛起，并成为其他网络登载新闻的主要来源；博客、RSS、网络杂志等网络新新媒体开始崭露头角，互联网开始朝着 Web 2.0 迈进；同样是这一年，3G门户的开创标志着中国移动互联网破茧而出。之后的十余年，中国互联网沿着这一年开创的路径，不断发展壮大，中国的互联网的规模实现了从10亿美元、百亿美元到千亿美元的飞跃。特别是在2014年，我国网络媒体的广告收入第一次超过广电媒体的广告收入，这标志着网络媒体的已经逐渐成为今天的"第一媒体"！

（三）网络媒体时代新闻传播的新特点

1. 互动性

在网络上借助网络的技术优势，受众可以即时与传播者沟通，传播者也能即时回答，使大众传播转化为人际传播，使困扰媒体的受众虚象得到解决。正是这点让研究者欢呼雀跃，人们终于不必再做媒体的奴隶，而是要做媒体的主人了。随着网络新闻的发展，个人制作、传播新闻成为可能。有的网站把自己BBS、聊天室等的热点消息放到新闻网页上，可以看作是这种现象的萌芽。

2. 超文本结构

所谓超文本结构，就是文本的构成，不仅有文字文本，而且有声音文本、图画文本、动画文本甚至影视文本。在超文本结构中，常常有多个主题连接，通过特定程序的功能把与主题相关的新闻（包括深度报道、连续报道、评论、相关新闻背景和新闻搜索等）都连在一起，使受众对新闻事件有一个全面的认知。网络新闻的超链接功能是对线形编辑的一种突破，其表现形式更有利于对新闻事件进行深入、详尽的报道。

3. 海量的信息

现实中大型的新闻网站每天要随时更新数百条、上千条新闻，如新浪网的滚动新闻每天发布约1 700条；新华网每日发布的最新新闻信息超过110万字。这对于满足人们的信息需求无疑意义重大；但海量信息在满足人们信息需求的同时，同时也会造成信息泛滥。在信息爆炸的今天，各种各样的信息铺天盖地向我们冲来。对于一般受众来说，过量的信息已成为一种负担。

4. 广泛性

现在互联网几乎连接了世界上所有的国家，麦克鲁汉预言的"地球村"在网络上成为现实,空间距离在网上是没有意义的。在网上,你可阅读《纽约时报》的头条,并发表你的读后感;同样,美国人也可看到我国《人民日报》的文章。这种特性使地方媒体有了国际媒体的传播范围,对于扩大世界上意见的多样性很有好处,避免了看问题的单调性,对于一定程度上遏制文化霸权;但必须认识到,对于文化霸权的竞争在网上并未消失,而是转变为对网络设施控制的竞争。

5. 即时性

网络新闻报道可以借助技术优势,达到即时性。以人民网 2015 年的"两会报道专题"为例,人民网所发新闻稿与会议进程之间的时差已精确到了"分"。网络新闻采用的滚动播报,随着新闻事件的变化发展而随时更新,杜绝了"明日黄花",一般在新闻事件发生几分钟内就可播报,保证了在"第一时间"把新闻传递给受众。这是就传播实质来说的。在表现形式上,每条稿件标题后都标出了时间,并精确到分钟,使受众在接受新闻时的时间感更加强烈。人们阅读的新闻已不是昨天发生的事件,而是刚刚发生或正在发生的,这就使网络新闻在处理突发新闻事件上占了绝对优势。

(四) 网络媒体对新闻传播的影响

1. 公民新闻

公民新闻(citizen journalism)也称公民共享新闻(citizen participatory journalism),是指来自公民的非专业新闻报道,即公民个体或群体搜集、报道、分析和散布新闻或信息的行为,旨在提供一个民主社会需要的独立、可信、准确、广泛及其他相关信息。从发展趋势看,网络已经成为公民新闻最主要的传播渠道①。

特别是随着博客、论坛、社交媒体、维基新闻、微博、微信等各种自媒体形态接连出现和发展,公民新闻的发展更进入了一个快速发展的阶段。特别是在突发事件中,越来越多的民众在第一时间将自己的所见所闻通过各种自媒体平台加以传播,并持续关注事件进展,展开讨论,甚至形成公众舆论,如曾产生过重大影响的新闻事件如"孙志刚案"、"重庆最牛钉子户事件"、"药家鑫事件"、"郭美美事件"等,都是公民新闻实践的典型实例②。

2. 公民记者与公民报道者

关于公民记者的确切定义,学术界始终未有定论,甚至关于该不该、能不能使用公民记者这个词汇,众学者也是各执一词,意见不一。有研究者将学界的各

① 赵俊峰,张羽. 公民新闻的发展与传媒生态的再建构[J]. 新闻界,2012(6).
② 陈琦. 媒体时代我国公民新闻的建构[J]. 新闻界,2014(3).

种观点大致归类为三种意见：一是对公民记者大唱赞歌，认为公民记者侧重表达的是"公民"，表现了一种大众参与报道的现象；二是保持中立，认为宪法明确规定公民依法享有批评权和建议权，因而就不存在专业记者和非专业记者的区别；三是则显得保守而又谨慎，他们从新闻专业主义的角度出发，认为记者是一个职业，要有专业认证，并不是什么人都可以称为记者的，因此公民记者提法不妥①。因此，有研究者提出以"公民报道者"来代替"公民记者"，并对两者的区别做了详细的考证②。

　　虽然对于公民记者有很多的争议，但是能够出现这么多的争议，本身就说明越来越多的受众参与到新闻的报道中已经成为一个非常普遍的社会现象，职业记者和传统媒体受到了前所未有的巨大冲击。一方面，很多突发事件往往是公民在自媒体爆料或者进行详细的介绍，然后传统媒体跟进报道；另一方面，传统媒体报道某件事情后，大批公民立即跟进报道，甚至展开大规模的所谓"人肉"搜索。在这一过程中传统媒体的报道受到严格的检验，传统媒体的公信力被反复质疑。这对新闻理论研究和新闻报道实践都是全新的挑战。

二、移动媒体特征及其影响

（一）移动媒体的兴起

　　移动媒体是指以手机等移动终端载体和无线网络为传播介质，实现文字、图像、音频、视频等内容的传播和服务的新兴媒体形式。事实上，以移动网络为依托的媒体形式都可以被划归为"第五媒体"之列。与传统媒体传播方式相比，第五媒体融合了报纸、广播、电视、网络四类媒体的内容和形式，同时又具有便携性、实时性、定制性、定向性等特征。2013 年，我国移动通信 4G 发展的正式启动和以 3G 为基础的移动互联网的深度渗透为中国新媒体传播带来了新的契机。新一代的高速、泛在、智能、弹性、开放的宽带网络，进一步推动了大数据、云计算、物联网、移动互联网等新应用的出现③。

　　需要指出的是，手机只是移动媒体的一种。随着信息技术的发展和通信网络融合，一切能够借助移动通信网络沟通信息的个人信息处理终端都应划入移动媒体之列。比如，以个人数字助理（PDA）、平板电脑、电子阅读器、移动影院甚

---

① 张震. 公民记者的概念厘定与辨析[J]. 东南传播，2010(2).

② 廖礼中. 是"公民记者"还是"公民报道者"？——新媒体环境下对"公民记者"的再思考[J]. 新闻记者，2009(1).

③ 付玉辉. 2013 年中国对外传播研究综述[J]. 对外传播，2014(1).

至数码播放器、数码摄录像机等设备为依托的媒体形式都将成为移动媒体的一部分。

(二) 媒介融合走向深入

最早描绘"媒介融合"图景的是尼葛洛庞帝于 1978 年出版的《媒体实验室：在麻省理工学院创造未来》一书。他认为媒介融合是在计算机技术和网络技术两者融合的基础上，用一种终端和网络来传输数字形态的信息，由此带来不同媒体之间的互换与互联。由于当时网络发展仍处于萌芽阶段，所以尼葛洛庞帝对于媒介融合的描述还处于预想阶段。

1983 年，美国麻省理工学院的伊契尔在《自由的科技》一书中正式提出了"传播形态融合"(the convergence of modes)概念，他的本意是指多种媒介呈现出多功能一体化的趋势，其他人在此基础上进一步提出数码电子科技的发展而导致泾渭分明的传播形态发生聚合[1]。

网络平台是媒介融合的基础。传统的媒体通过数字化、网络化来实现与新媒体的融合；而网络平台由 PC 互联网到移动互联网的升级换代，必然导致媒介融合程度的不断深入。在 PC 互联网阶段，媒介融合的主要形式为：新闻门户网站、网络广播、网络电视、网络报刊、网络出版等；而到了移动互联网阶段，媒介融合又新增了手机电视、手机广播、手机报刊、微博（媒体）、微信（订阅号）等多种形式。

特别是近几年，随着技术的日益成熟和国家政策的调整，跨媒介的传媒集团不断涌现。比如，2014 年 3 月原上海文化广播影视集团和上海广播电视台、上海东方传媒集团有限公司经过整合后成立了上海文化广播影视集团有限公司，业务范围涵盖了广播、电视、报刊等多种传统媒体和各类新媒体形式，引领了国内跨媒介集团建设的新浪潮。有些省份虽然短时间内不具备组建跨媒介的传媒集团的条件，但是也在积极进行着相关的准备或尝试。比如，2015 年 5 月，有不少媒体报道了"湖南日报社将与湖南（广播）电视台合并"的消息，虽然后来经过查证发现是由于表述不严谨造成的误读，但是湖南报业集团和湖南光电集团"一个党委、两个机构、一体化运行"的管理模式，确实对于促进不同媒体间的交流和融合有很大的推动作用，媒体的"误读"在一定意义上折射出了湖南传媒人的努力和尝试[2]。

---

[1] 杨溟. 媒介融合导论[M]. 北京大学出版社，2013：18.

[2] 刘浪. 湖南日报湖南广电合并系误读 双方资产资本化进程或加快[N]. 第一财经日报. 2015 - 5 - 28.

(三) 融合新闻与背包记者

所谓融合新闻(convergent news),是指融合了文字、图片、音频、视频、超链接以及 GPS 位置信息等多媒体产品形式的新闻形态,它是媒介融合的"终端新闻产品"[①]。有研究者将当下的融合新闻生产正呈现出"四无"态势[②],即:

1. 无权威:生产者的弱化

由于信息传播的门槛不断降低、传统媒介影响力的不断消退,以及受众批判意识的觉醒和张扬,因此新闻生产者不断弱化,新闻的权威性受到了严重的挑战。

2. 无中心:生产地点的改变

在传统媒介主导的时代,公众获取新闻的渠道和路径是相对稳定和清晰的,报纸、广播、电视作为新闻媒介既是新闻的生产、发布中心,也是受众获取新闻、反馈信息的中心。如今不仅融合新闻生产和传递的"界面"变得越发复杂多样,而且市民新闻、草根新闻的生产和发布的手段也变得日益多样化和生活化了。手机报、ipad 平板电脑、电子纸、户外视频、汽车电视、IPTV,甚至不断从你屏幕右下角弹出的信息窗,都可成为融合新闻发布或获取的渠道;随身携带的手机、ipad、手提电脑、照相机、摄像机等,都是公众通过短信、微博、微信、博客等形式发布。

3. 无边界:模糊的传播范围

现在已经没有真正意义上的地域媒介了,原有的媒介边界已经坍塌,界碑上的字迹已经模糊,那些看起来彼此相距上万公里的媒体企业,会突然近在咫尺;那些似乎毫不相干的散落在世界各地的媒体企业,会在商业利益的诱惑下突然向同一轨道靠拢,昨日的陌生人可能很快成为盟友、伙伴甚至敌人;那些本不知道广告为何物的人,可能因为微博上的百万粉丝而突然做起广告的生意和传播的买卖。在世界传播界,无边界的力量正无孔不入、攻城略地,传统媒介殚精竭虑建立起来的行业壁垒和专业规范,可能只是一道"马其诺防线"。

4. 无预知后果:失控的传播效果

有纯正动机和良好意向的传播行为会导致事与愿违、意想不到的后果,是媒介融合时代独有的传播特点。尽管网络传播中的新闻生产者、提供者甚至包括著名媒体人以为自己很清楚在做什么和会产生什么结果,但事件往往并不按照自己的意向向前发展,会突然出现意料之外的情况。这是因为面对同样的事件和场景,不同的人会有不同的选择性理解、判断和行动。从"犀利哥"到"名表

---

① 王君超. 融合新闻的定义、实践与改进途径[J]. 中国报业,2014(5).
② 邵鹏. 论新媒体时代融合新闻生产的"四无"态势[J]. 新闻大学,2014(2).

门",从"吸烟"到"打的",网络上许多不起眼的细节都可能成为打开无法预知大门的钥匙。

（四）从精确新闻到数据新闻①

1. 精确新闻报道：重建科学式的客观

精确新闻报道（precision journalism），又称精确新闻、精确新闻学，是基于科学的量化研究的新闻报道。精确新闻报道兴起于 20 世纪 60 年代的美国。1967年，底特律市黑人暴动骚乱蔓延，记者菲利普·迈耶在计算机的辅助下，对 437位黑人的抽样访问调查结果进行了分析，在此基础上撰写了系列报道《十二街那边的人们》，并于 1968 年获得了普利策新闻奖，这就是精确新闻报道的开端，随后这种报道形式逐渐在世界各国的新闻界得到认可并推广。

1973 年，菲利普·迈耶在其著作《精确新闻学：一个记者关于社会科学方法的介绍》中，正式把精确新闻学定义为："将社会科学和行为科学的研究方法应用于实践新闻的报道。"迈耶认为："精确新闻是一种扩大记者的工具包的方式，使记者可以接触到以前无法了解的、只能粗略访问的，或是受到新闻审查的主题。这对于了解少数民族和持不同政见者团体代表起了很大作用。"在经历过新新闻主义对客观事实的忽视与扭曲后，精确新闻重新回到了对客观性的追求上来，特别是在 20 世纪 60 年代以后，抽样技术和计算机技术在新闻媒体领域的广泛应用，为新闻报道提供了更高的精确度和效率。

2. 大数据新闻：体验＋定制内容＋预测性报道

大数据新闻是基于大数据分析思维的新闻报道，是数据驱动新闻更高一级的形态，代表了未来新闻发展的一种趋势。目前的大数据新闻更多地停留在实验性阶段，预计在 2020 年以后或者更晚一些时间，大数据新闻的规模化生产会逐步到来。随着大数据分析在信息提纯和数据挖掘技术方面的提升，新闻生产在广泛嵌入性和规模化处理信息方面的能力也会水涨船高，把媒体报道的范围和创造性提升到前所未有的新水平，并以实践项目促进新闻职业理念创新。这种创新维度主要表现在数据驱动的调查性新闻、数据可视化叙事、数据驱动的应用三个层面，关系到从社会表层现实的关注到社会深层现实的挖掘，有助于提供可靠的洞见和预测；可视化新闻叙事可适应受众理性认知和感性认知整合的需求。社会科学研究的方式会促进探寻事实及其背后的联系，采用的数据和分析数据的技术都是相对公开和客观的，这有助于媒体建立面对复杂社会问题时进

---

① 喻国明. 从精确新闻到大数据新闻——关于大数据新闻的前世今生[J]. 青年记者，2014(12)下.

行新闻报道的透明性。

　　大数据新闻是基于互联网逻辑的新闻报道,将逐步走向跨领域、跨平台的开放式、众包式合作生产,并将之从目前先锋实验性质的形态转变为新闻报道的常态。新闻内容的价值来自对数据价值的深度挖掘和关联性分析。大数据新闻的关键不在于数据本身,而在于用数据讲故事的能力,能否基于读者的不同地域和兴趣图谱,来进行个性化推荐和新闻定制,以及对未来趋势的预测性报道三个方面。当新闻阅读变成更加愉悦的体验,当定制新闻成为受众接收新闻的常态,当新闻报道可以对事件发展趋势做出更精准的预测时,大数据新闻的春天,才算真正到来。

基本概念与问题思考

　1. 政治家办报
　2. 新闻媒体的双重属性
　3. 媒介控制
　4. 传播制度
　5. 观点的自由市场
　6. 自由主义报刊理论
　7. 社会责任理论

第六章
新闻价值及其实现

在整个新闻理论的研究和内容构成中,新闻价值理论占有十分重要的地位。从一定意义上说,新闻价值研究是对新闻定义以及基本性质研究的延伸和深化,它们在整个新闻理论的几大板块结构中,共同具有着核心性的意义。而且,作为新闻传播者来说,对于新闻价值的认识,也可以从实践上直接影响到整个新闻活动的内容、质量以及专业方向。正确理解新闻价值的内涵,正确运用新闻价值的规律来指导新闻传播活动,并且推动整个新闻事业的发展,是对 21 世纪每一个新闻传播者更为重要的要求。同时,在 100 多年来的新闻价值理论的研究中,学术界对于新闻价值问题的解释一直存在着较大的分歧,这也表明新闻价值的内涵有着异常的复杂性。所以,本章将在总结前人关于新闻价值理论的基础上,尽量探讨适合于 21 世纪新闻实践与理论发展的新闻价值观。

第一节 新闻价值的由来及内涵

新闻价值,作为新闻学中的一个基本概念,最早出现于 17 世纪末。1690年,德国人托比亚斯·朴瑟提出判断新闻价值的标准。他认为,一个个把那些值得记忆和知晓的事件,如新奇的征兆、怪异的事物、政府的更替、战争的发生与和平的实现等,单独挑选出来公开报道,以吸引读者。

虽然关于新闻价值的论述出现非常早,但直到 19 世纪 30 年代以后,新闻价值才被美国学者们作为新闻实践必须遵循的一个普遍规律和基本规则,写入较早出版的那些新闻学著作中,成为新闻学中最为重要的理论基点。因此,要全面了解和认识新闻价值的整体面貌和发展演变的过程,就需要首先探讨新闻价值理论在近代西方的发生与发展,从而进一步考察新闻价值问题百余年来的来龙去脉。

一、新闻价值的由来

19 世纪 30 年代是欧美资本主义国家报刊的转型期,这时期的报刊开始从原来的政党报刊转变为大众化报刊即商业报刊。这一转型的时代背景是资产阶级的生产关系普遍确立,政体渐趋成熟。因而,随着资本主义生产关系普遍确立,报刊的功能也发生了重大变革,出现了大众化的商业报刊。由于美国资产阶级革命的彻底性,这一时期美国的商业报刊比欧洲发展得更为典型,办报纸如同办工厂,新闻如同商品被"制造"出来。1833 年由本杰明·戴创办的《纽约太阳报》就是在这个意义上成功的第一家报纸。《纽约太阳报》有 4 页,报纸内容主要为当地发生的生活事件与暴力新闻。其取材大都是无足轻重的琐事,但读者对这样的报纸却极有兴趣,而最重要的是该报售价低廉。一般认为,这一时期大众化报刊的主要特征有:①报纸私人所有,新闻机构都是以报纸赚钱盈利的企业,强调自己"独立舆论"、"非政党性",以吸引观点各异的读者;②盈利的主要途径是刊登广告,零售发行;③报纸的主要内容是具有趣味性的新闻,为扩大发行量大量刊登带有刺激性的新闻事件;④文风简洁、活泼。美国新闻学者认为,以《纽约太阳报》为代表的大众化报纸开创了美国新闻写作体裁,奠定了现代新闻写作的基础;⑤报纸对象面向普通人、一般市民,价格十分低廉,所以又称"便士报"。

图 6-1　太阳报

在这一时期中,著名的大众化报纸还有美国的《纽约先驱报》《纽约时报》,法国的《世界报》《费加罗报》,英国的《每日电讯报》等。著名的报人除本杰明·戴,还有詹姆士·贝内特、威廉·赫斯特、约瑟夫·普利策等,他们经营报业发财,取得新闻商品化带来的巨额利润。西方的新闻价值理论也就在这种新闻商品化的社会背景中诞生。从理论上较早系统研究新闻学问题的是美国新闻学者李普曼,他在其理论著作《舆论学》中首次对新闻价值进行理论探讨。他认为,新闻价值就是指事变、惊奇、地理上的接近性、个人的影响和冲突。他从这样的几个方面来解释新闻价值,旨在强调这样的新闻更具价值,确切地说也就是更具交换价值。此后,西方新闻理论界关于新闻价值的研究始终围绕着新闻特殊素质问题进行探讨。因为这样的研究更具实际操作意义,按照这样的新闻价值观去制作新闻,就能交换得到更多的实际利益。那么,具有什么特殊要素的新闻其交换价值更大呢?西方的学者在这一方面得出了比较丰富的研究成果。关于新闻价值体系,西方新闻学者中一般有"5 因素"说,而另有些人则提出"20 要素"等说法。比较典型的如美国希伯特和麦道格尔等人的说法。希伯特在《现代大众传播工具概论》一书中以及麦道格尔在《阐释性报道》一书中都提到了新闻价值"5 要素"之说。这"5 要素"是:①时间性。新闻是易碎品,昨天的新闻是今天的历史。报纸的新闻只有一天的寿命,只有当天的新闻才能吸引读者更多的目光。②接近性。新闻事件发生的空间地理位置越近,新闻价值就越大。除了地理位置的接近,还有年龄、职业、性别、爱好、民族等的接近。③显著性。因为名人自身的显著,使得新闻事件受到瞩目。④重要性。一个事件的后果、影响是否深远是衡量重要性的因素,重要的新闻首先就是热点、焦点。⑤人情味。人情味的因素有反常、冒险、两性、冲突等,这是西方新闻价值中尤其强调的,人们总是对这类新闻百看不厌。而在关于新闻价值要素构成的观点中,英国汤姆森基金会(Thomson Foundation)为第三世界新闻工作者编写的新闻教科书中则列举了 20 种新闻价值要素[1]。尽管学界在对新闻价值体系的描述上有轻重详略之别,但是在新闻价值总体标准的取向上还是基本趋向一致的。其主要方面大致概括为:影响力、接近性、异常性、显要性、及时性、冲突性、人情味和趣味性。笔者基本可以认为,传统的新闻价值体系中含有以上这 8 种较为公认的元素或指向。

而从希伯特和麦道格尔等人的"5 要素"理论来看,很显然,其观点首先是建立在新闻商品化的社会基础之上,其主要目的是盈利,所以在实际操作中往往过分追求趣味和刺激。例如,当时的"黄色新闻":1888 年美国近代报业巨头普利策的《世界报》出版定期连环画专页,中心人物是一个穿着黄色的肥大衣服、没有牙齿、头发稀少、咧嘴笑的小男孩。这个小男孩东游西逛,对纽约的新闻发表评论,很快"黄孩子"成为家喻户晓的人物;另一位报业资本家赫斯特不惜重金挖走漫画作者奥特考尔特,为自己的《纽约日报》主持"黄孩子"专栏;而普利策则又请卢斯到《世界报》继续主持"黄孩子"。他们同时利用"黄孩子"大量刊登耸人听闻的刺激性新闻相互竞争,这样的新闻被称作"黄色新闻"。

西方理论中一直认为"趣味是吸引读者的良方"、"是新闻的试金石",在他们的理论著作中还常见这样的一套公式:

---

① 杜骏飞.弥漫的传播[M].中国社会科学出版社,2002:5.

1 个普通的人＋1 种平凡的生活 ＝ 0

1 个普通的人＋1 次不平凡的冒险 ＝ 新闻

1 个普通的人＋1 个普通的妻子 ＝ 0

1 个普通的人＋3 个妻子＋一次诉讼 ＝ 新闻

1 个银行出纳员＋1 个妻子＋5 个孩子 ＝ 0

1 个银行出纳员－10 万美元 ＝ 新闻

追溯新闻价值的由来,探究西方新闻价值的有关理论,主要有这样的一些特点:首先,在一切物品都已经成为商品的西方社会,对报刊业的运作同样遵循的是商品化的规律,其新闻价值的标准也就同样是与商品交换密切联系的。如果说对于新闻价值的正确的研究方法是从"价值"的概念入手来进行研究,那么,西方对新闻价值中"价值"的理解只倾向于商品的"交换价值"。显然,这样对于新闻价值的理解是不完全的。其次,西方的研究重点不在阐释新闻价值的内涵上,而是完全从商业目的和行为出发来研究新闻的"特殊素质";而且在新闻价值 5 要素中最突出人情味,而实际上他们所谓的人情味也主要是指人性中的较低级的趣味。为了达到他们所需要的交换价值,有的报纸甚至不惜制造虚假新闻。用约斯特的话来说就是:"在选择新闻时,第一个基本原则就是估量它的公众兴趣。我们在出版新闻时,须以趣味为大部分新闻的主体,理由是:唯有有趣味,才能使报纸富有吸引力,因而很容易卖出去。"[1]

直到 20 世纪末期,在约翰·费斯克等编撰的《关键概念:传播与文化研究辞典》一书中,关于"新闻价值"(news value)的词条也仍然还是坚持着这样解释:"……新闻价值是产业化的新闻公司由于生产性需要而导致的结果。为这种公司工作的人们,作为个体会表现出种种混合的追求、效忠、政治倾向与能力。在公司之内,他们隶属于环环相扣的劳动分工。在公司之外还存在竞争对手,以及记者与广播专业的职业观。处于这些语境之中,新闻价值的功能就在于从混杂着所有这些人物、实践与信仰的文稿中产生一种标准化的产品。"[2]由此可见,对新闻价值中"价值"的理解只倾向于商品的"交换价值",至今在世界范围内也仍然具有较大的权威性和影响力。

二、国内新闻价值探讨

新闻价值是中国新闻学者很早就关心和思考的一个问题。在我国第一本新

---

① 卡斯柏·约斯特. 新闻学原理[M]. 中国人民大学新闻系译,1960:26.

② 约翰·费斯克等. 关键概念:传播与文化研究辞典[Z]. 新华出版社,2004:184.

闻学著作即徐宝璜的《新闻学》中,特设第五章即"新闻之价值",以专章的篇幅和重要位置论述新闻价值问题。这应该说是我国研究新闻价值理论的开始。徐宝衡首先提出:"新闻之价值云者,即注意人数的多寡与注意深浅之问题也。"然后又具体解释道:"新闻价值与新闻的重要程度成正比例;新闻价值与注意人数及注意程度为正比例;新闻价值与新闻发生及登载相隔之时间为反比例;新闻价值与新闻发生及登载相隔之距离为反比例。"此后,有许多学者,无论研究新闻理论还是研究新闻业务,都曾重点涉及此问题。邵飘萍的《实际应用新闻学》、刘元钊的《新闻学讲话》等,都对新闻价值的问题做了研究和阐述。

当然,需要特别说明的一点是,在我国,从 20 世纪 50 年代开始,一直到"文化大革命"时期,新闻价值问题被认为是理论研究的禁区,有很长时间无人问津。直到党十一届三中全会以后,新闻价值研究才又一度成为学术热点。在最初的几年中,研究的问题主要围绕新闻价值的内涵和定义而展开。而由于"价值"概念本身的歧义性,专家们对新闻价值的定义提出了许多不同的解释。总体上看,我国的新闻价值研究无论是较早的徐宝璜时代,还是 20 世纪末期的开放时代,都没有像西方那样单一地取其交换价值的一面,而是较为充分地注意到新闻价值所原本携带着的意义复杂性。迄今为止,我国新闻界对新闻价值概念的认识,归纳起来,主要有以下三种类型的说法:

(一) 素质说

属于此类观点的有关新闻价值的定义有:

> 新闻价值是指一个事实所包含的足以构成新闻的特殊素质或各种素质的总和。(陈韶昭,原复旦大学新闻系教授)
>
> 新闻价值指构成新闻的事实和材料本身具有的能够满足社会对新闻需要的素质。(陈祖声、张宗厚,《简明新闻学》作者)
>
> 新闻价值是事实所包含的足以构成新闻的特殊素质和它满足人们新闻欲望的信息量。(吴鸿业,新华社记者)

(二) 标准说

属于此类定义有:

> 新闻价值是选择和衡量新闻的标准。(郑兴东,中国人民大学新闻学院教授)

新闻价值是记者衡量事实可否成为新闻的标准。（林枫，新华社记者）

(三) 功能说(或效果说)

属于此类定义有：

新闻价值就是新闻机构发布的新闻在群众中受到的重视的程度，也就是说，记者、编辑的辛勤劳动在群众中受到赞赏的程度，或者说，我们发布的新闻在群众中发生影响的程度。（甘惜分，中国人民大学新闻学院教授）

新闻价值是指新闻为群众所喜闻乐见的程度以及它在实践中产生影响的广度、深度和作用的大小。（朱继功，新华社记者）

新闻价值就是新闻影响读者并通过读者影响社会的功能。

所谓新闻价值，应该是指新闻本身具有的能给社会以积极影响的那种功能。我们应把新闻的有用性、新闻的意义、新闻的重要性当作这种功能的另一种说法。

近年来，许多学者认为"功能说"是比较科学的界说。首先，这种认同建立在对社会主义国家新闻事业喉舌作用的肯定之上。新中国成立以来，新闻传播工作的目的历来很明确，就是为了满足人民群众和社会主义建设的需要。其次，这种认同建立在对"素质说"和"标准说"概念解释缺陷的理论分析上，分析思路往往从"价值"的实际内涵谈起。

前文中已经谈到，西方对新闻价值中"价值"的理解只倾向于商品的"交换价值"。所以，这样对于新闻价值的理解就不是很完全的。如今，既然要从理论上解释清楚新闻价值，当然不能不首先对其核心语词价值进行科学的界定。所谓价值，《辞海》以及一些大型的现代汉语辞书中，一般较统一地将其解释为两种意义："(一)指事物的用途或积极作用。如参考价值；有价值的作品。(二)凝结在商品中的一般的、无差别的人类劳动。商品的基本属性之一。"①按照这最普通的常识，毫无疑问，如果单从政治经济学的角度看："价值是凝结在商品中的无差别的人类劳动"；而如果把价值放到一般的理论领域，也可以做这样的理解："价值是事物或方法所发挥的有利作用、效能"等。近些年来，我国的一些学者力图扭转在价值概念理解上的偏颇，如：雷跃捷在《新闻理论》中用哲学术语进行了概括："价值是客体在社会实践中所履行的功能；它是客体见之于主观的产物；价

---

① 辞海(上)[M].上海辞书出版社,1979：504.

值是由价值源（客体的特征）、价值观、价值的实现（人们的社会实践）这三种内涵所组成的一个多义性概念。"①而胡正荣又在《新闻理论教程》中作了这样的表述："价值就是事物与人需要之间的一种特定关系，即表示客体（事物）满足主体（人）需要的一种有用性，事物自身的属性成为（人）需要的价值对象，人的需要则成为事物自身属性的价值认可。人的需要和事物的属性是价值构成的两个不可缺少的方面。"②

从这种认识出发，界定和解释新闻价值，必须从两个重要的方面来加以研究和思考：其一，新闻价值的内在要素——客体的属性使之具有使用价值，构成为人所需的可能性；其二，新闻价值的实现过程——包括人们对客体的认识，包括市场交换实现价值，包括实践检验满足人们及社会的需要。

这样看来，"素质说"只强调了客体属性，"标准说"只强调了人们对客体的认识；"素质说"强调新闻价值的客观性，"标准说"强调新闻价值的主观因素，它们都不能全面地定义新闻价值。"功能说"的进步在于认识到新闻价值实现过程，但是其定义只强调满足人们及社会的需要，即价值的有用性和实际功效，也是存在缺陷的。于是，不少学者又对"功能说"进一步加以完善，提出了以下的几种看法：

> 新闻价值是事实所包含的足以构成新闻的特殊素质及其表现形态满足社会需要的总和。（胡正荣）
>
> 所谓新闻价值，是指新近发生的事实在传播过程中所履行的能满足人们知晓、认识、教育、审美等诸种需要的功能。（雷跃捷）
>
> 新闻价值就是包含特殊素质的新闻事实（即价值因素）在传播过程中以社会影响或社会效应方式（即价值表现）所反映出来的那种功能（即有用性）。（王益民）

这些新的界定吸收了原来三种说法的合理之处，不仅强调新闻价值里包含的"特殊素质"，也指出新闻价值离不开"传播过程"，特别突出新闻价值就是新闻的"有用性和功效"的意义，相比以前的"功能说"显得更加全面和完整。

最近，刘建明在全面考察了新闻价值理论的来龙去脉之后，又进一步提出了"现代新闻价值"的说法，他认为："现代新闻价值理论应当回归价值的本义，体现对受众的有用性，对其内涵的阐述在哲理上符合认识逻辑。所谓现代新闻价值，

---

① 雷跃捷. 新闻理论[M]. 北京广播学院出版社,1997：78.

② 胡正荣. 新闻理论教程[M]. 中国广播电视出版社,2001：45.

是指受众在接受新闻活动中满足其需要所表现出的效应。新闻是价值的体现者，媒介是价值的载体，受众是价值的确定和受益者。受众与新闻的相互作用，使新闻这一客体按照主体的要求为其服务，表现出客体的有用性。所以，有用、有益、有效，是新闻价值的三个要素。脱离受众的接受过程，任何价值都无法体现出来。对价值的'作用和意义'的界定，既不是脱离现实世界的抽象的'意义王国'，也不是把有用功效混为某些特性的东西。新闻事实的特性可能决定新闻价值，但它们是两种截然不同的对象。"①

根据上述分析和比较，可以大致地看出，新闻价值首先是新闻的使用价值，它来源于新闻本身的一些属性：新闻除了真实性、新鲜性这两个本质属性之外，要想满足人民群众和社会的需要，还必须具备西方新闻学家所说的"特殊素质"——时间性、接近性、显著性、重要性、关情性等。这些"特殊素质"使新闻价值的实现成为可能。新闻价值的"特殊要素"是客观存在的，但它又需要人们——新闻工作者去发现并在新闻传播中予以表现。这一过程必然渗入新闻传播者的主观价值判断，而人的主观价值判断又具有相对性，所以，我们也就必须从理论上强调新闻传播者的正确的新闻价值观。当然，从另一方面来说，新闻价值也同样包括西方新闻学家所看重的交换价值。在社会主义市场经济体制下，我们应该而且必须承认新闻的商品价值的属性，商品交换也是新闻价值的重要构成部分，虽然我们并不能像西方那样把新闻完全商品化。而更进一步来看，新闻交换价值的实现，又有一个必经的途径，那就是市场。在今天的市场经济环境下，新闻的市场交换价值不仅不能避而不谈，而且市场在很大程度上还可以检验新闻的其他价值与功能的实现程度。新闻事实通过新闻机构见之于社会的归宿，是新闻对受众和社会产生一定的效果，新闻发挥了它一定的功能，新闻价值才能得到最终实现。新闻价值的实现中新闻价值的要素是物质基础，具体的新闻工作、新闻的传播过程是中心环节，社会效益是目的和结果。这是一个连续的动态的过程。

第二节　新闻价值的两个所指层面

新闻价值的内涵本身就十分丰富，而对于其理解的角度不同，又往往会产生许多歧义。上述那些定义只是从概念的解释上说明了新闻价值意指的是什么。

———————————

① 刘建明. 当代新闻学原理[M]. 清华大学出版社，2003：200.

而作为新闻价值的构成,又具体包含哪些元素呢? 也就是新闻价值具体由哪些内容所组成和形成呢? 而且,就新闻价值的实现来说,也是一个动态整体的过程,过程中的每一个环节都关系到新闻价值能否更大程度地得到实现。所以,对新闻价值内涵的理解也不能只是停留在静止地定义性的解释和描述上。本节就从关于新闻价值要素的具体构成方面,来进一步阐述新闻价值的更广泛的意义,并且从新闻价值实现的动态过程中来深入地理解新闻价值问题。

按照前文关于新闻价值的分析,首先把新闻价值分解为两个层次:一个层次就是作为选择标准的新闻价值,即新闻传播者对于新闻事实和素材进行选择和把关时所采用的判断标准和尺度,将其称为"尺度性新闻价值";另一个层次就是作为社会功能的新闻价值,也就是新闻传播活动和事业对于人类与社会的有用性,称之"功能性新闻价值"。而对于这两个层次的新闻价值内涵,我们还需要从其具体的构成要素方面分别进行研究和解释。

一、新闻价值基础要素

西方提出的新闻价值"特殊素质"的说法,显然有其合理的方面。而且,借鉴这方面的理论,对于新闻传播者在具体实践中进行新闻素材选择和新闻制作"把关",都可以作为一种衡量标准或者参照系。也可以说,新闻价值是事实构成诸因素的客观存在,是记者判断事实可否成为新闻的尺度,所以也被称为记者的"第六感官"。近年来,我国的一些学者在吸收和借鉴国外新闻价值观点的基础上,又进行了一定的修正。一般来说,我国理论界对新闻价值要素比较公认的看法和比较统一的表述主要有以下 5 要素的观点。

(一) 时新性

新闻事实在时间考量上必须是最近发生的。新闻所传播的事实发生的时间段越近,即事实发生的时间与新闻刊发的时间差越小,受众在最短时间内尚未知晓的范围越大,其新闻价值就越大。新近发生的事实如果得不到及时传播,或者传播速度迟于受众知晓速度,新闻价值当然就会贬值甚至完全失去新闻价值。

所谓时新性的本质就是"新"。"新"就意味着事件以前未曾发生过,意味着人们以前未曾得知过,意味着它的信息增量可能会很大。由于人们总是有求新的心理,对未知的事情充满兴趣,尤其是在信息时代,新闻、信息就意味着财富,而新闻与信息传播的速度也往往能够决定这种"财富"的增值或者贬值。当今,新闻价值的时间性已经不再以日计算,而是以分、秒来计算。

时新性要求报道及时,但是这里"及时"也是有一定限制,如:个别事件的报道要求有意延迟一定的时间,这也可能是宣传需要,也可能是某种策略的需要,或者是事实本身的特殊状况决定的,要视具体情况具体对待;而这种在时间上的有意延迟,并不会影响新闻价值的实现,而是有助于新闻价值的更好发挥,从而取得最佳化的传播效果。

(二) 接近性

从常理上看,人们一般总是更加关心或注意自己周围的事情以及在某些方面与自己有一定关联或比较接近的事物。在具体的新闻事件中,那些与各个不同受众自己的职业、爱好、年龄、性别相近的信息,总是最先吸引他们的注意;而在地理范围上,自己周围地区发生的事件更容易成为人们日常生活中的新闻话题,所以这种在地域、身份、文化水准等方面的接近性距离越近,新闻价值就越大。

对此,西方一些学者从理论上曾将其推向极端的地步,认为这是人们利己主义心理的表现,"使人感兴趣的只有一件事,那就是他自己","香柏街(报馆所在地——引者注)上的狗打架,比国外一场战争更有新闻价值"[①]。当然,一般人们意识中的确存在着这样的自然状态的兴趣点,所以我们在新闻报道中应该充分注意事实在区域上的接近性元素。但是,这种所谓接近性又并不仅仅是指地理位置上或区域性的接近,它还包括年龄、爱好、文化水准等方面的共同兴趣点等,一场国外战争虽然不能吸引那些只关注自己眼前狗打架的一些市民,但它仍然具有和较高文化层次的读者在兴奋点上的接近性。所以,我们的新闻传播者对于非本地的甚至是国际性的重大新闻无疑也应注意从不同角度的接近性上来进行报道,并尽量能够改进报道方式,以及通过普及媒介素养,不断提升广大受众和普通百姓对于世界性重大新闻的接受兴趣。当然,新闻的接近性要素也毕竟是客观存在、无法否认的。

新闻价值的接近性决定了无论报纸还是电视都将向分众化方向发展,报纸出现各类专业报纸,增加各种专版,开设各种专栏,电视增加更多专业频道就是迎合人们各不相同的接近心理。

(三) 显著性

所谓显著性,是指新闻事物本身具有的比较显著和突出的某些特征。如新

---

① 乔治·穆脱. 美国新闻学纲要[J]. 新闻学译丛,1956(3).

闻事实中的人物越为公众所瞩目,在社会上的知名度越高,新闻就越能吸引受众。

西方新闻学家所讲的显著性是指名人新闻。"越是著名的人物,作为新闻来源就越有价值。大名鼎鼎的人,声名狼藉的人,还有古怪的人,都会引起特殊的兴趣。"[1]"从名将、男明星或富翁中任取其一,再从交际花、歌星或名人之妻中任取其一,调配起来,新闻味便来了。"[2]虽然这样的新闻的确能达到吸引某些受众眼球的目的,但却不一定有很好的社会影响。名人新闻带来的重要影响是效仿,因而社会主义新闻事业应该注重反映名人的优秀品质,以此促进精神文明建设,尤其是我们的主流媒介更不能以炒作名人琐事来吸引受众。

在新闻价值的显著性中,新闻事件的人物越"显要"与"著名",新闻价值可能就越大,但是更重要的还是要看新闻的最后效用,也就是在新闻事件传播之后,所产生的实际的社会效益。显著性这一特点进一步提醒我们,新闻价值仅用新闻价值的要素来衡量是不够的。

(四) 重要性

所谓重要性是新闻价值"特殊素质"中的关键素质。

所谓重要性就是客观事实中具有的对社会、对公众形成较大影响的性质。关系国家前途、人民命运的事件,在某一领域具有重大影响的事件,都会引起社会普遍关心,这样的事件就是重要的新闻;重要性越大,新闻价值就越大。

需要特别注意的是,重要性还有一个显著的特征就是相对性。由于社会制度不同以及地域差别等原因,人们对于事物的认知水平各异,因而对重要性的认识也就自然存在明显差异。2001 年恐怖分子制造的"9.11"事件对全球而言都是重要的新闻,而它在美国本土来说就显得更为重要;2001 年我国申奥成功,顺利加入 WTO,对于我国来说是十分重要的新闻,对于其他国家就不一定有那么重要了。同样,各个地区有各个地区重要的新闻,实际工作中,考虑重要性因素,就要从当时当地的具体情况出发,尽量选择与大多数人的利益尤其是全社会利益相关的事实。

(五) 关情性

所谓关情性与西方强调的侧重点不同,它主要指事实中能感动人、打动人的因素,使人产生激情、同情或怜惜的感情。这对新闻工作提出的直接要求就是注

---

① 威廉·梅茨. 怎样写新闻[M]. 新华出版社,1983.

② 余预. 什么叫新闻[J]. 报学杂志,1948(9):7.

意观察新闻事件中的细节。

此外,人们求异的心理使得受众对于奇特的事物、对于情节曲折的事件更加好奇,现代紧张的生活也需要人情味的新闻作调剂。近几年来,不少电视台的晚间新闻报道以犯罪案件、法制审判、社会新闻等报道作为主要内容之一,就反映出对人情味和故事性的关注。但是对于那种追求庸俗、低级趣味的新闻报道,也是我们有责任感的新闻工作者必须加以抵制的。

新闻价值的要素是新闻事实中客观存在的。但是,有必要特别指出的是,一个新闻事件中可能包含 5 要素的全部,也可能只包含其中的一项或几项。当然,新闻事件中包含的新闻价值要素越丰富,新闻价值可能越大。而且,新闻价值的要素还只是自然之物,它只为新闻价值的实现提供了可能性,如果不经过新闻工作者的调查研究,不经过新闻传播者将其转化为新闻并进而传播于受众,新闻价值是得不到实现的。

二、新闻价值新的要素

显然,尺度性新闻价值具有较强的实践应用意义。它是新闻传播者在选择新闻素材或发现新闻事实时所依据的评判标准,理论家们将其分解为一些具体的要素。而上述关于尺度性新闻价值要素的说法,是可以用来评定一条具体的新闻是否具有新闻价值以及其新闻价值大小的。但是,如果再进一步仔细研究,就会发现其中起码有两个方面的不够实用性或者不便于操作性。一是比较单一地强调新闻价值要素的客观性,而忽略了受众一方的主观感受性与主动接受性。似乎只要一个事实存在着那些新闻价值的客观上的要素,就一定是很好的新闻素材。而实际上往往是,一个事实,从客观上看具有一定的新闻价值某些要素,而在一些受众的心目当中却并不一定完全能够被认可和接受。新闻既然是为受众服务的,新闻价值的判断当然也要以受众的接受程度为标准,这在从传者中心向受者中心转变的时代尤其重要。二是表述上也比较笼统,如:"重要性",要重要到什么程度才是重要呢?"接近性"又需要接近到什么程度呢?所以,为了更加便于操作和实用,也为了更加侧重考虑受众一方接受的因素,我们就尺度性新闻价值要素尝试提出如下的一些新的观点。

(一) 关注性
所谓关注性是指新闻事件所具有的那些易被全社会广泛关心和注意的要素。具备此类要素的新闻主要就是在传统新闻价值要素中属于重要性一类的事件。例如,关系国家前途、人民命运的重大事件,或者在某一领域具有重大影响的事件,由于其事关国家利益和民族形象,从其客观的社会标准来看,当然属于具有最大价值的新闻。但是,无论在什么样的时代,有些世界性的大事,甚至是影响整个社会历史发展的大事,在一般受众的主观评价和接受兴趣上却并不一定就能自然占据优势。也就是说,它的被"关注性"不一定是很高的。所以,我们在评定一个重要事实的新闻价值的时候,还必须从受众接受的角度,考虑其"关注性"因素。从实际上看,一个在社会宏观运行中具有重要作用的事件,在新闻的"关注性"上并不一定程度最高。也正是由于这样的原因,我们可以从近年来各个电视台纷纷开办的读报节目来看,每个类似的节目在选择播报新闻的内容上差异很大,许多原本被作为重要事件发表在原来媒体上的新闻,却被读报节目省略了,有些被当作次要消息的内容却被读报节目突出介绍,原来所说的"重要性"就因此而具有了很大的浮动性和相对性。美国著名新闻主持人丹·拉瑟接替克朗凯特主持 CBS 的《晚间新闻》节目后,确立了一条后院篱笆原则(Backfence principle),重新奠定了 CBS《晚间新闻》节目的基调。所谓后院篱笆原则,丹·拉瑟是这么解释的:"20 世纪 80 年代,电视新闻关注最多的是这么三件事:英阿福克群岛之战、中东战争和英国戴安娜王妃的新生小王子。新闻对哪件事应更关注、更多报道? 去报道新生小王子! 设想一天结束时,两个主妇倚在后院的篱笆上聊天,她们多半会谈到新生的小王子。"①这就是对后院篱笆原则最为形象的注解,虽然该原则在新闻价值的取向上值得商榷,但正如丹·拉瑟所认定的那样,新闻人必须把新闻价值建立在我们认为受众最感兴趣的话题上。这样的原则起码是对我们的新闻价值观有所启发的。

另外,有些"关注性"强的新闻更主要的是由于受众观念认同和情感共鸣的需要。按照艾里克·艾里克逊的观点,每个人一生都自始至终贯穿着一种自我认同欲求,尤其是在成人阶段,一个人总是需要追求亲密而逃避孤独。所谓"亲密与孤独"的说法,艾里克逊认为:"即指一个人在无须虑及自我认同丧失的情况下去爱另一个人和关心另一个人的能力。如果一个人不能与他人亲近,他或她就会生活在一种孤独感之中。"②为了避免孤独,人们不仅在现实中寻找"亲密"对象,也同样需要在新闻这样的虚拟的"世界图景"中更大范围地求得思想与感情上的亲近者。社会上经常会有一些令人共同关注的大事情,人的心灵就会感到安慰和充实。

---

① 铁翠香,徐啸寒.《南京零距离》成功的奥秘[J]. 新闻传播,2004(9).

② 戴维·波普诺. 社会学(第 10 版)[M]. 中国人民大学出版社,2000:152.

（二）关利性

所谓关利性，就是与受众切身利益密切相关的新闻事件。某些新闻事件直接涉及受众自身的法定权益，尤其是通常所说的知情权、知晓权、知察权等，或者在经济以及其他方面直接与受众利害相关。现代新闻价值，很多时候都是体现在对于公众权益的保护方面。一般来说，社会公众的知情权更多的时候只能通过新闻媒介来实现。尤其是那些关系国计民生的有关决策和变化，全民都有知悉的权利。新闻与这些权益结合得越是密切，其新闻价值自然也就越高。

另外，一些新闻事件虽然并没有和某些受众有直接的利害关系，但是，人们可以将其作为一面镜子，从中反观自身，以彼事物比照此事物。而由于这一类新闻的警醒或者启迪，受众可以更好或更多地避免自己的某些利益和权益受到损失。

（三）关情性

从根本上说，人类从一开始进化为人类，就是以群居为基本生存特征的。由群居才继而发展成为部落，及至更为丰富广阔的人类社会。人类的这种最原始的类特征注定了人类与生俱来的类意识，而其潜在的类意识就包括人人具有的同情之心。因为同类，所以同情。这应该说是人的同情心的最基本前提。怜悯之心，人皆有之；怜人之所痛，喜人之所乐，这就是最大的同情。我们的新闻把人世间发生的那些普通人的遭遇以及有着传奇性的或者超常性的喜怒哀乐报道出来，唤起人们的同情，使得人们在同情中得到心理上的一些满足，这显然也是新闻的一种重要价值。精神分析学家阿尔诺·格鲁恩在《同情心的丧失》一书中指出："同情心的问题与什么是人的问题和人的同一性问题有关，同时也与下面的问题有关，即人在肉体和精神上受到多大程度的伤害之后还仍然能够坚持人性。"他还认为："我们失去了同情心，其原因是我们失去了同我们自己内心痛苦的联系。"[1]在生存论哲学的视野里，阿尔诺·格鲁恩的这个观点是不难解释的。人作为一种社会性的、具有自我意识和对象意识的类的存在物，其生理与心理结构都具有共通性，是紧密地联系在一起的；或者抽象地说，人的人性是相通的，在人与人之间未异化的状态下，一个人的痛苦能够引发另一个人的痛苦。从而，在最基本的层次上，一个人如果无法体验到自身的痛苦，别人的痛苦便已经和具有产生自己类似痛苦的可能性的类的存在困境失去了联系，他也处于一种与自身的真实存在状态相疏离的状态中，从而也丧失了体验别人的痛苦的能力。在这

---

① 阿尔诺·格鲁恩. 同情心的丧失[M]. 李健鸣译，经济日报出版社，2001："前言"1，63.

种意义上，一个没有同情心的人是一个已经物化的、丧失了人的属性并且切断了与他人的人性联系的人，这种人只能以已经被掏空了自身的"自我"而以一个假自我系统来代替。所以，我们的新闻一定要有意识地承担对于人的同情心的唤醒，实际上这也就是对于人的真实"自我"的招回和强化。

此外，关情性也关乎着人的情感宣泄以及交流性表达。郁闷、压抑、不爽，是现代人中非常普遍的心理状况。物质财富的越来越丰富、分配上的更加不公、贫富差距的加大、经济和政治地位等级的森严，经常会滋生人们情绪上的不满。而压抑的情绪如果长期得不到发泄就容易出现精神崩溃，甚至危害社会和他人。因而，一般人尤其是社会上处于弱势的群体，就需要各种方式的宣泄。人们喜欢了解新闻，因为新闻经常为人们提供一些"大快人心事"。这些事件能够在人们沉闷的日常生活中增加一些润滑剂，如贪官被惩处、黑社会被打掉、人造卫星上天等等。虽然这样的一些事件并不发生在自己身边，也不会直接涉及自己的切身利益以及生命财产安全，人们却照样能够从中得到宣泄性的快感。

审美需求也是人类与生俱来，又随着生产实践和社会文明水平的发展而不断发展的一种心理现象。新闻主要是靠文字、画面和声音等作用于人的感官，其传达的形象性、感染性对受众的心理印象激发程度如何，就与新闻表达技巧的艺术性、审美性密切相关。特别是随着人们生活水平的逐步提高，随着人们审美意识的逐渐加强，现代的大众已不仅仅满足于通过各种传播媒体获得信息、知识，人们更加要求从中获得精神上的美感与视觉享受。即便是对待一个相对简单的新闻事件，受众也不满足于在一个平面上去了解事件的来龙去脉，往往愿意从多个角度、不同侧面去探觅现象背后的多重意义。这就需要创作者首先在思维方式上采取开放式的态度，即需要视象思维、对立思维、多向思维、情感思维等多种思维方式的综合运用。而其中不可或缺的就是思维的审美视角。它不仅能够直接满足审美需要引起的愉快，还能提高自由地把握和创造形式的审美能力，进而引向现实人生，淡化或暂时化解现实功利人生中的痛苦、矛盾，且有助于社会有序、稳态地发展。

因此，新闻报道同样需要以审美思维的方式去捕捉现实生活中的人物和事件，并以客观的形式加以如实报道。即使是新闻事件的现场报道，也包含着新闻工作者有意无意地对事件内容和表达形式的筛选、加工，从而最大程度地实现新闻的情感性价值目标。

（四）关趣性

一个毫无疑问的道理是，每一个人来到这个世界上，都不是一开始就出于自觉的。而一当来到这个世界之后，就必然会遇到许多生存上的麻烦和难题，尤其是成人之后，更是要不断地为基本的生存和生活而奔波劳碌。而人被降生到世间，当然不希望永远处在生活的沉重压力之下，特别是在为着生存而繁忙劳碌之余，自然就更需要得到愉悦和放松，因而人的娱乐和游戏的本能也就不断地寻找各种实现的途径和方式。人们之所以需要新闻，人们之所以需要新闻所不断创造的"世界图景"，很大意义上都是为了满足人的娱乐性的或者情感性的需求。威尔伯·施拉姆、威廉·波特在《传播学概论》中指出："大众传播主要被用于娱乐的占有的百分比大得惊人。"他们还指出，查尔斯·赖特在《大众传播：功能的探讨》一书中也曾经从社会学的角度，在拉斯韦尔提出的三个功能范畴之外又增加了第四个功能——娱乐。而威廉·斯蒂芬森在《传播的游戏理论》中，集中谈的不是传播的旨在实现改变的工具行为，而是有关传播的目的不是完成任何事情而只是一种满足感和快乐感。斯蒂芬森并不赞扬工作传播和贬低游戏传播；完全相反，他认为传播—愉快在心理学上是有益的。……他觉得，大众媒介的游戏行为是有益的，如果主要是从说教和社会效果的角度来研究大众传播，那是错误的，应该从它的游戏和愉快因素的角度来研究。出于这个原因，他决意发展"大众传播的游戏理论而不是信息理论"[①]。

　　这里需要说明的是，虽然新闻的娱乐功能是不可忽略的，但是，我们的媒介却不能一味地追求新闻的娱乐性，更不能因为强调娱乐性而制造一些虚假离奇的新闻事件。我们虽然肯定人的游戏与娱乐本能是合理的，但这种完全出于本能的人性，也特别需要高层次的文化加以必要的提升。新闻在尽量满足人的娱乐需求的同时，必须注意尽可能的人性引导。由于近年来媒体的市场化程度进一步加深，一方面是受众猎奇心理的驱使，一方面是广告商大笔广告费用投放的诱惑，加之一些媒体职业责任意识较低，使得有些新闻对于一些严肃事件的报道也出现了泛娱乐化的倾向。如几年前关于马加爵案的报道，这种过于娱乐化报道使马加爵案读起来简直像是一部"现代轻喜剧"，而不是什么值得全社会反思的悲剧事件。这些报道中，有关于疑似马加爵的人物出现在全国各地的报道，如上海刑事法律网上的《"疑似马加爵"窜入沪高校》《云大马加爵凶案：四川宜宾抓住冒牌"马加爵"》《宁波？上海？甘肃？警方全力围捕马加爵》，新浪网上的《兰州出现"疑似"马加爵　警方水陆空全面盘查》《疑似马加爵惊扰各地》等；有颇具戏剧性场面的报道如新浪网上的《我抓到了马加爵冰凉的手臂》《我敲响马加爵宿舍的门　冲出 5 个警察》《记者现场"逮马"落空》等。清华大学李希

---

① 威尔伯·施拉姆，威廉·波特.传播学概论[M].新华出版社，1984：37－39.

光教授指出,商业利益取代了公共利益,"越来越多的新闻已经成了广告和娱乐的囚犯"①。这是我们的新闻传播者应该时时警惕的。

(五) 关智性

一些新闻事实以及新闻作品带有较强的知识性,有助于受众加强自身文化素养,提高生活和工作能力,所谓增知强能。我们的社会已经进入知识经济时代,知识的不断更新与增强,直接关乎着人们的生活质量。从新闻中得到信息,获取新知,是新闻实用价值中的一个重要方面。

新闻的启智作用,是我国近现代早期的新闻人和启蒙思想家们从一开始就非常重视的。梁启超等人就提出过关于新闻可以"开民智"的主张。所以,现代新闻一定要注意利用新闻使人活跃心智,而千万不可以用新闻愚弄受众;不要用一些低级的庸俗的内容去麻木受众的心理,降低受众对于事物的感知能力,尤其是分析批判能力。

此外,在很多时候,人们只是想知道这个世界的状况和变化,"知道"本身就得到了满足,就会产生一种比他人优越的心理和感觉。而这种"明晓"性,往往只是求得一般地了解,没有功利的和实用的目的。早在 1930 年,日本新闻学者杉村广太郎就在他的《新闻概论》中就特别强调:"'欲知道;欲使人知道;欲被人知道。'这种声浪是任何时代任何国家的一种的共通的欲望。由这种欲望才产生新闻纸。"②所以,新闻能够给人以"知晓",也是一种非常重要的价值。

三、功能性新闻价值

尺度性新闻价值主要应用于新闻事实选择的环节中,是新闻进入传播过程之前的一种考量标准;而在新闻传播之后,又会对受众以及社会发挥一定的作用,产生一定的功能,或者对受众形成一定的影响,产生一定的社会效果。就整个新闻事业而言,更是如此。一件一件的新闻传播之后,不断地对社会发生或多或少的影响,这就是新闻的整体性的社会功能。而这里所要探讨的新闻事业的社会功能,归根结底就是探讨新闻价值的有用性含义,我们称之为功能性新闻价值。

实际上,新闻的社会功能,从不同的角度看,是可以做出许多不同的解释的,如:有学者认为新闻的社会功能可以从三个层面来认识,即:一是"新闻传播的

---

① 以上资料转引自世纪中国[Z].2004(4).
② 杉村广太郎.新闻概论[M].上海联合书店,1930:1-4.

基本功能",其主要意义是指"告知新闻信息";二是"新闻传播的直动功能",主要包括政治宣传功能、经济促进功能、社会组合功能、文化娱乐功能;三是"新闻传播的连动功能",主要指新闻文化在参与社会化过程中的作用等①。

对于功能性新闻价值的比较权威的解释,可以参照西方传播学中的媒介功能理论。所谓媒介功能,是指在媒介与社会的互动过程中,媒介所发挥的实际作用。而西方传播学认为,传播媒介的功能有正面和负面、显性和隐性之分。媒介的正面功能,自然是指新闻媒介对社会发展的积极作用;而媒介的负面功能,又显然是指对社会历史发展所起的消极作用。所谓显性功能,是指媒介所发生的那些显而易见、立杆见影的社会作用;而隐性功能又是一种不易察觉的,或者暂时不甚明显的社会效果。美国传播学家默顿说道:"任何有利于一个社会系统的适应与调整的结果,皆得谓之功能。"②根据这样的说法,我们吸收西方传播学家如拉斯韦尔和赖特以及施拉姆等人关于媒介功能的正面意义的观点(见本书第七章),可以把新闻事业的社会功能也就是功能性新闻价值的要素概括为以下几个方面:

(一) 传播信息、社会瞭望的基本功能

新闻事业的产生和发展是以人们对信息的需求为内在动力的,人们接触新闻事业的最直接、最根本的目的就是获得大量的、最新的信息,及时了解世界的各种变化,调整自己的行为。新闻报道是信息的载体,首要功能就是能够报道新闻、传播信息,从而把世界最新鲜的面貌展示给受众;同时,也起到瞭望社会、观察社会最新变化、发现社会发展过程中的问题的作用。这也是一切新闻事业的基本功能。

(二) 关乎舆论、凝聚社群的导向功能

舆论就是公众对社会上某些事态大体相同的意见和言论。一般而言,它具有评价性、自主性、倾向性、扩散性等特点。新闻传播的广泛性和大面积覆盖性,使它与舆论的关系极其密切。所以,世界上最早的新闻学诞生,就是以李普曼《舆论学》的出版为标志的。毫无疑问,新闻媒介是舆论最好的载体,而新闻受众则始终都是舆论的主体。在一定意义上,新闻信息是舆论的来源,它可以引发公众对于某些社会事件的普遍议论;而有些新闻信息则又直接来源于舆论,或者是对舆论的反映。

---

① 程世寿,胡继明. 新闻社会学概论[M]. 新华出版社,1998:137-163.
② 袁军. 新闻媒介通论[M]. 北京广播学院出版社,2000:251.

新闻媒介发布代表一定阶级、集团、社会群体的意见倾向的事实,控制某一报道的量和度,这就可能形成或引导舆论;从群众中收集舆情民意进行报道,这是反映舆论;新闻甚至还可以夸大或歪曲事实制造舆论。但总而言之,无论代表舆论、反映舆论,还是制造舆论,新闻都具有引导舆论的功效。而新闻对于舆论的引导和反映,归根结底都是为了能够达到凝聚一定的社会群体,实现一定的政治或经济目标。

(三) 传授知识、提高文化素养的连带功能

由于新闻传播内容的广泛,传播范围的广泛,受众的广泛,使新闻媒介在文化教育方面也可以发挥一定的作用。新闻报道中本身就蕴含丰富的知识成分;另外,它通过设置专门的教育栏目传授专业知识,这种教育具有广泛性、长期性、形象性、随机性的特点。当然,它的教育效果也往往只有在潜移默化中见成效。

(四) 生活娱乐、服务大众的一般功能

从总体上说,传播信息、引导舆论、普及教育都是提供服务。而这里所说的服务功能,主要是指那些满足人们日常生活的需要,如气象、医疗、家政等方面的信息,尤其是那些纯粹娱乐性的新闻,从而满足人们不同层次上的各种需要。随着人们物质生活水平的提高,精神生活成为重要的组成部分,充满人情味的新闻本来就为人们提供了娱乐,近年来,各种文艺文化专栏节目的开设更是使人们的生活越来越丰富多彩。

正因为新闻事业具有上述社会功能,新闻被传播出去之后才会满足人们的某些需要,才会对受众和社会产生某些效果,所以在新闻价值内涵中,社会功能、人们的需要、社会效果应该是一致的,即:人们有知晓需要,通过新闻事业的传播信息功能来满足;人们有认知需要,通过新闻事业的舆论引导功能来满足;人们有接受教育的需要,通过新闻事业的传授知识功能来满足;人们有追求精神生活以及休闲的需要,通过新闻事业的文化娱乐功能来满足。所有这些需要和功能,经过实践证明是新闻事业可以达到的社会效果,它们都是属于新闻的功能性价值范畴。

基本概念与问题思考

1. 新闻价值

2. 软新闻

3. 硬新闻

4. 新闻价值要素

5. 新闻接近性

6. 新闻时效性

7. 简述新闻价值重要功能。

第七章

新闻传播规律

本章着重介绍新闻涵化、新闻选择、新闻时态、新闻真实、新闻公正等理论，从不同角度对新闻传播中基本规律做出深度解读，帮助学生深刻理解、把握新闻传播的基本规律。

第一节　新　闻　涵　化

新闻是一种文化，新闻属于意识形态范畴，社会主流的意识形态，包括政治的、经济的、文化的属性，制约新闻的传播方式和内容。因此，新闻的传播总是被打上意识形态的烙印。新闻的涵化往往体现着主流意识形态的属性。西方新闻客观性总是趋于回避传播体制和所有权对新闻的建构作用，因此避而不谈新闻的意识形态的作用。而实质上，不管在哪种社会制度下，大量新闻媒介都掌握在一定的政党或者国家、社会组织或者某些资本掌控者的手中，没有不被涵化的新闻，西方的新闻也是在编辑记者的涵化之下，才与受众见面的。而且西方的新闻涵化虽然一再声称以客观性为准绳，但是仍然避免不了西方的意识形态的作用。在我国，新闻媒体作为党和政府、人民的喉舌，我们旗帜鲜明地提出了新闻的意识形态属性，并贯彻到新闻报道的方针中。

一、新闻的话语涵化

新闻是一种人工信息，是新闻记者通过文字、声音、画面等符号构建的一种"拟态环境"。新闻运用什么样的符号，怎样使用这些符号，是新闻涵化的方式。语言是新闻中运用的最重要的一种符号，因此，新闻使用什么样的语言，运用哪些词汇是新闻涵化的不可或缺的手段。巧妙地使用特殊的词语润色新闻内容，就叫新闻的话语涵化。在不同的国家,不同的报道方针的指导下,在不同的意识形态的统领下,新闻话语在建构新闻事实的时候,往往通过选择不同的词语和句式,或明或暗地显示出自己的立场。

如,香港回归祖国时几家通讯社报道的导语:

新华社:1997 年 7 月 1 日,中华人民共和国国旗和香港特别行政区区旗在香港升起,经历了百年沧桑的香港回到了祖国的怀抱,中国政府开始对香港恢复行使主权。

路透社:6 月 30 日午夜时分,当查尔斯王储将香港归还中国时,英国结束了一度强大的大英帝国历史。

美联社:随着午夜国旗的交换,焦虑不安和兴奋的香港今天摆脱了 156 年的殖民时代,并开始了在欢欣鼓舞的共产党中国主权下捉摸不定的新时代。

语言给受众带来视觉材料以外的丰富内容,发现凭直观不能发现的思想。新闻并不只是感官对世界全面接触,而且是对世界的一种思考方式,形成有关事实的概念。新闻记者运用恰当的词语再现事实的本质,让受众看到事实内在的东西,这就是新闻话语的深刻寓意。作为一名新闻记者,必须在新闻的语言上进行细致周密的推敲与选择,只有这样才能做出高质量的、符合新闻传播规律的好新闻。新闻话语的涵化归根结底就是新闻主题的涵化。新闻主题是指媒体通过报道某些事实的思想,重要报道的主要目的不只是告诉受众某个新鲜事实,如果可能和需要的话,还要向受众提供记者对事件的理解,深化新闻主题。一则新闻质量的高低、价值的大小,主要看主题是否正确深刻。主题是"统帅",主题是新闻的"灵魂",新闻的素材要为新闻的主题服务,因此新闻内容涵化的本质是新闻主题的涵化。

二、新闻的技术涵化

新闻技术上的涵化,是运用传播技术加工事实,使新闻具有报道者的思想蕴含。主要是指新闻记者运用摄像机、照相机、录音设备、各种平面的和多媒体的编辑软件等等对事实进行加工、选择,使录制、再现的新闻具有了某种意义。

(1)在广播电视新闻报道中的技术涵化。在电视新闻的制作的技术上,编辑运用线编和非线编软件针对新闻镜头进行选择加工,删掉与记者编辑意图相悖的镜头、画面,选取、放大自己需要的镜头。这无疑更能显现出媒介编辑新闻在技术上进行的涵化。在广播新闻的技术上的涵化,不但体现在对声音的录制、同期声的运用、现场音响的选择上,而且播音的各种方式也透露出编辑的意图。广播媒体经常使用这些不同的播音方式显示不同的气氛,表现不同的意图和对新闻的思想评价。一定的思想感情成为播音的支配主线,用不同的音调、不同的音响方式表达不同的倾向,从而影响听众对报道内容的理解。

(2)平面媒体新闻报道中的技术涵化。报刊新闻的技术性涵化在摄影记者的身上表现得十分突出,针对新闻现场,平面媒体最直观的传达就是图片,因此摄影记者采取什么样的角度和曝光度以及拍摄距离的远近来进行拍摄,将能透露出摄影记者的意图,其中蕴含着摄影记者的影子。版面位置、字号对于报纸新闻是常用的技术涵化手段,这虽然不是新闻中的内容,却使新闻产生特定的含义。版面布局包括顺序、空间、符号、线条、色彩等,不同的位置、顺序、线条以及色彩等编排手法,可以体现不同的倾向,对读者产生不同的心理影响。充分使用这些编排手法的特点,恰当地将其运用在不同的新闻的处理中,这是平面媒体涵化的主要方式。

(3)新媒体新闻报道上的技术涵化。新媒体的技术涵化最为常见的手段包括字幕闪动、信息连接和互动式评论。字幕闪动,可以突出重点,引起读者关注;信息连接,即通过连接的方式增加新闻信息,拓展受众新闻视野,强化读者对报道中的信息认知;互动式评论,以读者的评论衍生更多的新闻信息,产生认知倾向,进而引导后续读者对于报道信息的接受和理解。借助现代网络技术,新媒体在新闻报道上的技术涵化手段更加丰富,方式更加隐蔽。

新闻报道技术上的涵化,说到底仍然是一种意识对于物质的驾驭,是新闻记者对于设备的操纵与使用。新媒体通过信息的强化和内容的拓展,实质上仍然是将报道思想通过编辑技术的运用得以体现,说到底还是媒介的意识对于技术手段的驾驭。

三、新闻涵化与新闻真实

新闻的涵化与新闻真实本质上是记者对于新闻事实进行的一种意义化,即将事实赋予了某种新闻意义,将事实本身附加上了记者自身的观察与理解。事实本身是多侧面的,选择新闻事实的角度,是涵化新闻主题的主要的手段。因此,新闻记者对于事实要用立体的眼光去审视。首先,从横向的角度观察事实本身,可以有哪些理解的角度,具有哪些意义。其次,从纵向的角度去观察事实本身具有的意义中,哪一个报道角度的意义最大,其主题能够得到最大化或者进一步地深化;然后用生动的事实、必要的技术手段或语言手段,合情合理地将新闻进行成功地涵化。这样,将可以更加凸显事实背后的新闻意义。要特别注意的是,新闻涵化本身并不是主观报道,涵化后的新闻在某种意义上说,将更加客观。新闻涵化是新闻记者对于杂乱事实的梳理,以及对于事物本质的发掘。要做到这样的境界,记者对于事实的选择,一定要遵循事实第一性的原则,不能为了突出新闻的涵化主题而捏造事实、歪曲事实。要用事实对事实进行涵化,而且选择事实的基本元素要具体化、精确化,比如:具体的地点、时间、人物等,不能含糊带过;引用素材要说明来源与出处,不能以"据调查"等词语加以搪塞①。

第二节　新 闻 选 择

实际上,人生活在这个世界上,毫无疑问地每天都要面临着一些选择,诸如日常生活中的衣食住行方面的选择,工作生产中的计划方案以及用人调度方面的选择,等等,甚至中午到餐厅吃饭也要对饭菜首先做出选择。人的一生其实时时处在选择之中,选择既然无所不在。为了人们能够更加科学地进行选择,尤其是一些涉及人生事业或者社会发展等方面的重大选择,建立一套专门研究人的选择及其相关理论的"选择学",当然顺理成章了。有了这样的一门"选择学",不仅对于我们通常所应用的"选择"的概念,给予理论化的解释,而且对于相关的一些学科也具有重要的指导意义。我们这里的"新闻选择"的要求,就是以选择学作为理论依据的。

按照"选择学"的定义,选择就是行为主体对行为目标或方案的搜寻、比较和确认②。而在人类的全部新闻活动和整个新闻事业中,选择无疑贯穿在每一个环节和程序中。

新闻选择,是指在特定的传播环境下,根据一定的价值取向和原则标准,对新闻事实、新闻作品通过主体的主观衡量与评判,所做出的取舍与认定。进一步说,因为新闻和新闻报道的基本对象是新近发生以及变动的事实,所以,实质上新闻选择首先就是对能够构成新闻和可以进入新闻传播过程的事实的选择。而由于在传受过程中,新闻传播者、受传者和决策者所处的地位不同,各自承载着不同的社会责任并相对处于一种不同的政治与经济的利害关系之中,所以,他们对新闻的选择标准和兴趣也就有很大的不同。而在这样的格局中,作为第一把关人和实际操作者的新闻传播者,显然处于最重要的和第一位的选择位置上。所以,关于新闻选择的要求也就主要是讲新闻传播者在取材和制作过程中的选

---

① 刘建明. 当代新闻学原理[M]. 清华大学出版社,2003:141-158.

② 孙万鹏. 选择学[M]. 山东人民出版社,1992.:55-56.

择问题。

一、新闻选择的目标

归根结底,新闻传播的根本目的就是向社会提供最及时以及最佳、最有效的信息。具体而言,也就是要把世界变动的最新事实尤其那些事关社会发展以及国计民生或者为广大受众最为关心的新鲜事实传播给尽可能广泛的接受者,从而让社会的信息流通一直呈现为最快速和畅通的状态。从整体上和宏观上看,新闻传播既不能遗漏或者延迟传播具有新闻价值的以及流通必要的信息,又要避免信息的过量膨胀甚至过多的垃圾信息而造成信息拥堵和泡沫化。在现代世界,每日每时所产生的信息是无限的,而传播者首先需要明确新闻选择的目标,保证信息发布的最佳值。

对于新闻选择的目标,主要应该从以下两个方面加以考虑:

(一) 社会公共领域需求度

社会发展与社会稳定是任何时代人们生存的最基本的条件。新闻传播首先必须承担最基本的有利于社会发展和社会稳定的历史使命,充当社会航船上的瞭望者角色。新闻传播的最根本的出发点就是服务于社会、服务于受众。因此,在新闻选择的过程中,一个最高的目标,就应该考虑我们所要选取的对象以及我们即将由此所发布的信息,在整个社会信息流通以及社会公共领域的利害关系中是否具有一定的必要性或需求度,其社会信息流通的价值越大,其社会公共利益的需求度越高,当然就越符合选择的目标。

所谓社会公共信息需求度,也是一个十分宽泛的概念,它包括社会各个方面的信息需求性。而它所强调的就是社会公共的信息需求。有了这样的信息传播,或者通过这样的信息流通,社会就能在一定程度上得到活力的激发,社会公共利益就能在一定程度上得到守护,而在更高的境界上,则可以大大推动社会历史的发展,从而取得更大的社会效益。

(二) 受众应知欲知需求度

现代新闻传播,已经由传者中心转移到了受众中心的格局。我们的新闻传播不再仅仅是由上而下的灌输和指令,而是围绕着受众、服务于受众。我们的新闻选择当然首先要考虑社会公共的最大利益,尤其是国家与民族的利益;但是,在不违背或并不涉及社会公共利益的前提下,我们的选择目标一定要以受众需求为中心。

所谓受众需求，一是受众应知的信息，这样的信息虽然并不一定是受众从主观内心中特别渴望了解的信息，但从某种意义上却是他们必须知道的。如近年来在全社会开展的"八荣八耻"教育，这不只是着眼于全社会的发展与稳定的需要，而且从根本上来说是与每个公众个人的切身利益和生活质量都密切相关的，这样的信息虽然并不一定是受众从接受兴趣上最为关心的，却仍然是建立在受众利益中心的基础上的。所以，我们对这一类新闻的选择，实质上也是从受众出发，而从根本上服务于受众的。二是受众主观欲知的信息。传播者在新闻传播活动中是信息的发送者，但是，传播者却又不能仅仅知道把自己掌握的信息传播给受众，还应该知道受众对哪些信息是最想知道的，即受众欲知的，就是传播者必须选择的。

很多时候，即使是同一件事实，或者同一个新闻素材，受众最想知道的其中的信息也是有很大区别的。尤其是在媒介分众化的现实之中，不同受众定位的媒介，就更需要根据自己的受众对象选择适当的角度和事实内容进行新闻制作。如，2014年3月8日马航370班级失联发生后，国际及国内各大媒体分别从自身定位和角度，对事件进行了报道，而报道的内容则根据自身服务和满足的对象而有所侧重，有的偏重于国际政治、有的偏重于当事人家属、有的偏重于航空公司的日常管理等，从而满足了不同受众的求知需求。这就是新闻选择的基本目标。

二、新闻选择的过程

这里有三个基本步骤和三个基本环节。三个环节，即传播者在进行新闻采访、写作和编辑的各个环节上，对新闻事实和报道对象进行多层次筛选；三个基本步骤，即在进行具体的事实选择中的搜寻、比较和确认。这三个基本步骤和三个基本环节有循序渐进的关系，而在实际的运作过程中又不是那么界限分明，因为有时需要交错进行或者同时进行。

搜寻，就是充分利用新闻资源，广泛收集报道线索，详细占有报道对象的相关材料，特别是第一手资料。如果进行新闻策划，那就要尽量拿出更多一些的策划方案。比较，就是在不同事实之间、不同线索之间、不同主题之间、不同素材之间、不同写法之间、不同方案之间，权衡长短利弊，为下一步的确认做好准备。确认，就是在反复比较的基础上，做出决断，确定预期效果最佳者作为最终选择的结果。新闻选择归根结底是从多种可行性方案中选取一个满意度较高的方案。所以，选择时尽可能占有更多一些的选择对象和方案，从而使选择的余地更大一些,选择的空间更多一些,以便有更充分的比较,从多中择优。在实际的新闻选择中,搜寻当然是进入选择的第一步,但是,到了比较的环节中,仍然可以继续搜寻;甚至在确认之后,如果又搜寻到新的事实或材料也仍然可以重新比较,或者进一步搜寻,再重新确认。总之三者密切关联,互不可分。

三、新闻选择的准则

新闻选择的准则有两个方面的依据:一是新闻价值;二是法律政策和社会道德。

新闻价值标准用于权衡新闻事实或相应作品新闻性的强弱,测度新闻事实或相应作品的信息量和社会影响力。传播者根据权衡和测度的结果,做出取舍或轻重缓急的处理决定。新闻价值标准的具体尺度,就是前文已叙述的新闻价值理论和新闻价值要素。

政策法规和伦理道德是社会公认的行为规范。它们作为新闻选择的标准,用于权衡和测度新闻事实和相应新闻作品的社会价值和宣传效力。传播者根据权衡和测度的结果,做出允许不允许出版和怎样出版的决定。其具体尺度是相关的法律政策和成文不成文的伦理律条。

这里还需要更深入一个层次加以说明的是,作为新闻选择标准的法律政策和伦理道德,一部分是专门属于新闻职业的法律政策以及新闻界的职业道德,包括新闻纪律等。这是每个新闻从业人员必须牢牢坚守的职业规范。而从另一个层面来说,就是指全社会必须共同遵守的法律政策和伦理道德。新闻选择,一定要符合国家的有关法律政策和有利于社会稳定与发展的道德规则。千万不能在新闻报道中出现与法律政策相悖或不利于公共道德建设的事实和观点。

新闻选择除了以上两个主要的硬件标准之外,还有人提出一些次要性标准,如新闻的可读性标准、版面画面以及文章章节的审美标准等。这些次要性标准在新闻价值判断中起着辅助作用,有利于新闻选择最佳目标的实现[①]。

第三节 新 闻 时 态

新闻之所以成为新闻,是因为在时间的限定,即一个事件从事实转变为新闻

---

① 项德生,郑保卫. 新闻学概论[M]. 武汉大学出版社,2000:81-82.

在时态上的要求是极其重要的。

一、新闻瞬间性

新闻,首先是一个"新"字。"新"的内涵,包括时间上的及时和事实内容上的新鲜,而这两者归根结底都取决于新闻传播能够根据新闻的瞬时性特征快速抓取和反映。新闻的瞬时性,即在一个短暂的时间刻度上显露出事实的新闻性,表现为事实展现新质的一个时刻点。所谓时刻点,是指时间轴上几乎难于察觉的一个个可以被看作是静止的点,也可以把它称为时间轴上的最小单位。每一个新闻事实的发生,都是在这样的时刻点上。这样的时刻点是极短暂的,只有一个瞬间或者是一个有限的时段。所有新闻只有抓住事实发生的一瞬间,或新闻事实变化的那一刹那,才是具有可传播性的新闻。所以,对于新闻发生的时间把握,一般都不能简单地以近几天、近日、最近等模糊性的词语一笔代过,新闻的时间性的内在要求规定了新闻记者应该准确地报道新闻事实发生的准确时间点;否则,新闻记者一旦采用那些模糊的时间词语,就表明一定是忽视了新闻的瞬间性。这在一定的程度上也可以称为新闻的局部失实。

新闻的瞬间性是新闻一定时量中的一个刻度,表明空间依附于短暂时间的存在形式。这个原理不仅意味着空间和时间在客观上是实在的,而且还意味着它们同变化着的事实有着不可分割的联系。任何一个事件或典型事物,都是有限时间内的一幕,记者的采访与写作应在无限时间的长河中寻找有限时间。面对社会变化,记者首先应该考虑某一事件在时间上是从何时开端的,又延续了多长时间,是否到了时间限制的终点。这样,新闻报道便在时间无限延伸的轴线上,找到了一个时间变量,截取有限时间来表明报道内容的时量。这个时量,如果准确显露事物的时间长度,会使新闻具有明确的空间界限,人们不仅可以依据时限了解客观事件,而且还可以判断事件在份量上的大小轻重。

二、新闻时效性

所谓新闻的时效性,是指作为一个事实的新闻在报道后持续时间的效率。新闻对事件报道得越早、越快,其反映的信息在受众中保持价值的时间就越长。时间不断流逝,标志着事件也在走向过去;新事实一旦产生就不断走向衰弱,另一个新事件的出现就是旧事件消亡的开始。新事实一旦萌芽或成熟,在事实刚刚发生的瞬间就给予报道,新闻就会产生很强的时效。因此,新闻记者应尽量缩小新闻的传播时差。

什么是新闻的传播时差呢？新闻是一种高速度传播，或者说，新闻传播是最讲究速度的传播方式和手段。有人说"新闻是由时间材料构成的产品"，所以，如果一个新闻事件在一定时间内发生，而传播者不能在第一时间进行报道，那么这则新闻就将贬值、腐烂。由此可见，所谓新闻的传播时差就是指事件发生和被报道的时间差。时间差越小，此新闻的时效性越强。为了增强新闻的时效性，媒体都在千方百计地追求第一时间进行报道。在第一时间内抢先报道新闻，也往往就是独家新闻。当然，在某种情况下，对于一时被遗漏的新闻，也可以继续寻找该新闻的另一个第一时间，报道其最新的发展，这仍然可以说是第一个把最新的事实传送给受众。

在新闻报道中，为增强新闻的时效性，成熟的传播者一般很注意时段切割的小型化和快速化。因为，受众不仅希望收到刚刚发生的新闻，而且希望每条新闻陈述得精炼、短小而丰满。媒体着眼于社会宏观的变动，力争在每一个传播时段里集中时效最高的信息；而新闻报道做到高时效，很难在一次报道中追求事件的完整和周全，所以大事件只有通过连续发展才能展示它的进程，把这样的事实切割成碎块加以报道，就不会再影响报道的时效。每次报道截取刚刚发生的事态，通过多次报道完整地再现整个事件，连续性瞬态既体现了高时效，又展示了事态发展纵向过程的始终。

另外，新闻时效性也包含第二种含义，在新闻作品中，压缩一定时间内的事象而不损失事实的完整性，即普遍运用"时间浓缩"的方式。比如，半天内发生的事用两分钟的新闻进行报道，观众并没有感到缺少什么，报道时间的短暂不仅减少了资源的浪费，而且提高了时效，也即用极短的报道时间表现较长时间发生的事件。记者选择事实的典型场面与细节，压缩那些次要的、不能表现事实意义的过程，是提高新闻时效的基本手段。

三、新闻时态规律

根据刘建明教授的理论总结，新闻的时限性决定新闻报道具有若干时态规律，即事实只有在一定时态下报道才能保持最好的影响力，这是新闻报道的基本规律。主要表现为：①新闻报道要标出事件发生的具体时间，向受众报告特定的时间刻度，突出事实的"现在进行时态"，又称报道的现时态。②新闻内在的时序不能颠倒，颠倒了就要歪曲事实的因果关系，改变事实的性质。时序被破坏，事象就给读者造成谬误的印象。新闻报道陈述事实可以运用倒叙或插叙，但不能违反因果关系的顺时态。③提高新闻时效是事实保鲜的前提，是构成事实保持新闻本性不可缺少的条件。事实不及时报道，就会变旧，"落地黄花"就不再是新闻。提高新闻媒介整体报道的时效性，是提高媒介竞争力的重要手段。新闻要尽量缩短事实发生和报道之间的时差态，以更加延长新闻的寿命。其具体规则主要表现为：

第一，新闻时态的确定性。新闻时态是用时间数词、名词和时间副词表示的，同一种情形用不同的时态表达，就构成不同空间的事物，可能有不同的含义。新闻中某些空间发生了变化，陈述时态的语句也要随之改变。例如，某一事态是在一刹那间发生的，而某一事件延续了一定时量，如果缺少时态就很难让受众明确它是曾经有过的，还是将要发生的。在一个大事件中，具体事实的转换都伴随时态的踪迹，不确定的时间概念不能说明事情是否真实发生过。说出事件的现时态和过去时态——某人在哪里说什么、做什么，才有特定的价值，这需要运用恰当的时间语言，指明事实的进程。这就构成了时间上确定的新闻语言和时间语言。新闻的进行时态表现为刻不容缓的报道状态，必须在事实发生后以最快的速度报道出去。新闻再现、记录和反映的是新近发生或正在发生的事实，即使非事件性新闻反映新经验、新人物、新动向、新问题，也需要确定进行时态的点位，说明它是什么时间内发生的。过去的、将来的和时宜态都以现时态为激发点，展示事件的延续过程，再现事实的全貌。凡是具有发展情节的事件，大都应有过去时态或将来时态穿插其间。

第二，时态对新闻的规定性。时态表明新闻报道的起始点和事件的转折点，确定了事实每个变化的时间，从而增强了新闻的真实感。新闻报道的时态和真实是并重的。不真实的新闻报道得再迅速，并不是新闻的时效；时效不能牺牲真实，而是要求时间概念的精确使新闻更加真实。一切新闻都在一定时态内具有报道价值，有教育意义的新闻尤其需要在一定时刻报道才显露出更大的价值。因此，某些新闻的时态性不仅表现为时间的直线运动，而且体现为更为短暂的固定性。继发性新闻与突发性新闻比较，变动的时间要缓慢一些，变化过程要长一些，而另一些事实能否成为新闻，需要一定时间检验，因此要求这类报道搞成"今日新闻"是难以办到的。这类新闻恰恰表现为在某一固定时间报道，事实才表现出最大的价值。这是一种特殊的时态性。时宜性恰恰是事实适时的内在要求，表明新闻在一定的时间内报道具有突出的意义。这就是新闻的适时态。军队的训练成绩只有发表在建军节目的报刊上，才会引起更广泛的兴趣，而发表在别的时间则很难引起更多人的注意。有的新闻本来就会引起轰动，如果发表在更合适的时机将更具有新闻价值。有些重大的非突发性的事实，没有充分发展，事实没有充分显露出来，就急于报道，就有可能铸成大错，等到一定的时机再报道才能让人了解这是一个什么样的事件。

时态的精确化不仅提高了报道的时效，而且让受众看到了事件完整的发展过程。缩短时限,成为新闻报道的重要目标,加快报道频率是提高新闻时效的重要措施。当代新闻事业不断追求通讯方法和印刷发行的速度,利用先进的传播技术,提高了新闻采访和传递的时效。多种时态是事件发展进程中的环节,综合、准确地指出事件的各种时间要素,把事件的发展清楚地向公众陈述出来,成为报道重要新闻事件的基本要求。网络新闻每分钟都在更新,电视新闻每小时都在更新,把巨量的信息快速传到全球各地的公众之中。快时效带动了其他时态的综合运用,新闻报道给人们提供了更加详尽的事件①。

四、"第一时间"解

近年来,"第一时间"这个概念几乎成了一个常用的词语。不仅在报刊上经常会看到"第一时间"这一词语,而且好几家电视台都直接把"第一时间"作为新闻节目或栏目的名称;不仅在一些政府部门的文件和报告中经常被用作及时解决和处理问题的承诺或准则,而且在一些时尚娱乐类的媒体上更是成为许多广告的中心语,如:"电影第一时间、在线观看电影第一时间、免费下载电影第一时间,免费在线播放电影第一时间、免费在线观看电影第一时间、免费高速下载电影第一时间,在线免费观看电影第一时间……"就连通俗音乐也看好"第一时间"这样一个颇有语言冲击力的概念,以此命名写成歌词,作为情感倾诉和发泄的一种方式。

应该说,"第一时间"原本是新闻领域的一个比较专业的术语。由于新闻天然地对于事物的发生发展和变化有着强烈的敏感性,往往以最快的时间和速度作出反映,为了强调其快速的特征,也就提出了"第一时间"这样的概念。2006年1月8日,国务院发布的《突发公共事件总体应急预案》中提出,发生公共事件要在"第一时间向社会发布简要的信息,随后发布初步核实情况、政府应对措施和公众防范措施"。这就更是把"第一时间"以国家政令的形式写入了有关新闻的法案当中。

关于"第一时间"的具体定义和内涵有些专家也力图对这一名词给出一个科学的说明。刘建明教授曾定义"第一时间":"在事件发生和人们的意识之间大都有一段短暂的思想空白,即由于事件突如其来,受众来不及对事件作出任何判断,获悉事实的强烈欲望冲击了对事实的认识,这个关键性的间隙,通常被视为

---

① 本节中的部分内容采纳了刘建明的观点。参见刘建明. 当代新闻学原理[M]. 清华大学出版社,2003:
141-158.

新闻报道的第一时间。"①但是,这样的表述似乎在逻辑上有些不很严谨。因为,"事件发生和人们的意识之间大都有一段短暂的思想空白",这里的"人们"、"意识"、"思想空白"以及所谓"短暂",这些词语都是含糊的。而且,"这个关键性的间隙,通常被视为新闻报道的第一时间","间隙"又怎么成为"第一时间"呢?从这样的定义当中好像也还是不能准确阐述什么是"第一时间"。尤其是,这样的一个解释对于到处可见的"第一时间"概念缺乏通用性。因此,还是有必要寻找一种更加科学准确的解释。

严格地说,"第一时间"原本是一个并不符合语法常规的概念,因为"时间"是不可数名词,一般不能用序列数词来修饰,包括最近也很流行的"零距离"等都是属于这样的词语。只要用延伸法和归谬法就可以看出其中的问题,如果有"第一时间",紧接着是否还有"第二时间"、"第三时间"……呢?而有了"零距离",是否也就应该有"一距离""二距离"……呢?然而,高科技的计算机网络时代也是语言创造高度发达和丰富的时代,许多原本不合理的说法却成了最"酷"、最时尚的用语。"第一时间"就正是如此流行起来的。而网络时代新生词语的突出特点就是反常化、偏激化甚至极端化。这样的新生词往往是以把词语尽量用得过头为追求,如"零距离"一说,世界上的任何两个或多个事物之间怎么可能有"零距离"呢?但是,通过这样极端的夸张和强调,似乎才显得意义表达得到位。所以,"第一时间"在意义上所强调的其实就是"最短时间"之内。如果按照常规用"最短时间"来直接表达,就显得老"土"、平常、一般化,所以就出现了"第一时间"的概念,而且很快成了流行语。

那么,又到底什么是"第一时间"呢?

"第一时间"实际上就是"时间上的第一个"。任何一个新事物的发生,肯定有知晓上的第一个;而对事物的反映或者传播,当然也有时间上的第一个;包括对事物的作为,也有最先一个的行动者。所以,"第一时间"首先就不是一个固定的或确定的时间长度,而只是一个在实际的时间度量上有很大模糊性的概念。如,一个案件的发生,有时候经过了很长时间还不为人知,10天半月甚至1个月或更长时间之后才有第一个发现者,那么,这算不算是第一时间的发现者呢?如果不算,对这一案件的发现是不是就没有第一时间了呢?而对于这个案件的反映,公安部门得到报案,也许10分钟之内就到了现场,也许由于路程等方面的原因几十分钟才到达,这都应该是在第一时间到达现场;而新闻报道者也许不会和公安人员同时到达,但作为新闻来说,最先反映者也是在第一时间进行报道;或

---

① 刘建明. 突发事件与报道的第一时间[J]. 新闻战线,2001(12).

者还有不同媒体虽然到达与报道的时间也略有不同,但是,只要在同一天发布了同样的信息,都会自称是在"第一时间"进行了报道。而这所有的"第一时间",显然都不是一个统一的和确定的时间长度。再如,春节、五一、十一长假 7 天,放假第一天出了事故,有关部门都没人负责,直到第八天上了班,领导才得知此事赶到事故现场,他算不算是"第一时间"呢?出了事故,记者前往采访,有关部门众口一词底气十足地对记者说:我们得知事故发生后,第一时间赶到了现场!这"第一时间"究竟是事件发生后的 1 个小时、2 个小时,还是三五个小时?是事故发生的当天、次日,还是三五天呢?所以,"第一时间"虽然看上去有"第一"这样的确数来修饰,而实际上它却只能是一个概数词语,是一个相对模糊的时间概念。"第一时间"既不是年月日,也不是时分秒,而应该是一个形容词,即表示最短时间。

既然如此,是否能给"第一时间"下一个尽量准确的定义呢?笔者认为,"第一时间"主要是相对于事物或事件发生之后的反应速度而言的,尤其是对于新闻传播媒介和负责处理紧要问题的政府机构或部门来说,"第一时间"就是一种最基本的职业准则和要求。从这样的角度来看,"第一时间"就是指事实发生之后最快速地认知,最快速地掌握,最快速地做出必要反应和处理的时间要求。用比较规范的语言来表达,"第一时间"就是在事物发生与相关的责任者反应之间,在时间上没有任何人为的拖延和间隔,而能够达到最及时的和最快速的反应过程。这里,特别强调两个必不可少的要件:一是所谓"相关责任者的反应"。因为一般来说"第一时间"的反应首先是对有关的专门人员与机构的要求,比如媒体,广大受众对于事物的了解和知情都是依赖于他们的,他们在反应上的延迟会造成整个社会知情权的被暂时侵犯;而如果是政府有关机构,对于需要"第一时间"处理的事件不能最快速解决,就有可能造成重大损失或社会危害,所以,"第一时间"首先是一种责任要求。二是"在时间上没有任何人为的拖延和间隔"。之所以说"第一时间"并不是一个固定的或确定的时间长度,是因为事实发生和人的反应有时会有很多客观的甚至是不可抗力的制约,从而直接影响责任者最短时间获知的可能性,所以我们强调只要不是人为的拖延和间隔,其反应虽然也有一定时间的距离,我们也应该承认他们反应上的"第一时间"。

总之,"第一时间"是有一定的使用范围的,也是有具体意义内涵的。如果对"第一时间"的意义不做出尽可能明确的解释,其固有的模糊性和宽泛性,就很容易被一些人所利用,甚至会成为一些人的"官腔"或"外交辞令"。至于商业性广告中的"第一时间",很多时候不过是为了故意吸引眼球,以便取得更大的经济利益而已。

第四节　新闻真实性

　　真实是新闻的生命，没有真实就没有新闻。新闻必须以事实为根本，内容真实是新闻存在的首要条件，也是对新闻报道的根本要求。新闻之所以被公众相信和接受，在于其传播信息的真实性；而新闻一旦失实，便失去了存在的基础和根本。

一、真实性的具体要求

　　新闻的真实性问题，历来的传播者和学者无疑都十分看重，甚至视其为生命。然而，多少年来，关于新闻的真实性的实际内涵，却又很少能够得出一种非常科学严谨的理论上的界定和解释。笔者认为，新闻真实的具体标准应该称之为"要素真实"。因为，归根结底，新闻的真实性所要求的就是在新闻报道中的每一个具体的事实必须符合客观实际。所谓"要素真实"即表现在新闻报道中的基本要素：时间（when）、地点（where）、人物（who）、事件（what）、原因（why）和经过（how）都经得起检验。这 6 个要素如果完全符合原本事实而没有任何差错，就可以认定其客观真实性。有了这样的一个标准，新闻真实性也就实现了不仅仅是一种抽象原则，而且具有了很充分的可操作性和可检验性。

　　这样的要求看上去很简单，但一到具体实践中就往往变得极为复杂。其原因在于：任何新闻报道都是经过选择的。而选择就要对选中的每一个事件还得再选择其中的部分事实进行制作和传播，这里就有对事件构成因素的主次、轻重、详略等方面的选择和处理。在这样的选择过程中，一般传播者必定会依据不同的立场、观点和思想认识以及不同的价值取向来进行取舍。于是，同一个事件，不同传播者以及不同传媒，报道出来可能会有很大差别甚至大相径庭。但是，对于我们社会主义国家的媒体来说，坚守新闻客观真实，尤其是做到具体的"要素真实"，是不可动摇的基本要求。

　　按照辩证唯物主义的哲学观，世界上的任何事物都是相互联系的，一个事物的产生、发展、消亡都是在相互联系中展开和演变的。新闻报道要真实地反映一个事件，必须注意它前后左右的联系。这就要求新闻工作者从事实的全部总和中去抽取事实，而不是带着固定的观点到现实中找例子，或者孤立的表现一个事件。列宁说过："社会生活现象极端复杂，随时可以找到任何数量的例子或个别的材料来证实任何一个论点。"①在具体的新闻报道中,如果记者的采访不深入,凭一孔之见或道听途说,看到一点便以为了解了全面,得到某个信息的片断便以为掌握了事物的全部真相,就很容易由于片面和表面观察而造成失实报道。另外,新闻所报道的客观事物又是处在不断地变化、发展以及与其他事物的相互联系之中的,因而也就往往呈现出错综复杂甚至瞬息万变的状况,记者一定要有对一个事物总体发展的眼光来报道新闻,而许多好新闻都是从错综复杂的假象入手,一步一步发掘出真相的。所以,西方"社会责任论"的倡导者们在《一个自由而负责的新闻界》一书中,对负责任的报刊提出 5 点要求,其中第一点就提出:"对每日的事件给予真实的、全面的和理智的报道,并将它们置于能显示其意义的特定的前后联系之中。"

二、局部真实和整体真实

有些学者将局部真实和整体真实称为微观真实和宏观真实。笔者认为,新闻真实性,不但要求每篇新闻都达到要素真实,而且很多时候还要通过连续不断的新闻报道反映出整个现实过程的真实。新闻报道中有个体事实,也有总体事实。报道个体事实要真实,它体现的是微观真实;报道总体事实也要真实,它体现的是宏观真实。但个体事实与总体真实之间的关系是十分复杂的。总体是建立在个体之上的,可多个个体又不等同于总体。它有时和总体是同类的,只有量上的区别;有时它只是总体的一个侧面,甚至只是支流的一个侧面。微观真实和宏观真实能否有机地统一起来,对维护新闻的真实性至关重要。另外,还有学者提出新闻报道的多层次真实。持这种观点的学者认为,新闻的真实性是随着事实发展的真实,表现为一个认识的过程。因为信息本身有一个不断释放的过程,信息释放完毕,或者说事实的发展完结,报道的真实性才能全部展现出来。事实进展到什么程度,新闻报道的真实性也只能达到什么程度,当然这其中并不完全排斥建立在科学预测基础上的展望性的观点,但绝不允许凭空推断。因此,新闻的真实,还应该是多层次的真实,具体到新闻报道作品,真实性也有一个层次问题。一般来说,文体结构的层次与事实本身的立体构成在层次上是协调一致的。事实原本的结构越复杂,文体结构的要求层次越高。

新闻除了报道某一具体事件外,有时还要对涉及这一事件的大量相关事实进行综合和概括。对这些概括性事实,同样要求做到真实、准确,全面、客观,符

---

① 列宁. 列宁全集(第 2 卷)[M]. 人民出版社,1956:37.

合实际,不能以点代面,以偏概全。这就要求,在综合和概括新闻事实材料的过程中,要注意选择那些能够代表和反映事物的基本特征、内在品质和整体面貌的东西,选择那些能够体现和揭示事物内在规律和本质特征的东西。除此以外,对新闻事实的解释和评论也要做到客观、公正、实事求是,要合乎客观事实自身的逻辑,要力求从事实的整体和联系上深刻反映事物的内在规律,要防止简单、片面地认识事物的方法。所以有的学者认为:"整体真实从更高的视野俯瞰个体真实,使个体真实和整体真实相统一,这是更高价值的真实。"①我们的新闻,一定要注意从事物之间的相互联系中把握事物;要能够找出单个事物在整体中的位置和作用;必须学会在事物的运动和发展中确定事物的现时状态与未来趋势。总之,要全面地、深刻地认识、把握和反映事物;要从事物运动和发展的过程中认识、把握和反映事物;要从事物的整体和联系上认识、把握和反映事物。只有这样,才能保证新闻报道总体上与宏观上的真实、可信。

新闻采编工作者带着观点找例子,以偏概全,凭局部的真实妄断整体的真实,是新闻报道有违新闻本质真实性原则的一个突出问题。2006年2—3月份,几家权威媒体报道过这样一条消息:《昆山开发区"零土地"引资3.3亿美元》,说的是昆山经济开发区实施"契约式"服务,引导企业增资扩股,2005年共有81个增资扩股项目,工业企业的扩张发展,没有消耗土地资源。应该说,这条消息的立意、主题和指导性,都符合当前科学发展观的要求,在长三角地区土地资源日益紧张的背景下,这类新闻既倡导了一种方向,也给其他地区的发展提供一种好的思路和借鉴。但是报道只是简单地罗列数字,并且报道的这些数据,没有说明权威性的来源。除了一些数据叠加外,报道还列举了几个企业增资数据,说明企业"零土地"增资,是通过建设高层厂房,向"空中"要土地。但是,新华日报社记者对这个课题进行专题调查时发现,文中所列举的企业增资扩股确有其事,开发区出口加工区许多企业扩大产能、新建的厂房都是向空中发展,厂房"长高"等事实也是真实的。但是,在81个增资项目中,没有一家企业增资扩股时是拆了老厂房、原地新建高层厂房的。

实际上,由于当地一大批台资、外资企业2005年利用第二期、第三期的工业预留用地增资扩股,也有易地新建厂房、搬迁企业的,开发区全年的用地指标只占上一年度的47%,就局部和单个的事实看,昆山经济开发区在2005年共有台资、外资企业在81个项目上增资扩股发展,这是真实的,增资总额达到3.3亿美元也是真实的。但是与厂房扩建和在开发区也出现了纷纷建设高层厂房这样的

① 刘建明. 现代新闻理论[M]. 民族出版社,1999:59.

现象。但是,局部的事实,尽管都是真实的,却与"零土地"增资 3.3 亿美元的整体事实,没有内在的联系。用这类局部事实推理出另外一个整体事实,或者说是将一种假想,直接说成是发生了的事实,而实际上真实的事实与报道的主题没有内在的联系,既有的客观的事实,被利用为观点的佐证。这样的报道在本质上同样是失实的[①]。

三、现象真实和实质真实

新闻的"实质真实"原本被称为"本质真实"。但"本质真实"的概念在新闻学领域一直争议很大。对本质真实的看法有多种,有的认为是指反映事实的客观规律;有的认为是指正确的立场;有的是指全面客观反映事实;有的是指舍去假象、偶然性的事实,报道真实、必然性的事实[②]。而更多的学者则认为"本质真实"的提法是不恰当,或者说不合实际的。

"本质真实论"不但认为假象是不真实的,甚至"片面的、偶然的现象也是不真实的,只有事物的本质才是真实的"。这样的说法被许多学者认为是不能成立的。因为任何现象都是本质的某种表现,没有不反映本质的现象,也没有不存在于现象中的本质。即如假象,列宁说它也是"本质的一个方面"。这样,任何一条报道了客观事实某种现象的新闻,它都在某种程度或某个方面揭示了这个事实的本质。对此,有人这样分析道:所谓"本质"原是哲学上的一个概念,与"现象"为一对范畴,它们所表示的是事物的里表及其相互关系,反映了人们对事物认识的水平和深度。本质是事物的根本属性,是事物自身组成要素之间相对稳定的内在联系;现象则是事物的外部联系和表面特征,是事物本质的外在表现。任何事物的本质都是要通过一定的现象表现出来,而任何现象又都是从某一特定的方面表现出事物的本质。"本质真实论"认为现象是不真实的。那么,是不是指所有事物的现象本身都是虚假的呢? 回答显然是不正确的。因为,任何事物的任何现象都是真实的、客观的存在,任何现象都是从某一特定的方面表现事物的本质。没有不反映本质的现象,也没有不表现为现象的本质。即如假象,那也是不能从字面上去理解,认为假象就是不真实的现象。列宁说:"非本质的东西,假象的东西,表面的东西常常消失,不像'本质'那样'扎实',那样'稳固'。例如:河水的流动就是泡沫在上面,深流在下面。然而就连泡沫也是本质的表现。"显然,假象并不是一种虚假的、不真实的东西。所谓假象,如列宁所说:"假象等于

---

① 晓净. 追求新闻本质的真实[EB/OL]. www. mediumcenter. com.
② 李良荣. 新闻学导论[M]. 高等教育出版社,1999:128.

本质否定的本性。"即它是本质的否定方面的表现。所以,无论现象或是假象,它们都是真实的客观存在,它们都从特定的方面反映着本质。那么,"本质真实论"所谓"只有事物的本质才是真实的"这个观点是不能成立的。新闻是新近发生的事实的报道,它的真实与否只能用所报道的客观事实本身去检验,与事实相符就真实,否则便不真实。这个标准是客观的,而且是确定不移的。

在实际的新闻报道中,又确实经常会涉及表面真实与内在真实的关系问题。如,浙江一家报纸曾刊发了一幅新闻照片,反映的是一群"土里土气"的农村妇女在杭州西湖西山公园"花港观鱼"景点的曲桥上观鱼,一派欣喜欢乐的场面。照片说明的大意是:党的十一届三中全会后,农村经济得到了快速发展,农民生活水平大幅度提高,农村妇女也有条件上"天堂"游览了。然而,读者只要仔细观察这张"新闻照片",就不难发现,这群农村妇女是清一色的装束:头上包着一条毛巾,身上穿着大襟布褂,腰间系了一条围裙,肩上还挎了一只香袋。这实际上是那个年代杭嘉湖地区农村妇女上杭州灵隐寺进香的"统一着装"。也就是说,这张"新闻照片"表面反映的是"农村妇女游西湖",而这些农村妇女上杭州的真实目的是"灵隐进香","游西湖"不过是她们进香以后的乘兴之举,是"进香"之后的"副产品"。因而,这张"新闻照片",从表面上讲是真实的(这些农村妇女"游西湖"的镜头是实地拍摄,决非暗房技巧),但从实质上讲却是失实的[①]。所以,我们的新闻也的确不能不考虑现象背后的真实性问题。那么,为了避免"本质真实"这一概念的歧义,提出了"实质真实"这样的说法。传播者在报道新闻时的确可以报道一切真实的现象,但是,也应该具有透视现象内在实质的眼光和能力。虽然并不一定对每一个事实都要去挖掘和发现其本质,却也需要尽量能够看到其中的部分实质性的东西,尤其是那些较为明显的实质内涵。

第五节　新闻客观性

一、新闻客观

新闻传播必须客观与公正,这是毫无疑问的。在新闻传播的全过程中,每一个环节上的传播者都应当时时遵循客观性与公正性的要求;否则,新闻失去了客观与公正,还怎么能被社会接受和认可呢? 因而,真实、客观和公正,是新闻的立

---

① 陈应雄. 新闻报道中的表面真实与本质真实[J]. 新闻战线,2003(10).

身之本。其实,客观性与公正性也是密切相关的,客观才能公正,公正必须客观;客观是公正的前提,公正也就是客观的最直接的结果。

新闻传播的客观性,是指新闻传播者按照事物的本来面目如实报道的特性。首先,它要求传播者所采集的新闻事实必须是客观的存在,或者是按照客观规律正在发生与发展的事实;其次,在对客观事实进行信息转换即通过编码制作和形成符号化的程序中,一定要通过对事实的客观的叙述和陈述,让事实自己站出来说话,或者运用事实自身的逻辑力量来显现新闻传播的倾向性。新闻传播一旦离开客观性,就很难保证新闻报道的真实性。这实在是关乎新闻及整个新闻事业的生命与生存的重大原则性问题。

对于新闻客观性的具体要求,李良荣教授提出:"客观性报道大致包含三层意思:第一,要求记者在事实选择中不带偏见。第二,记者应超然于所报道的事情之外。第三,记者不应该对事实发表评论,把意见和事实分开,新闻报道只提供事实,评论才提供意见。这三层含义构成客观性的基本框架。"①

从客观报道产生的历史看,1798—1880年,美国处在政党报刊时期,煽情主义风行。共和党、联邦党的各种报刊不惜采用非常卑鄙的手段相互诋毁。由佛伦诺主办的《美国公报》为了辱骂、丑化华盛顿,随心所欲地给他加上"娼妓"、"卖国贼"、"强盗"等恶名,完全是毫无事实依据的捏造和诽谤。杰弗逊担任总统后,也被敌对报纸编造了种种丑闻,被闹得满城风雨。杰弗逊无可奈何地感叹:"现在的报纸文字什么也不足信。真理落在了这些肮脏的机关报上,也成了可疑的东西。"②在这种情况下,美国报人中的有识之士随即打起"独立办报"的旗帜,反省"黑暗年代"的教训,开始认识到新闻传播的一条最基本的定律,即新闻传播如果太强调突出观点,就有可能歪曲事实,而广大读者最希望看到的就是新闻事实;新闻传播只有不带任何偏见地叙述客观事实,才能获得广大公众的认可和接受。塞缪尔·鲍尔斯是倡导"独立新闻学"概念的第一人。早在1855年,他就明确指出应该在事实(fact)与意见(review)之间画清界线,分清"思想与情绪,事实与感觉"。新闻应该提供读者最原始的材料,让读者自行判断,这正是"客观报道"的精髓所在。1896年8月,阿道夫·奥克斯买下《纽约时报》后,决心学习廉价报纸报道新闻的长处,摒弃其过于煽情的做法。奥克斯的报纸强调自己的记录性,要求新闻客观公正地报道事件,并且在报道中开始注意将事实和议论分开。奥克斯在办报宣言中说,《纽约时报》将"不偏不倚地、无私无畏地提供新闻,不论涉及什么政党、派别的利益"。在中国,新闻传播的客观性问题是著名报人

---

① 李良荣. 新闻学导论[M]. 高等教育出版社,1999:33.
② 刘建明. 现代新闻理论[M]. 民族出版社,1999:136.

梁启超最早提出的。他在 1903 年指出："史家必有主观客观两界,作报者亦然。政府人民所演之近事,本周我国所发之现象,报之客观也。比近事,观现象,而思近以推绎之发现之,以利国民。"①新中国成立前,《大公报》《申报》等报刊努力将客观报道贯彻到新闻实践中。《大公报》还提出"不党、不卖、不私、不盲"的"四不"方针,并为此作出了努力。

在强调新闻传播的客观性时,有一种偏向必须避免,那就是新闻报道的客观主义主张。客观主义也叫"自然主义",最早是一个文学主张,后被有些新闻人所利用。这样的新闻报道,提倡所谓"纯客观",即不加选择地罗列事实,堆砌材料,甚至把一些暴力、性爱或其他容易产生有害效果的事实细节也原原本本地加以描述,这就从根本上偏离了客观性的本义了。而这种客观主义的做法在实质上并不是真的"客观",其中恰恰反映出这些新闻人在主观上缺乏社会责任感甚至是非常不良的新闻倾向。作为新闻传播的基本规则,客观报道不仅追求信息的实在性,而且要注意对事实的选择性,更要求正确观点的主导性(当然也需要注意主体倾向的相对隐蔽性)。客观性并不等于"用客观代替一切"。李良荣教授指出:客观性的含义意味着对事实的尊重,对记者主观的否定。但事实上,报道的客观性从一开始就在实践中出现了不可克服的矛盾,那就是:在实际工作中,记者在选择事实中能否真的不带偏见,能否真的抱超然态度,选择、报道事实能否和记者的价值判断完全分离? 无论是对新闻工作的现状调查或从理论上分析,彻底摆脱偏见是困难的。尽管如此,新闻客观性的原则是不能违背的。

二、新闻公正

新闻传播只有首先坚持了客观性的原则,"公正性"也就有了可靠的基础。新闻传播的公正性是指传播者依照自己的社会责任和职业道义,保障公民享有平等地从媒介获得资讯、发表意见、进行意识交流以及精神交往的权利与机会。媒介作为社会公共领域,传播者不具有专门传播个人意见或片面事实,并以个人意见与片面事实压制他人意见与其他事实公开传播的特权与自由。在特定情况下,传播媒介应该为发生争议的双方提供平等利用媒介的机会,所以公正性也叫"公平原则"或"平等原则";公正性还包括传播者对新闻事实持不偏不倚的中立立场。新闻传播公正性的含义,主要包括以下三个方面:

(1)新闻传播不以一己之立场,片面地报道事实或提供只是自己赞成的一

---

① 刘建明. 现代新闻理论[M]. 民族出版社,1999：136.

方面的意见,压制、不报道或歪曲另一方面的事实或自己反对的一方的意见。

(2)新闻传播者不以自己的一己立场,以个人的观点选择、报道和评价、解释某些事实,并且通过这种选择与解释误导受众,造成对部分不同意见者的压力与伤害。

(3)新闻传播不以一己之立场,剥夺部分人利用媒介表达自己赞同的观点和意见的权利与机会,使得媒介的性质,由"社会公器"蜕变成"个人私器"。

为了保证以上的客观性和公正性原则,有专家总结了一套具体的操作方法,其要点:

一是事实完整。就是要把构成该事件的主要事实全盘报道,给读者完整的印象,不能故意隐瞒某些材料,西方新闻学称之为"多维的背景材料"。

二是平衡对等。当社会上对某一事件有多种不同意见,或者双方当事人发生争执的情况下,报道应该让各种见解或让双方都有同等的表达机会,不能在版面上以及篇幅或播放时间上偏袒一方。

三是语言中性。客观性报道在很大程度上是一种语言的艺术。文字或语言表达上的感情色彩最容易使得报道失去客观性,因而在进行客观报道时,一定要剔除感情色彩,尽量使用中性语言。

四是引语运用。即引用人物自己的语言或与事件有关的原始的文本材料。

五是观点回避。避免记者直接在报道中发表意见[①]。

例如,中央电视台"新闻调查"对记者就有特别的要求:第一,质疑的精神。"新闻调查"记者必须要有怀疑一切的介入态度和打破砂锅问到底的工作作风。第二,平衡的意识。《新闻调查》记者,应该让事件中的冲突双方和不同的利益集团有平等的发言机会。第三,平等的视角。在"新闻调查"记者面前,只有被调查者这一相同的身份,没有尊卑贵贱之别。第四,平静的心态。"新闻调查"记者在"调查"中一定要多一份理性,少一份冲动,这会有助于对事物作出更准确的判断。

公正意味着形式上的均衡,也意味着耐心。"当你面对谎话,言不由衷的话,要控制,要一样尊重对方讲话的权利,要等待谎话自己暴露自己。"比如《事故的背后》的节目,先期调查已证明了某药厂的污染,但负责人仍坚持"绝对没有""那我们闻到的气味是什么?""没有啊,我的鼻子没有你那么灵敏。"片子到这里就结束了。记者柴静就这样在质疑中留下了自己宽容的一面。如今,已经完成了近30个"基本是对抗性"的调查报道之后,在对"质问、咄咄逼人、问到死角"等基本

---

① 李良荣. 新闻学导论[M]. 高等教育出版社,1999:29-34.

技术熟门熟路之后,柴静开始寻找"既名门正派"又"属于她自己"的表达路径。比如提问,你应当给被采访对象多大的自由表达空间,尤其是负面人物? 记者的公正怎么体现在采访的形式上?《失却的光明》的节目中,主治医师处理不当,导致患者失明,柴静给了一个多小时的倾听,没有打断,没有鄙夷,听苦衷听懊悔。采访结束后,残联主任哭着说,从来没有哪个记者像这样听她说话①。

第六节　用事实说话

一、"用事实说话"的争议

很多年以来,我国的新闻工作以及新闻理论都强调要"用事实说话"。但是,进入 21 世纪以后,关于新闻是否"用事实说话"的问题,以及"用事实说话"是不是新闻写作规律的问题,在学术上引起了一场不大不小的争议。这最早是由尹连根博士发起的。2001 年,他在《新闻传播》上发表文章,提出"用事实说话"不是新闻写作规律的观点;接着,《新闻界》刊载了季为民的文章,呼应尹连根的观点;此后,陈力丹又在《采·写·编》上发表了题为《用事实说话是宣传方法而不是新闻写作的规律》的文章,从更高的层次对问题进行了论述。到 2003 年,《新闻记者》《新闻爱好者》等还连续发表争鸣文章(前者如何光珽的《论"用事实说话"》,后者如李时新的《从受众角度反思"用事实说话"》等),《新闻记者》还发表"编者按"称:"以期使'用事实说话'这个新闻学基本论题的讨论走向深入。"②那么,已经延用多年的"用事实说话"的说法到底是违背新闻规律,还是在文字表达上存在问题呢? 在这里,笔者提出把"用事实说话"改换成"让事实说话",在语言表达的准确性以及内涵的科学性、合理性方面,也许会完善许多,对于消除争论双方的误解和歧义,进一步统一认识,有着较强的可行性。

关于"用事实说话",就其本义而言,实际上是为了强调新闻一定要真实,一定要尊重事实,强调新闻一定要以新闻手段传播事实,也就是要让事实自己来尽量原本地表现自己,即"说"自己的真实地作为"事实"的"话"。就这个短语的使用意义而言,在我们的新闻理论中最初将其视为新闻之重要规律的时候,其中真正的核心词语本应该说是"事实",而这里的所谓"说话",不过是"表现"或者"传达"的通俗说法和习惯用语而已。这里不妨引述一段一般《新闻学概论》通常对

---

① 张洁,吴征. 调查《新闻调查》[N]. 解放日报,2006 - 6 - 2.
② 编者按. 新闻记者,2003(7).

这一短语之真正内涵的基本解释：

　　"用事实说话"之规律。

　　新闻的本源就是事实,并且新闻传播全过程的最初的"缘起"也是事实。所以,新闻传播活动也就自始至终都离不开事实。这再次证明了真实是新闻的生命的基本命题。1957年6月14日,毛泽东在一篇文章中提出了"新闻手段"这一概念。什么是新闻手段呢? 我国新闻理论界对其做了这样的解释:①消息、通讯、评论、新闻图片以及其他编播形式的总称。②泛指所有的新闻媒介,即报刊、广播、电视等。③"用事实说话的同义语",即通过对事实的客观报道表达传播者的立场和观点。理论意义上的新闻手段概念专指第三种说法。(甘惜分:《新闻学大辞典》,河南人民出版1993年版,第4页)这里的最后一句解释特别强调了"用事实说话"就是毛泽东所提出的"新闻手段"的理论意义上的含义。因此,"用事实说话"其实也是新闻传播规律的核心点。然而,社会意识形态的其他领域和部门也需要"用事实说话",如文学、历史、哲学等,而新闻的"用事实说话"还应该做进一步的限定,就是"用新近发生的事实说话"。在新闻传播的全过程中,"事实",准确地说是"新近发生的事实",从其"缘起"开始,到最后的受众的接受,一直是新闻传播各个环节中的主角和被传输的中心对象,是新闻传播得以实施和实现的根本所在。因而,"事实"在每一个环节上都不能"失真"。否则,整个传播过程就会全面失败、毫无意义甚至终于毁掉新闻的生命。新闻传播"用事实说话"的规律主要体现在:首先,对事实的采访一定要深入全面,让事实亲自站出来对自己"说话",以确保其进入传播渠道以后的保真度;其次,对事件的提炼加工与写作一定要尊重事实,要让事实重新呈现在脑子里,在写作过程"说话",以保证文本和稿件反映出来的事实不失原貌。这一环节是最容易造成事实的信息丢失或被歪曲的一个环节,传播主体稍有疏忽或者职业道德欠缺,都有可能导致报道失实;第三,编辑制作也要尽量对事实有所了解,避免偏听记者一面之词,同时,又要尊重一线记者的劳动,在这一环节中要让事实来统一对编辑和记者"说话",以共同维护新闻的真实性。只有这样,到达受众这一环节的时候,才能使整个报道真正是在"用事实说话"。这就是贯穿始终的"用事实说话"的报道,也是新闻报道的一条最根本的规律。简言之新闻传播"用事实说话"就是要在每一个传播环节上都绝对地维护事实的真实性。从而使事实传输到受众这一落脚点的时候能够依然与事实的原貌不相上下,或者相差无几。这样的"用事实说话"的传播规律是永远都不可改变的。①

　　以上是清晰透彻的表述："新闻传播'用事实说话'就是要在每一个传播环节上都绝对地维护事实的真实性。"但是，就因为这个"用事实说话"表达上使用了一个"用"字，因而从语法结构上来看，这个短语就成了一个"带有介词的动宾结构短语"②，于是便造成了意义理解上的重大分歧。正如在争论中有文章所说："很明显，所谓'用事实说话'，说话者并不是'事实'，而是人（记者），是人在借助'事实'说自己想说的话。"③还有学者更是直截了当地指出："'用事实说话'天然就决定了传者要以'说话'为中心，以传达思想、观点和意见为己任。"④正由于这个句子本身存在着的歧义性，也就导致人们在追究其语法意义上的准确解释之时，而完全否定了其被确定为新闻规律时的原初内涵，因而也才提出"用事实说话是宣传方法而不是新闻写作规律"⑤的论点。其理由就是："'用事实说话'是个带有介词的动宾结构短语，核心是'说话'，'用事实'是方法。"进而所得出的结论很自然地就是："既然'用事实说话'的核心词是'说话'，那么这是一种典型的宣传行为。新闻的目的是向公众报告事实，这是新闻这个行业得以存在的唯一基础，一旦失去这个基础，一切新闻都是为了说话，谁会花钱听人宣传，还会有多少人看报纸或看电视新闻呢？"

　　而从当时讨论的反方观点来看，其对于"用事实说话"的意义理解和正方是完全一样的，所不同的只是对其评价。何光珽的《论"用事实说话"》中就这样表达自己的观点："读罢上述几篇大作，我不由得回想了一下自己这一辈子干新闻工作的情况。消息、通讯之类的东西写了不少，但却找不到一篇像陈力丹等所说的只报道事实而没有任何目的的新闻作品。当然，按陈力丹等的标准，我写的那些消息、通讯都不配称做新闻作品，全是些宣传品。不过，对陈力丹所谓'新闻的目的是向公众报告事实'的说法，我则深表怀疑。不错，新闻是要向公众报告事实的，但报告事实是记者的'目的'吗？大千世界，每日每时都在发生各种各类事实，多得像印度恒河里的沙，数也数不清。要把它们都向公众'报告'，无论多少版，我们的报纸都装它不下。而且，据我所知，还没有一个记者是把他所见所闻的事实统统写成新闻作品送到编辑部去的，任何记者都是对他所见所闻的事实

---

①　郝雨，王艳玲. 新闻学概论［M］. 上海大学出版社，2003：119.

②　陈力丹. 用事实说话是宣传方法而不是新闻写作的规律［EB/OL］. 中国新闻传播评论网.

③　张梦亭. 记者不应说话［J］. 新闻记者，2003（7）.

④　李时新. 我为什么要接受你"搭配"的意见？——从受众角度反思"用事实说话"［J］. 新闻爱好者，2004（1）.

⑤　陈力丹.《用事实说话是宣传方法而不是新闻写作的规律》［EB/OL］. 中国新闻传播评论网.

有所选择的;这个选择绝不是从版面容量上考虑的,而是记者价值观使然。他为什么报道这个事实,而不报道那个事实? 总是这位记者先生认为这个事实有新闻价值,而那个事实不具有新闻价值。这样,记者把他认为有新闻价值的事实写出来向公众报告,就不能说没有目的,且不论他的目的是正确还是错误,是高尚还是低下;总之,记者不是见啥写啥,他是有目的的。这是一个无法否认、也否认不了的事实。显然,'报告事实'只是手段,是实现'目的'的手段。"

那么,由此看来,双方争论的焦点就在于新闻报道者(即记者、编辑等)要不要在新闻中"说话"。至于在新闻要完全尊重事实这一点上,双方是没有分歧的。所以,归根结底,争论的起点还是由于对"用事实说话"语义的误解所产生的。

二、"用事实说话"的修正

的确,"用事实说话"由于首先突出了一个"用"字,把"用"字摆在了全句的第一位,成为主导全句语义的一个关键词,也就真的是"天然就决定了传者要以'说话'为中心"。因为,所谓"'用'事实说话",言外之意就是在事实之外,有人"说话"。或者干脆就是有人要"利用"事实来"说话",而且是"说"事实以外的"话"。如果把"说话"进一步理解为"传达思想、观点和意见",也就是"宣传"工作所要做的事情,那就理所当然了。因此,提出"用事实说话是宣传方法而不是新闻写作规律",就应该说是顺理成章的。然而,我们传统的新闻理论把"用事实说话"看作是新闻写作规律,原意并非如此(如前文所述)。假如按照反对者们的意见,因为"用事实说话是宣传方法而不是新闻写作规律"便真的放弃在理论上倡导的"用事实说话"这一条新闻规律,就实际上等于放弃了新闻坚持尊重事实的根本原则,或者起码会淡化这一根本原则的理性力度。然而,如果不改变"用事实说话"这样的说法,又的确在语言表达上有违原义。所以,在笔者看来,尽可能地完善其语言表达,避免语句结构造成的歧义,就是最为紧要的。

按照这样的意思和精神,笔者认为,如果把"用事实说话"修改成"让事实说话",情况就会有根本的改变。因为,从句义看,"用事实说话",是在"事实"之外有人"用"其说话,"事实"似乎只是被"用"者,而"说话"者则另有其人;而"让事实说话",虽然只一字之差,却完全改变了整个语义内涵,其中"说话"者的身份由原来的事实以外的人而还原(即"让")给了事实本身。"让事实说话"意味着是新闻人主动退出"说话"者的身份,不再利用事实说自己主观观点的"话",而是在新闻传播中"让"事实自己出来"说话"。在"用事实说话"中"事实"是被"用"的关系;而在"让事实说话"中,"事实"就得到了自己"说话"的权利。在这样的新的语义表达中,新闻人就只是成了事实的客观传达者,他只"说"事实,而尽量不去说

"话",或者起码不去画蛇添足与自作聪明地说那些多余的"话"甚至废"话"。这才是做好新闻的一条最基本的规律和准则。

理论表述应该严谨,学术问题更应该一丝不苟。一个字的修改却能够表明整个理论的科学性和严肃性,而绝非仅仅是简单地玩弄什么文字游戏。但愿笔者的这一小小的修正(一字之改)能够引起理论界的关注,或者也许能够引出真正的"玉"来。

当然,再进一步说,既然新闻都是"人"作的新闻,那么,做新闻的"人"就不可能一点都不"说话"。正如何光珽先生在其文章中转引的老一辈新闻工作者李普的一段话所说:"你只报道事实,这很好。但是你报道的事实本身就在说话,就在发表意见⋯⋯每个事实本身都在说话,你让它不说是不可能的。你报道这个事实,它说这个话;你报道那个事实,它说那个话。"①而我们的新闻理论之所以特别强调新闻"让事实说话",并将其作为新闻工作的重要规律,最根本的意义还在于坚持在新闻传播中把事实放在至高无上的地位。新闻当然不能一味地做宣传,但也不能一点自己的声音都没有。我们提倡新闻"让事实说话",一方面要"让事实"自己说自己事实的"话",另一方面也应该包含事实之中所蕴涵着的倾向与精神之类的"话"。只不过不要由新闻人过于主观地去"用"(即"利用")"事实"来"说话"了。事实是新闻的生命,新闻一定要"让事实说话"。

三、新闻的事象化规律

新闻的事象化是运用新闻手段再现新闻的客观影像,力争用形象生动的事实传达和表现事物的真相。新闻的事象化规律无论是文字所描述,还是图像所记录,都必须是"事实＋形象"。

新闻"让事实说话",归根结底,就是要使新闻尽量实现事象化的传播。只有使新闻具有较强的事象性,才能提升新闻的真实性和感知度。新闻是一种"叙事",即向受众介绍新近发生的事实。记者依据其形象化思维对新闻事实进行排列组合并展开,构成对一则"事件"的陈述。所谓事象,就是新闻反映的立体化内容。记者在对新闻事件进行采访后,头脑里便形成了对事实的大体框架及影像,然后按照新闻事实的真实面貌描写客观事象,叙述其内容并完成写作。新闻借助陈述事象的手段,提供事实的原型而不表现媒体的观点,成为受众认识事实原本状态的前提。陈述事象也是实现新闻真实性的要求,它有助于防止随心所欲

---

① 转引自何光珽. 论"用事实说话"[J]. 新闻记者,2003 年第 2 期.

地扭曲事实,从而保证新闻的可信性;同时,陈述事象又是表现新闻客观性的方法。

新闻事象化是一种叙述方式,或者也可说是一种原则的叙述,是指产生话语的行为或者过程。新闻报道以事象化为宗旨,首先在于创造新闻报道的"文本价值",从而使叙述自身更加完美和艺术,以便使新闻文本更具有可读性、真实性、吸引力和感染力。但是,在新闻报道中,事物的特征不是人们事先规定的,而是事物自身具有的。因此,新闻的意义只有在全面而准确地叙事中体现它的事象化,才能突出表现某类事物的特征,同时也就显示出新闻的独特价值。新闻的意义既不是先验的预设,也并非永恒不变。同一个事实的意义可以前后变化,但它们在叙事当时指称的是同一个本质。由于在被事象化了的新闻作品中,正确表述了事实本来的影像,这条新闻就具有了非常的价值。

事实的获得并转化为新闻的事象化过程有着三个环节:一是对真实可靠的事实进行认真、细致的观察;二是在一定知觉的引导下,把观察到的事实进行整理;三是借助语言进行有条理的陈述。新闻是事实表象链的复写,新闻的事象不允许进行任何艺术描述及概括,只是真实事例的影象再现。

基本概念与问题思考

1. 新闻价值
2. 新闻选择
3. 新闻框架
4. 新闻真实性
5. 新闻客观性
6. 简述新闻价值构成要素。
7. 新闻价值与新闻政策关系。
8. 如何理解新闻选择对新闻工作的意义?
9. 新闻价值的不同内涵及国内外权威论述。
10. 简述新闻整体真实的三种类型。
11. 如何坚持新闻客观性和倾向性统一?

第八章

新闻舆论与宣传

新闻不完全是宣传,却担负着宣传的重要职能。而新闻宣传的社会作用,很多时候又是通过新闻的舆论导向来实现的。舆论导向也并不完全等同于宣传,它似乎比宣传来得更间接、更隐蔽,但其力量却往往更深入更持久。

第一节 舆 论

一、舆论的含义

舆论一词最早见于《三国志·魏·王朗传》,王朗在上疏劝阻曹魏以孙吴没有兑现以孙权之子孙登为人质的承诺作借口,拟兴兵讨伐时指谏言"惧彼舆论之未畅",不宜出兵。《梁书·武帝纪》中也有"行能藏否,或素定怀抱,或得之舆论"的话,准确地揭示了舆论具有评价功过得失的功能。

英文的舆论一词"public opinion",其基本意义为公众意见。1922 年出版的《舆论学》(又名《公众舆论》)被称为舆论学的奠基之作,其作者是美国著名报刊专栏作家李普曼,他在《舆论学》(又名《公众舆论》)中对舆论的定义是:"他人脑海中的图像——关于自身、别人、他们的需求、意图和人际关系的图象,就是他们的舆论。对人类群体或以群体名义行事的个人产生着影响的图象就是大写的舆论。"①

学术上对于舆论的解释可说是五花八门,即使在表述上大致相近的一些说法,在具体的概念使用或细微的表达上也往往千差万别。我国新闻学者陈力丹在《舆论学——舆论导向研究》一书中给出的定义:"舆论是公众关于现实社会以

---

① 李普曼. 公众舆论[M]. 上海人民出版社,2006:11.

及社会中的各种现象、问题所表达的信念、态度、意见和情绪表现的总和,具有相对的一致性、强烈程度和持续性,对社会发展及有关事态的进程产生影响。其中混杂着理智和非理智的成分。"①这一定义对于舆论产生的原因和过程描述更为全面。

二、舆论的特点

(一)舆论首先是一种公众的议论

公众是舆论的主体,"没有公众,就没有社会舆论"②。公众参与的人数越多,其舆论的强度越大,影响力也就会越广越深远。没有公众的参与,或者公众置若罔闻,就根本不会形成舆论。所以,公众的参与程度及人群范围,决定舆论是否能够形成,以及是否可以持久。就此而言,公众是舆论产生的根本前提。

(二)舆论是一种具一定规模的显性传播

没有公开陈述的意见当然不是舆论,因为一个人的自言自语或内心独白,那只能属于隐性传播;而如果意见被发表出来,也以显性的传播方式表现出来了,但在传播的范围上形不成一定规模,带动不起一定数量的社会公众的共同议论,当然也不能称其为舆论。所以,舆论的显性传播并引起相当规模的公众议论,是社会舆论的必要条件。

(三)舆论是相近意见的沟通与交流

意见是指人们对特定事物所持的看法或见解,是人们的某种态度的语言表述。舆论传播中的意见不仅具有陈述性、倾向性,而且具有相近性或趋同性。如果各自的态度和意见纷乱无序或者分歧很大,就暂时形不成正常的舆论,只有通过各种意见的交流、沟通,逐步趋于相近和一致,一种有效的社会舆论就发生了。

三、舆论的分类

(一)按照舆论的主体可分为社会舆论与新闻舆论

两者之间存在重要的关系:社会舆论既是新闻舆论的来源,也是新闻舆论引起的结果。社会舆论是指未经新闻传播的舆论;新闻舆论是指经过新闻引导

---

① 陈力丹. 舆论学——舆论导向研究[M]. 中国广播电视出版社,1999:4.
② 刘建明. 当代舆论学[M]. 陕西人民教育出版社,1990:43.

的舆论。经过新闻舆论整合的社会舆论是新形态的和新质地的社会舆论,其实是以新闻舆论为主的社会舆论。社会学研究认为,社会舆论是社会调控的手段。不同的社会制度,其社会舆论具有不同的特点。

(二) 按照舆论的表现可分为潜舆论、显舆论、行为舆论

潜舆论是指在公众中存在的还没有表现出来的意见或者态度;显舆论是公众已经表达的意见或者态度;而行为舆论是指公众的舆论已经付诸行动,在行动上有所表现。这三者的强度是依次递增的。

(三) 按照舆论的性质可分为正面舆论和反面舆论

对于舆论的控制来说,应该在舆论的潜在状态就积极进行调整,以免负面的舆论出现,造成对社会不良或不利的影响。

四、新闻媒介对舆论的作用

(一) 反映舆论

新闻媒介履行的是面向全体社会成员的大众传播,对社会全面开放,其传播涵盖范围之广、公开性程度之高都是其他传播渠道所难以比拟的;同时,它的传播又是持续、大规模的运作。这样,公众就很容易、也很自然地选择在新闻媒介上发表评论,最后的"达成一致"通常也是在新闻媒介上形成并广为传布的。舆论形成的自始至终,都常常少不了新闻媒介这条最公开的渠道。马克思曾把报刊比作驴子,每天驮负着公众舆论在社会成员面前出现,让人们评价,也可认为"报纸是作为社会舆论的纸币流通的"。报刊如此,此后兴起的广播、电视以及互联网等新兴媒介亦是如此。

(二) 设置舆论

虽然新闻媒介不能直接决定人们怎样思考,但是它可以为人们确定哪些问题是最重要的,亦即它对某些问题或事件的强调程度与被公众的重视程度呈正比。新闻媒介越是大量报道或重点突出某些问题或事件,成为公众越是重点关注和议论的问题和事件,这就是新闻媒介的"议程设置"功能。施拉姆认为:"在何者重要、何者危险、何者有趣等一系列问题上,必然有很大一部分意见是来自于媒介。报纸、广播、杂志像山坡上的守望者一样工作着,它们必须决定向人们报道些什么内容。这种选择的行为——选择报道何人,选择拍摄何物,选择引用

何人言论,选择记载何事——在很大程度上决定了人们的所知、所论。"①

(三) 引导舆论

舆论是社会公众的共同的议论和意见,舆论方向和趋势的引导作用就显得极为重要,尤其是在舆论出现方向不定,或者暂时摇摆彷徨的时候,新闻媒体更要及时把握真理的走向,为公众舆论指点迷津。所以,我国党和政府部门历来十分重视舆论的导向作用。1948年10月,刘少奇在《对华北记者团的讲话》中,就对报纸的导向作用和意义做了深刻的阐述,他指出:报纸"出得好,就能引导人民向好的方向走,引导人民前进,引导人民团结,引导人民走向真理。如果搞得不好,也可能散布落后的东西、错误的东西,而且会引导他们分裂,引导他们斗争,引导他们互相磨擦。因此,新闻事业,新闻工作,它的影响是最大的,不是平常的一件事情"②。

五、舆论的引导

(一) 典型说话,正面引导

为了使广大人民增强前进的信心,以尽量削弱消极因素的影响,必须在舆论上坚持正面引导,从而引导人们更准确地看清社会的主流,看到光明的前景。如果我们的新闻舆论一味地热衷于暴露社会的阴暗面,在一些非主流的问题上纠缠不休,就很容易干扰广大群众的信心和斗志,甚至削弱人们积极进取的信念和情绪。多讲正面的事实,归根到底,还是要让事实说话;而让事实说话的最有效的办法就是以典型说话;典型说话就是通过各种各样的正面典型的报道来影响社会舆论的方法。

(二) 公众参与,开放启导

让受众直接参与新闻传播活动,让他们以受众的身份和从受众的角度发表意见,现身说法,以影响社会舆论。随着新闻传媒业的不断发展,受众直接参与的方式和渠道越来越多,如:对某些问题的讨论,就某一问题进行对话交流,让受众参与点评具体的节目或栏目,发表群众来信,进行民意调查和测验,等等。这些方式主要是通过增加新闻报道的透明度,让新闻受众具体感受某一社会变动的发展过程或某一事件的真实经过,从而使广大公众能够直接进入完整的事

---

① 邵培仁,叶亚东.新闻传播学[M].江苏人民出版社,1995:56.
② 中国共产党新闻工作文件汇编(下册)[Z].新华出版社,1980:249.

实本身,并从中受到相应的启发。其具体的方式有现场报道、进行式连续报道、
广播电视中的直播式剪播等。

(三) 反面教材,警示启导

舆论监督是新闻传播的一项重要功能,也是新闻舆论导向的一种重要方式。
新闻舆论监督的基本含义,是对社会运行中的偏差行为进行矫正和制约。新闻
舆论监督是一种多层次、全方位的社会监督。它的监督对象,既有对公民个体行
为的监督,又有对社会团体和经济实体的群体行为的监督,也有对党政权力机关
的决策、执法、施政的整体行为的监督。其监督的层次越高,社会效应越显著。
对高层权力机关及政府官员的社会偏差行为的监督,往往产生轰动性甚至震动
性的社会效果。这样的报道具有较强的警示作用,但也需要注意倾向与分寸,不
可过多、过滥、过密,避免产生传播的负效应。

(四) 光环效应——造势与借势

"光环现象"是一种比喻的说法,意指在信息传播过程中,由于某种原因使传
播对象具有远大于其他对象的信息而引起的聚焦现象。舆论调控过程中应当学
会借助新闻事件本身的价值和受关注的程度来进行调控,而且调控的时机也是
非常重要的,因为新闻事件发生的时候,及时地进行报道,人们是非常关注的,而
当新闻事件过去的时间长了,人们对于该事件的关注程度就会降低,就不会起到
舆论的引导作用。

六、舆论与监督

在我国,新闻的舆论不仅可以引导社会公众的舆论走向和观念倾向,而且还
特别承担着舆论监督的作用。我们的党和政府也一向高度重视新闻的舆论监督
功能。

(一) 新闻舆论监督的意义范畴

所谓新闻舆论监督,是指新闻事业利用其本身在社会中的地位和优势,代表
公众,对政府机关、公共机构、党派团体、厂矿企业等的活动,乃至社会中的某些
不良现象,进行监督。概而言之,新闻事业通过对各种情况和意见的报道和沟
通,激起社会舆论的力量,对政府和社会机构及个人的社会行为进行调节,以促
进社会机制正常、健康地运行。

对于新闻传播来说,所谓正确地行使舆论监督主要包括三层意思:其一,必须有利于社会的进步和促进广大人民的团结为目的,而不能打着"舆论监督"的幌子,对某些公共事务发表一些不正确的言论,导致社会混乱和人心浮动,更不能像西方的"揭丑"、"扒粪"那样报道,在媒体上相互攻击。其二,必须真正代表人民的意愿和社会大多数人的要求,反映真实的情况并形成真实的正确的舆论,而不是利用虚伪的报道和偏颇的舆论,来混淆是非,扰乱是听。其三,舆论监督的方式必须是提供事实,平等讨论,而不是脱离实际地打棍子、扣帽子,甚至乱定性质、做结论。新闻传播者必须牢记,舆论监督只不过是新闻事业反映情况与意见的一种途径,最后的解决问题还是要靠行政部门或司法部门。

(二)新闻监督与社会发展

大众传播的三个基本功能,即监督、协调以及传承是相互联系的。没有监视功能,自然就难于实现对社会的协调;而如果不能对社会进行协调和监督,也就无法对社会财富进行传承和积累,社会也就无法进步与发展;只有对社会财富进行更好的传承与积累才能更好地监督社会、协调社会,促进社会的进一步发展。而这三种功能中最根本的一个就是监督功能,只有及时地对社会各个方面进行监督,才能发现社会的不协调的地方;通过对社会进行监督,也才能更好地总结社会发展规律,才能将优秀的社会财富进行更好地积累。因此,没有新闻的监督功能,社会的一些不良现象就容易任意膨胀,有害社会的或者有损公众利益的事情有可能滋生和蔓延,社会运转会受阻,甚至导致整个社会的混乱与无序。所以,新闻监督与社会的正常发展关系极为密切。

新闻的监督功能也是随着新闻被传播而随之具有的功能,传播以"传通"为目的,而新闻则相应地以传播的效果为目的。新闻传播的影响力,就是新闻的生命力,新闻将社会上好的一面进行宣传,而对不好的一面进行批评,无论宣传与监督,其本质都是一种对社会状况的监督,将这种社会状况如实地报告给广大的受众,从而由社会大众共同调整社会前进和发展的方向。

第二节 宣　传

一、宣传的含义

在西方传播学中,宣传的最权威的定义,最早是由美国政治学家、传播学家拉斯韦尔提出的。他认为：所谓宣传，是运用语言、符号等种种表意工具，以控制和影响多数人的思想和感觉，从而达到一定目的之一种企图。在约翰·费斯克等编撰的《关键概念》一书中，则更直截了当地强调：宣传（propaganda）即"为了实现某些政治目标而对信息与形象有意进行的控制、操纵与传播。"①

我国新闻理论界对于宣传一词的解释通常以《中国大百科全书》"新闻出版卷"中的词条为依据，即："宣传是运用各种符号传播一定观念以影响人们的思想和行动的社会行为。"②理论家们对此的具体阐述是：这一定义中的"影响人们的思想和行动"属于宣传目的，反映出宣传工作的现实性和功利性；"传播一定的观念"属于宣传的内容，显示宣传的意识形态属性；而宣传的对象即定义中所说的"人们"也就是社会大众，反映宣传的社会性。完整意义上的宣传，是由宣传者、宣传对象、宣传内容和宣传方式等因素组成，一般称为"宣传四要素"。

二、宣传的特征

（一）目标性

宣传是传播、扩散主体的思想主张或者政府以及党派（集团）的方针政策的有意识的活动，因而任何宣传都具有明确的目的性。宣传者在确定一项具体的或长远的宣传任务或宣传活动的时候，一定是首先就有了明确的宣传目的或宣传目标。所有宣传活动都必然是为了达到一定的目标而进行的。当然，宣传的目标会有大有小，会有短期或长期的区别，这要根据宣传的任务和性质来决定。但是，宣传的目的，一定要在宣传任务确定的时候就首先予以明确的。

（二）族群性

一般来说，人类社会上所有的宣传活动都应该是有组织的族群性或党派集团性的行为。这种集群性行为包括种族的、阶级的、政党的、政府的以及社会团体的等等。有了一定的组织和集团为依托，宣传活动才能面向广大的社会范围和受众，也才能形成一定的规模和趋势。而各个阶级、政党或社会团体所进行的有目的的宣传，又都必然是为了维护本阶级或团体的利益，为了反映本阶级以及团体的意志，从而实现自己的最终的一种社会性目标。当然，这些阶级和团体的宣传，又大多不是只面向本阶级或本族群的受众成员的，而更多地是面向社会各个阶级、各个阶层以及全体社会公众，从而以自己的思想和主张来影响社会舆

① 约翰·费斯克等编撰. 关键概念[M]. 新华出版社，2004：226.
② 中国大百科全书（新闻出版卷）[Z]. 中国大百科全书出版社，1990：67.

论,取得全社会的更大范围的理解和支持,并最终能够统一行动,达到最佳的社会效益。

(三) 附着性

宣传工作大都是政府和政党的长期的有计划有目的的常规性工作,而这种长期的宣传工作又往往并不是单纯地独立地开展的,它更多地是依附于新闻、教育、文艺等各项具体的工作之中。一方面,宣传工作要利用不同的机构和领域,进行全方位、大规模的宣传攻势;另一方面,宣传工作也要借助不同的方式和渠道,开展灵活多样的宣传活动。所以,宣传工作虽然看上去总是附着在许多社会文化门类之上的,但本质上它却有很强的主导性。

三、新闻与宣传

新闻事业常常承担宣传的任务,具有宣传的职能,而宣传工作也必须借助新闻传播的力量,依赖于新闻媒介的载体。但是,新闻与宣传又决不是完全等同的,它们之间有着非常密切的联系,但在基本性质和目的等方面又有着根本的区别。

首先,两者的联系在于,新闻媒介是一种特殊的宣传工具。新闻和宣传都是传播信息,他们的传播过程都是"传者→受者",都是从一个信息优势点(对于宣传来说,应该是观点聚合点)扩散到信息薄弱点(对于宣传来说应该是观念淡薄点)。新闻媒介在承担传播新闻信息职能的同时,也理所当然地应该承担宣传的任务。而且,新闻和宣传也可以相互转化。新闻报道并非都是宣传,但许多新闻发布后又能直接产生宣传效果。宣传具有多种类型,新闻宣传只是其中之一。因此,一方面不能把任何新闻都归入宣传;另一方面有些新闻包含在宣传活动中,也有些宣传活动通过新闻媒介的传播转化为新闻,两者相互融合、渗透,成为新闻宣传。这就是新闻与宣传的基本关系。

就两者的区别而言:①宣传重在传播观点,而新闻则是在于传播信息。宣传在于告诉受众什么是好的,什么是应该响应的、应该赞成的以及应该去做的;新闻则是在告诉受众世界上发生了什么、什么正在发生等等。②宣传注重时机,而新闻则注重及时。宣传必须在恰当的时间下才能进行,否则将会起到负面的作用;而新闻则更加强调时效性,在某种意义上,"昨天的报纸就是今天的废纸",因此没有实效性的新闻,就不再是新闻,只是一个过去的故事或事件而已。③宣传可以重复地宣讲,而新闻则注重更新。宣传只有反复地进行才能取得一定的效果,而新闻则不能重复报道一个事实。④从传播者的角度来,宣传具有主观性,强调自己的观点;而新闻则讲究客观性,是对世界的一个方面或过程的客观的描述。

四、新闻宣传规律

关于宣传的基本规律,学术界又有多种大同小异的说法,归纳起来主要有以下几方面。

(一) 趋向与控制相协调的规律

为了保证宣传目标的更好实现,随时掌握宣传对象以及相关社会范围的思想活动的趋向,以便及时对宣传工作进行必要的调控,即要按照趋向与控制相协调的规律来掌握宣传的进程。这是为了保证宣传中的正常趋向,必须实行必要的手段加以干预,通过一系列的控制活动,使宣传工作中的各种活动趋向合乎宣传目的的总的走势和基本方向,从而更顺利地实现预期的宣传目的。一般来说,控制过程大致有四个阶段:一是充分估计宣传工作所面临的可能性。宣传趋向往往存在多种可能性,必须在宣传之初就充分估计,全面预料和把握。二是在各种可能性趋向中,选择最好的趋向作为目标,使之符合宣传目的之需要。三是控制一定条件,使宣传趋向朝选定的方向和目标进展。四是衡量成效,纠正偏差。在控制活动中,总会发生趋向与目的不尽一致的情况,这就要及时采取措施予以纠正,使宣传趋向继续朝预定的目标发展。

(二) 重复与新异相交替的规律

宣传的重复,是指在特定时间内,不断宣传同一思想、同一观念、同一主张,或同一思想主张间隔一段时间再度宣传的做法。宣传工作的重复是由人们的认识规律决定的,一般来说,人的一些思想认识,往往要经过多次反复地接触和接受才能得以形成或者改变。而宣传中的新异,则主要指新奇的观点、材料和新近发生的事情。因为,好奇之心人皆有之,在宣传活动中运用新观点和新材料来进行说服,可能更易于被人们快速接受。宣传的重复与新异相交替规律,就是宣传的重复与新异互相结合、互相补充、互相促进的综合作用规律。

(三) 连续性与阶段性相照应的规律

宣传中的连续性与阶段性相照应规律是指宣传在时段上,将连续性与阶段性相互交叉,巧妙变换和衔接,以便共同发挥作用的规律。宣传的连续性是指宣传内容的前后一致,而且要接连不断,保持宣传内容的相对稳定;阶段性是指在时间上每一个时期的宣传都须有一个突出的目标或中心,而这些阶段性的目标或中心又都是为最终的宣传目标服务的。所谓连续是有阶段的连续,阶段是连续中的阶段,两者在宣传活动中互相依存。只有很好地实现连续性与阶段性相统一、相衔接和呼应,才能更好地达到宣传目的。①

五、新闻宣传方法

(一) 努力实现新闻与宣传的双重价值

新闻宣传将新闻和宣传两者的目的结合起来,做到既提供满足受众需要的最新新闻信息,又宣传符合传播管理者和控制者思想立场的观点主张,这就必须既尊重新闻规律又尊重宣传规律,既考虑新闻价值又考虑宣传价值,要尽力实现新闻与宣传的双重价值。一般情况下,现实生活中新近发生的各种事实,在是否含有新闻价值和宣传价值,大体可以组合成以下几种情况:

1. 既有新闻价值,又有宣传价值

有些新近发生的事实,如涉及党和政府的重要会议、重大决策、具有全局影响的重大事件以及关系国计民生而又为群众所关注的各种重要问题等,都属于这种情况。对这种同时具有新闻价值和宣传价值的事实,新闻媒介应当集中力量,重点进行报道。

2. 有新闻价值,但有无宣传价值尚难断定

有些新近发生的事实,如一些突发事件,新闻价值很大,但有无宣传价值,一时尚难断定,而新闻的时效性又不允许延误时间。在这种情况下,只要不涉及党和国家的机密,不违背有关宣传思想和宣传方针,就应当不失时机、及时地加以报道。而关于这一事件的宣传价值,可以通过连续报道逐步体现出来。例如,一些涉及群众生命财产安全的重大灾难性突发事件,事故原因尚不清楚,具有什么宣传价值一时还难以断定,如果等弄清事故原因,找出宣传价值后再报道,显然就失去了新闻价值。这时就应当抓紧时间快采快写快编快发,及时报道出去;等到通过进一步采访,了解了事情的来龙去脉,弄清了事故的原因之后,再通过连续报道来表现其宣传价值。

---

① 邵培仁等. 20 世纪中国新闻学与传播学(宣传学和舆论学卷)[M]. 复旦大学出版社,2002:156–158.

3. 有新闻价值，但与宣传方针相抵触

有些新近发生的事实，很有新闻价值，群众也很想知道，但却涉及党和国家机密，或同有关宣传思想、宣传方针相抵触。此类事实若公开传播，会引发、产生社会不良后果。类似这样的情况，往往比较复杂、敏感，一般也都是宣传政策和宣传纪律不允许报道的。因此，对这类事实应注重社会效果，一般不宜公开报道。当然，新闻单位可以通过内参等渠道向上级及时反映情况，以促使问题得到解决。

4. 有新闻价值，但没有宣传价值

有些新近发生的事实，如一些奇特的自然现象、最新科技动态以及社会趣闻轶事等，说不上有什么宣传价值，或者根本就没有什么宣传价值，但这些事情却是群众感兴趣并希望知道的，对这类事实，应从满足群众获知需要出发，尽量予以报道。

5. 有宣传价值，但没有新闻价值

有些事情，从领导部门角度看，很重要、很有宣传价值，但从群众的角度看，却觉得没有什么新鲜内容，不具有可读性。例如，一些没有多少新意的文件、通知、负责人讲话，或空洞无物的理论文章，以及例行的一些没有新鲜内容的会议、外事和领导同志的活动等。对这类事实，应当尊重新闻规律，考虑传播效果，以不报道为好。如实在要报道，须尽量挖掘其中带有新意的内容，或选择一个新颖的角度，或是采取简讯报道方式。

（二）讲究宣传艺术，善于用事实说话

新闻宣传要讲究宣传艺术，才能为群众所接受，从而收到良好的传播效果。按一般常人的心理，较难接受传播者的硬性说教，特别忌讳那些空洞、死板、生硬、口号式的宣传方式，而较易于接受那些具体、生动、有内在说服力的事实。因为人们愿意通过了解事实，自己做出判断，得出对事实的结论和看法，而不愿意听别人指手画脚，说长道短。即使一些评论文章，人们也希望立足于对事实的解释和评述，并且希望传播者以平等的、交谈式的方式说话。这样可以寓理于事，以情感人，以事服人，使群众心悦诚服地接受你所宣传的思想观点。

常言道："事实胜于雄辩"，在劝服群众方面，最有说服力的无疑是那些实实在在的客观事实。在日常生活中，常常是你说了千条道理、万条道理，不如拿出一件事实更有说服力。因此，新闻媒介在进行新闻宣传时应当提倡让事实说话，提倡运用现实生活中那些具体、生动、形象而有说服力的事例和典型来启发和引导群众。只要我们客观地、忠实地、朴素地叙述自己所见所闻的事实，那么群众

就可以从我们对事实的叙述中,接受我们在选择和整理加工事实时所蕴含的某种立场和观点,这样,宣传的目的便自然地实现了。

(三) 坚持对上负责和对下负责相结合

新闻宣传要想取得好的效果,还要注意坚持把对上负责与对下负责很好地结合与统一起来。一方面,新闻媒介要注意为党和政府做好宣传,要通过实事求是的宣传报道,向人民群众讲明党的纲领、路线、方针、政策的正确性,阐明执行各项工作任务的方法和途径,并且如实反映工作中的成绩与经验、困难与问题、失误与教训,使广大群众认清形势,明确方向,坚定信心,增强责任感,从而自觉地团结在党和政府的周围,共同去为实现自己的宏伟目标而努力奋斗。另一方面,新闻媒介还要注意主动为群众做好宣传,要积极、大胆地替人民代言,要善于通过大量反映群众生产和生活实际状况的报道,帮助党和政府了解民情民意,体察百姓困难,从而更加自觉、有效地为人民群众多办实事,多办好事。这样才会使我们的新闻宣传得到群众诚心诚意的拥护和欢迎,才能真正达到新闻宣传的目的,收到新闻宣传的理想效果①。

第三节　公　信　力

在当今媒介化了的世界中,公众是否接受被传播的信息,与承担传播任务的新闻媒介是否被公众信任有直接关系。由是,新闻媒介的公信力作为一个重要的话题被提出并一再得到强调。公信力是大众媒介最主要的竞争力,是媒介生存、发展、获得经济效益和社会效益的前提,媒介要获得良好的传播效果,它首先要有很高的公信力。

一、媒介公信力的渊源

公信力来源于英文词汇 credibility,这个概念最早是由公元前 4 世纪古希腊时代亚里士多德所提的"风格"(ethos)一词演变而来②。学界一般认为,公信力最先是西方政治学中的一个概念,是指领导者获得其选民信任(trust)和信心(confidence)的能力,后被引入传播学。在美国,媒介公信力研究已经有 80 多年

---

① 郑保卫. 当代新闻理论[M]. 新华出版社,2003.
② 廖圣卿,李晓静,张国良. 中国大陆大众传媒公信力的实证研究[J]. 新闻大学,2005(春).

历史。其基本观点认为，媒介公信力评价是公众通过社会体验所形成的，是对媒介作为社会公共产品所应承担的社会职能的信用程度的感知、认同基础上的评价；而媒介公信力则是指媒介所具有的赢得公众信赖的职业品质与能力。乔治·华盛顿大学媒体与公共事务学院的戴索（Carin Dessauer）认为："公信力是一种信赖，也是一个品牌。"①

公信力和可信度在英文词汇中都是 credibility，但是却是两个不同的概念。理解公信力，必须从媒介与公众的关系角度来考虑，公信力这个概念常常和"公众信任"联系在一起。"公共信任意味着媒体被依赖、被相信，成为公众的依赖。"②而可信度系接受讯息者对传播者可相信程度（believability）的评估，因此是一种"认知的可信度"（perceived credibility）③。可见，公信力是一个比可信度范畴大的概念。简单地说，公众也许不怀疑某家媒体报道的新闻真实性，但是有可能对它的客观性、公正性等品质产生疑问。

二、媒介公信力的含义

西方学者对媒介公信力的研究基本涵盖了媒介的新闻表现、媒介行为、新闻可信度、新闻从业人员的职业道德规范、受众的媒介使用特征等，成为一个多维度、多向延伸的研究领域，研究的问题包括媒介公信力的组成、影响媒介公信力的因素、衡量评价媒介公信力的指标、构建提升媒介公信力的途径与方法等。就其本质来说，公信力应该是一种心理指标。

国内学者一般认为，媒介公信力是指："传媒能够获得受众信赖的能力，它通过传媒及其提供的以新闻报道为主的信息产品（包括广告）被受众认可、信任乃至赞美的程度而得到反映。"④这一定义着重从传播学的角度阐释传媒与受众的关系，形成并加强传媒与受众的良性互动，有助于提高传媒的公信力。当然，公信力不是传媒与生俱来的品质，而是体现在媒介长期的传播实践当中，是社会和公众所赋予媒介的一种信息话语权。因此，新闻媒介公信力的构建是一个长期系统的过程，同时也是塑造媒介品质的过程。

① 何国平. 论媒介公信力的生成与维系[J]. 新闻与传播研究，11(2).
② 埃弗利特·E. 丹尼斯，约翰·C. 梅里尔. 媒介论争——19 个重大问题的正反方辩论[M]. 王维等译. 北京广播学院出版社，2004：34.
③ 罗文辉、林文琪、牛隆光、蔡卓芬. 媒介依赖与媒介使用对选举新闻可信度的影响：五种媒介的比较[EB/OL]. http：//www. cddc. net/shownews. asp？newsid=4986.
④ 郑保卫，唐远清. 试论新闻传媒的公信力[J]. 新闻爱好者，2004(3).

三、媒介公信力的形成

公信力是指有利于媒介并且可以从源头以及各个环节进行相应的控制，以更好地实现有效传播。张洪忠在《大众媒介公信力理论研究》中把媒介公信力的产生归结为媒介框架与受众框架的重复博弈[①]。这也是国内外学者对于公信力的生成机制比较权威的观点。这里，首先对媒介框架和受众框架的含义以及两者的关系进行论述，然后分析公信力如何在这两者的博弈活动中产生。

首先，建立媒介框架。藏先生认为媒介框架的内涵结构包括媒介组织框架、新闻个人框架、文本框架三个部分。媒介组织框架是指新闻工作者中所制定的一系列惯例与程序，决定了社会事件是否会被选择和报道，是媒介的一个框架机制。新闻个人框架包括记者和编辑两个部分，是指新闻工作者受到自身认知结构影响，自有一套常用理论，据此拟定的一定工作目标，受制于这些认知结构，无法逃脱这种自身认识结构的限制。文本框架是指新闻写作文本是一种语言意义的建构过程，语言与其他符号讯息是对社会真实的转换，在这个过程中文本本身有一个框架[②]。也就是说，媒介框架事实上是经过三个子框架作用下的结果。这样，客观世界的真实最后形成新闻报道的流程是：客观真实—媒介组织框架—记者个人框架—文本框架—编辑个人框架—新闻报道。

其次，看受众框架。受众框架对于新闻报道内容首先是过滤式的选择，对于完全与框架要求不相符的内容不予选择，对于其他内容有一个同化或改造的步骤，即与自身框架一致的内容进行吸收与同化，对于与自身框架不一致的内容，进行改造。然后，受众框架对报道产生意义的诠释，并影响更深的心理层次与媒介的消费等行为；反过来这些行为又影响媒介框架。

新闻真正形成不是在媒介报道之后，而是在媒介框架与受众框架共同作用之后。也就是说，一则新闻实际上是经过媒介框架和受众框架的互动后，才产生意义的。一系列的媒介框架和受众框架的互动，就构成了整个传播过程。社会事件经过新闻媒体的框架化报道后，由客观真实变为了媒介真实。在媒介框架后，媒介真实不可能完全是现实的翻版，媒介真实和客观真实是有差别的。然后，在传播过程中，媒介真实又经过受众的框架化，变为了受众接收的真实。这样，就存在着客观真实、媒介真实、受众真实三个方面的关系。

受众对媒介的客观、公正等公信力维度方面的评价，并不是在媒介真实与客

---

① 张洪忠. 大众媒介公信力理论研究[M]. 人民出版社，2006：143.
② 藏国仁. 新闻媒体与消息来源——媒介框架与真实建构之论述[M]. 三民书局 1999：109－148.

观真实之间的对照,它的作用机理是媒介真实与受众真实的对照,也就是受众框架对媒介真实的评价。受众框架对媒介真实的评价在两个层面上:一是在事实层面,通过受众框架自身对客观真实的诠释,对照受众理解的媒介真实,从而判断在基本的真实层面上媒介是否真实;二是在价值层面上,受众框架对媒介真实的基本价值理念的判断。换言之,公信力的产生其实就是通过受众框架和媒介框架的反复博弈而形成的。

通过媒介框架与受众框架的重复博弈产生的媒介公信力也有一个纵向的发展历程。张洪忠将其依次归结为以下三个阶段:

(1)计算型阶段。受众框架与媒介框架的博弈是一种理性的计算。在这一阶段,由于受众无法预期媒介的表现,是否信任,还需要通过与媒介解除后的认知来判断。对处在这一阶段的媒介来说,它的第一次表现可能都会影响到公信力的高低。由于受众对公信力的每一次接触都是一次媒介框架与受众框架的信任博弈,媒介框架与受众框架的每一次产生不一致,都可能影响受众对媒介公信力的评价,成为一个公信力的破坏因素。

(2)了解型阶段。第二个阶段是建立在受众对媒介有了前期的了解基础之上,受众对于媒介的信任不需要在接触之后才做出判断,对于媒介的未来行为有一定的预期,能够预见到下一步的媒介表现。在这个阶段,媒介与受众之间建立的一种相互可预测的信任关系是稳定的,不会因为媒介框架与受众框架某一次的不一致而受到影响。

(3)认同型阶段。第三个阶段也是最高的层次阶段,在这个阶段,受众对媒介的理念和偏好高度认同,把媒介当成自己的一样,能够分享媒介的成功,并且主动地替媒介思考,甚至为媒介做出行动。如果要想传播得到好的效果,第三阶段是每个媒体应当追求的目标。

四、媒介公信力的提升

面对上述情势,要保持我国新闻的可持续发展,我们有必要建立新机制、采取新措施,不断提高新闻界的形象,增强传媒公信力。

(一)加强新闻工作者的职业道德修养,强化新闻职业道德

职业道德素质是新闻媒介和新闻工作者社会信誉的保证。新闻报道具有极强的公共性,没有高度的职业规范和职业道德水准,新闻媒介和新闻工作者必然会缺乏社会公信力,而没有社会公信力的新闻机构或新闻从业者最终必然会遭

到社会的唾弃。我国新华社在 2003 年 9 月 26 日播发了两条电讯,报道了本单位 4 名记者在山西繁峙"6·22"特大矿难事故报道中接受当地负责人和矿主钱财的事实,并公布了对他们的处分决定。中纪委驻新华社纪检组和监察局已将此案例收录进警示教育录像片,展开广泛的警示教育。

新闻记者的角色认知和职业意识是影响传媒发挥舆论引导、社会整合功能的重要的决定性力量。媒介要加强新闻工作者的职业道德修养教育,提高思想认识。为完善规章制度、构建制止虚假新闻、重塑媒介形象的长效机制打好思想基础。媒介要常年不懈地对新闻工作者进行职业道德教育,坚持用马克思主义新闻观指导工作,通过不断学习,强调扎扎实实的采访作风,宣传正确的新闻职业意识来提高新闻工作者职业道德的整体素质。

(二) 媒介自省,进一步完善考核制度

各新闻单位要制定相关的考核制度和规定。现在很多新闻单位对采编工作的考核实行量化的记分制度,这样的制度本身没有错,但是,如果过于依赖这样的制度,也容易引导个别记者、编辑做出一些急功近利的行为。在坚持和完善现行考核记分制度的同时,媒介还应该强调对记者、编辑全年的综合考核,应该将记者、编辑在本年度是否编写了虚假新闻列入其中,从而激励记者坚持真实、全面、客观、公正的报道原则,坚持深入细致的采访作风,认真核实消息来源,确保新闻事实准确,杜绝虚假不实报道。要尽量减少采编人员用电话采访,强调记者到现场采写新闻。原则上要求记者提供电话录音存底,以便相关编辑及时核对和媒介日后自我查对。重大新闻的采访应该多个记者采写,然后综合对比,形成稿件。

在原有规章制度的基础上,进一步完善相关规定,从采访、编辑、校对、审读、阅评等环节进一步规范管理,落实防范措施。努力做到内部防范和外部监督相结合。严格稿件的分级审核制度和编辑责任制度,严格执行报道实名制和回避制。同时,不断创新管理方法,促进编读互动,强化社会监督,完善公开纠错机制。

(三) 行业自律,弘扬新闻专业主义精神

专业主义的精神要求是客观、公正、平衡的报道方式和实事求是、通情达理的评论方法,这是新闻媒介的报道和评论获得公信力的有效途径。新闻专业主义要求新闻报道活动必须恪守新闻纪律,符合"真实、客观、公正、全面"的专业标准,并且行业内形成良好的氛围,形成互相监督、良性竞争的行业态势。

真实性是新闻的第一生命。新闻专业主义以追求事实真相和真理为目标；客观性原则要求我们在报道新闻时力戒夸张、夸大和炒作，最大程度地将事件的原貌提供给社会；公正性原则要求新闻报道必须兼顾新闻事件所涉及的双方权益，特别是在批评性报道中，应该给予被批评方以充分的发言和辩白的机会，以防止由于主观偏向造成失实和伤害；全面性原则要求在报道新闻事件时要对它的普遍性作出正确评价，不能以偏概全，把孤立的社会事件误导为普遍的社会现象。上述几项原则构成了新闻工作的职业精神。这种职业精神的本质就是对国家负责、对社会负责、对报道对象负责、对新闻受众负责。这种对新闻原则的态度是媒介公信力的来源。一旦新闻行业内部形成抵制诱惑，恪守新闻纪律，坚守新闻专业标准，彼此之间相互监督、相互促进，整个新闻行业在受众心目中的形象就能得到提高，媒介公信力的整体水平也就得到了相应的提高。

因此，作为社会组成部分的新闻传媒及其从业人员，需要行业内部的自律，以保证新闻传媒能够在科学合理的、与传媒业实践相匹配的职业道德体系框架内规范运作。

（四）完善社会监督和立法，加强道德规范和法律约束

业界人士认为，造成大众传媒公信力缺失，其终极原因应该从媒介管理和监督制度本身存在的缺陷中去寻找，而不应仅仅局限于媒介的行为表现。大众传媒是在制度中生存的，其表现行为由制度所决定，媒介行为的无序与错乱，实质是媒介管理制度和监督制度缺陷的间接反映。

从目前我国媒介在职业道德方面的监督来看，对记者的监督主要是依靠传媒自身来执行的。然而，由于媒介本身也是利益单元，所以仅靠媒介的自律是不够的，还应当对新闻媒介及其从业人员进行社会监督，即建立和完善监督机制，加强对新闻媒介和记者的道德规范和法律约束。

在社会监督方面，国外的一些成功做法为我们提供了可资借鉴的范本。例如，英国早在 1953 年就首创了全国性的报业评议会（后易名为报业投诉委员会）制度，根据为保护编辑和公民双方的权利而精心制定的规则，听取针对报界新闻报道准确性和公正性的诉怨。这个成功的范例导致美国和其他国家纷纷仿效。根据我国国情，国内新闻教育界有关人士建议成立类似于媒介道德委员会之类的机构，以加强媒介规范和纪律约束。这一组织除了规定一些工作中必须遵守的细则并强化监督机制外，还可以对媒介的职业道德建设进行监督，设立媒介信用等级的评价机制，建立媒介信用记录和信用公告制度，制定相关法律规范，严厉惩罚有偿新闻、虚假报道和虚假广告。

　　一个健全的、和谐的社会离不开媒介及其公信力,媒介的公信力需要用制度来捍卫。2005 年 3 月,中宣部、广电总局、新闻出版总署出台了旨在加强新闻职业道德建设,规范新闻采编人员的行为,维护新闻界良好形象,促进新闻事业健康发展的《关于新闻采编人员从业管理的规定(试行)》,各家媒介也相继出台了相关的制度细则,如《经济日报》社制定并实行的《经济日报防范虚假新闻守则》,明确提出严禁捕风捉影、凭空编造、夸大其辞,严禁擅自组织或参加其他媒介、公关或广告公司等单位的组团采访活动等,并向社会公开承诺接受监督。这些举措对提高媒介的公信力将起到积极的促进作用。同时在完善相关制度的基础上,尽快制定有关法律规范,方可杜绝新闻的权钱交易,从根本上提升媒介公信力。

　　总之,在媒介竞争日益激烈的今天,公信力已作为一种无形资产而成为各大媒介在竞争中取胜的重要砝码;同时,媒介自身对公信力的关注,也是对其在竞争中出现的一些不良现象的匡正。在我国且前新闻法律法规还不健全的情况下,强调公信力,也可为媒介建立一个更为良好的生存环境,从而取得更大更好的新闻传播效果。

基本概念与问题思考

1. 舆论
2. 舆论场
3. 舆论引导
4. 舆论监督
5. 新闻批评
6. 简述新闻与舆论的关系。
7. 新媒体环境下如何进行舆论引导?
8. 试述两个舆论场的特点及相互关系。
9. 在传媒新语境下论述新闻舆论监督的发展与演变,在新时代出现的问题及其对策。

第九章

新闻自由与职业规范

新闻自由是世界新闻学萌芽阶段的一个标志性的口号和主题,几百年来人们一直都在不断地倡导和追求新闻自由,而新闻自由的实现总离不开外部环境制约与职业新闻人的努力。本章将三者放到一起讨论,希望能够揭示它们之间复杂的相互关系。

第一节 新闻自由历史

新闻自由源远流长。就总体而言,现代新闻自由受到了早期新闻自由主义观念的影响,其根本精神是一致的,只是在实践中受到政治体制和文化传统等因素影响而有所差异。

一、新闻自由内涵

新闻自由的程度往往是衡量一个国家民主程度的重要标志。李良荣教授把新闻自由的涵义归纳为三种权利,即:"第一不受批准自由出版报刊,即不必向政府申请营业执照或交付保证金,在政治上、经济上不受限制,人人都拥有出版权;第二不受任何形式的事先检查,可以发布任何新闻和发表任何意见(当然,事后的追惩在任何国家都存在,即不容许报刊自由地损害国家、社会、个人);第三不受限制地自由接近新闻源。简单地说,新闻自由就是新闻媒介拥有出版权、采访权、发布权。"①

---

① 李良荣. 新闻学概论[M]. 复旦大学出版社,2001:154.

从 1644 年约翰·弥尔顿提出"出版自由"口号以来的几百年中,人们为争取出版自由一直进行了坚持不懈的努力,可以说新闻自由在现代社会越来越得到不断完善。新闻自由从提出的那一刻起就打上了民主政治的烙印,它是公民所享有的一项基本的民主政治权利,是宪法规定的公民的言论、出版自由在新闻传播活动中的体现和运用。但是,任何一种新闻自由都不可能是完全超越现实的自由,同样有它的约束和限制。正如孟德斯鸠说:"自由是做法律所许可的一切事的权利。"①在拥有新闻自由权利的同时还需要履行一定的义务,防止新闻自由被滥用。

总之,对于新闻传播自由的具体内容构成,大致可以从两方面来考虑:一是对于传播主体来说,它包括了报道自由、采访自由、写作自由以及传递自由;二是对于公众客体来说,它包括了获悉新闻信息的自由、选择和认识新闻的自由等。新闻自由是公民共同所有的,如果这两个方面当中任何一个环节出现问题,那么所谓的新闻自由就不是真正的新闻自由了②。新闻传播主体的活动自由是进行新闻自由传播的一个首要的过程和环节,也是新闻自由的前提;而同样,受众主体也有自己的喜好选择权,根据个人需要选择自己想要了解的信息,并可以自由发表个人的见解。

二、新闻自由发展

新闻自由(freedom of press)在文艺复兴运动期间仅指言论自由,即文艺复兴运动先驱们反对教会思想禁锢、争取自由表达自己的意见;17 世纪初,freedom of press 主要指出版自由;到报刊在西欧各国兴起,freedom of press 又主要指报刊自由。所以,freedom of press 一词有诸多中文译法:出版自由、言论自由、言论出版自由、报业自由等等,现在一般都译为新闻自由。

最早提出新闻自由口号的是英国资产阶级政论家、诗人约翰·弥尔顿,他在1644 年的英国国会发表演讲,要求人民有言论自由、出版自由的权利。随后,根据此次演讲出版了《论出版自由》一书。弥尔顿在当时封建专制的环境中,大胆提出了反对封建统治者的思想压制,认为人的理性高于一切,启迪了人们的思想,为思想自由提供了理论支持。这是西方新闻自由观念的源头和基础。之后,英国唯物主义哲学家、政治思想家约翰·洛克在《人类理解论》中也阐述了言论自由的合法性问题,他说:"人心爱真理,胜过眼睛爱美丽。"无论人们的见解会怎

---

① 孟德斯鸠. 论法的精神[M]. 商务印书馆,1978:154.
② 郑保卫. 当代新闻理论[M]. 新华出版社,2003:484.

样犯错误，但它只能让"理性"作为唯一的向导，而不是盲从于权威①。

18 世纪的法国大革命前期，孟德斯鸠、卢梭、伏尔泰等提出天赋人权、主权在民、社会契约论等人权思想。法国大革命后，资产阶级观念遍及欧洲，已经形成了新闻自由的思想体系。在 1789 年《人权宣言》中，第一次以法律的形式确定了出版自由是公民的基本权利，如第 11 条："思想和言论的自由交流乃是人类最宝贵的权利之一。因此，每个公民都有言论、著述和出版的自由。但是，在法律限定的情况下，应当对滥用此项自由承担责任。"这被法国认为是现代新闻立法的基石。

1789 年，在时任美国驻法公使的托马斯·杰弗逊的推动下，补充了宪法的前 10 条修正案，并使新闻自由原则终告确立，这是首次将新闻自由的原则变成一个国家的根本大法。1791 年正式实施的《宪法》第一修正案中规定："国会不得制定关于下列事项的法律：确立宗教或禁止信仰自由；剥夺人民言论或出版的自由；剥夺人民和平集会及向政府请愿的权利。"作为美国第三任总统，他对于报界表示出了前所未有的宽容，同时也确立了报界独立于政府的特殊地位，成为制衡行政、立法和司法这三种国家权力的"第四种权力"。这的确是一次意义深刻的革命，它意味着真理不再属于任何一个执政的党派，而是"属于全体选民，是个人理智的内在部分"，不再属于国家的权力当局②。

1881 年 7 月 29 日颁布的法国《新闻自由法》，不仅是西方主要资本主义国家的第一部完整的新闻法典，也是全世界施行时间最长的一部新闻自由法，它宣布了新闻自由的基本原则，规定了新闻出版的自由权利，取消新闻检查，取消出版的事先限制，可以说更加具有里程碑的意义。

第二次世界大战以后，新闻自由概念又有新的发展。美国学者和报人提出的社会责任论，主张新闻自由是权利和义务的统一。这一思想立足于承认新闻自由是人类一项不可剥夺的权利，又坚持新闻自由必须承担应有的社会责任和义务的原则。第二次世界大战以来，国际社会关于新闻自由的思想，集中体现在一系列关于新闻自由的国际文件和联合国文件中，其中最有代表性的是 1966 年联合国大会通过的《国际人权公约》及其 3 个子公约：《经济、社会、文化权利国际公约》、《公民权利和政治权利国际公约》及《公民及政治权利国际盟约任择议定书》。

可以说新闻自由是资产阶级反对封建专制的产物，同时新闻自由思想在一定程度上也体现着整个人类社会进步的要求。从新闻事业产生和发展的历史看，在一定意义上讲，现代新闻事业是民主的产物，新闻自由则是民主斗争的结

---

① http://www.xici.net/b320761/d17199816.htm.
② 车英，吴献举. 论西方新闻媒介与民主政治[J]. 武汉大学学报，2003(3).

果,表明人们对言论自由与出版自由的渴求与奋争,促进了近现代新闻事业的不断前进和发展①。

第二节 新 闻 道 德

新闻道德是新闻传播社会规范中的重要组成部分,是社会道德在新闻传播活动中的具体反映。在一定意义上说,新闻道德是现代新闻事业的伴生物,随着新闻事业的社会化和规模化而逐步形成和建立起来的。

一、新闻道德含义

新闻职业道德是指人们在从事长期的新闻传播实践中形成的规范,是传播行为的各种观念、习惯以及信念的总称。它是调整新闻界与社会、新闻媒体之间、新闻传播者个人之间关系的规范与准则。它判定人们在新闻活动中什么行为是对的,什么行为是错的,并给新闻从事者一种世界观、人生观、价值观上的宏观性的认识和指导。

李良荣教授根据《联合国国际新闻规约》和《中国新闻工作者职业道德准则》以及其他国家的新闻职业道德规范,把新闻道德的内涵归结为四个最基本的方面:第一、职业理念。联合国《国际新闻道德信条》提出为公共利益服务的理念,而《中国新闻工作者职业道德准则》则要求新闻工作者全心全意为人民服务。第二、职业态度。新闻工作必须严肃、严谨、认真、踏实。联合国《国际新闻道德信条》指出:"报业及所有其他新闻媒介的工作人员,应尽一切努力,确保公众所接受的消息绝对正确。他们应当尽可能查证所有的消息内容,不应任意曲解事实,也不故意删除任何重要事实。"第三、职业纪律。国际新闻记者联合会通过的《记者行为原则宣言》指出两条记者必须遵守的纪律:"只用公平的方法获得新闻、照片和资料";"对秘密获得的新闻来源,将保守职业秘密。"第四,职业责任。竭尽一切努力,以确保新闻的真实、全面、客观、公正。

二、新闻道德历史

19 世纪的美国流行新闻自由主义,报刊对社会不承担义务,报纸享有绝对

---

① 车英,吴献举. 论西方新闻媒介与民主政治[J]. 武汉大学学报,2003(3).

的新闻自由。而这一时期的普利策与赫斯特开创了美国新闻史上的黄色时代，他们利用那个被涂上黄色的幼童，为了赢得更大的发行量及其所带来的巨额利润，不惜刊登各种色情、凶杀以及耸人听闻的"新闻"，以所谓的"人情味"诱惑更多的读者。这时的许多报纸最看重的是能够让人们发出大叫一声的新闻，其着眼点主要放在"女人图爱情，男人谋权力"等较为低俗的方面。

黄色新闻的泛滥以及此前政党报刊间的漫骂攻击，使得一些有识之士大为不满，开始大力呼吁提倡严肃新闻。他们纷纷发表观点，要求新闻界着力提高道德水准，并从自己开始身体力行。这些人中最有影响力的是《纽约时报》的发行人阿道夫·奥克斯，他极力主张，"要用简明动人的方式提供新闻……不偏不倚，无私无畏，绝不顾及任何政党、派别或利益的牵连。"他还十分认真地宣称，绝不能让《纽约时报》成为一份"玷污早餐桌布"的报纸。直至今日，这一报纸还在奉行着从 1896 年 10 月 5 日启用的一条报训："所有报纸适合刊登的新闻"（All The News That's Fit To Print）。

1908 年，玛丽·爱迪在波士顿创办的《基督教科学箴言报》也坚持净化新闻的政策。该报名称虽然冠之于"基督教"，但它并不是一份宗教报纸，它以严肃的内容以及对客观事物的长远分析著称。这时，就连黄色新闻祖师爷之一的普利策，在他生命的最后 10 年，也摈弃了低俗格调的旧路，而使《世界报》成为美国新闻史上最受尊崇的报纸之一。普利策于 1904 年 5 月在为《北美评论》撰写的一篇建议成立一所新闻学院的文章中，指出：商业主义在报纸经营中有合法地位，但它仅限于经理部；如果商业侵犯了编辑权，它便成为必然的堕落与危险；一旦发行人仅仅注意商业利益，那将是报纸道德力量的结束。

认识到新闻道德问题，就显然要寻求对新闻界的必要的约束。这种约束既可以来自外部的社会管制力量，也可以来自新闻界自身的内部自律。1908 年，美国新闻学者奥尔特·威廉姆斯创办密苏里大学新闻学院并担任首任院长后，于 1911 年颁布了《新闻工作者守则》（8 条）；美国记者公会 1934 年通过《新闻工作道德律》的新闻职业道德准，但无论哪种方式的约束，都显然与美国新闻界长期奉行的传统律条——新闻自由发生了矛盾。因此，要从根本上解决新闻道德问题，必须首先建立一套能够与之相应的基础性理论。于是，社会责任论便应运而生。

1946 年，由《时代周刊》出资成立了哈钦斯委员会。一年后，该委员会发表了著名的哈钦斯报告《一个自由和负责的新闻界》，揭开了新闻界社会责任论的序幕。这份报告根据当时报业存在的种种问题，尖锐地提出，新闻自由已经陷入困境，其原因有三：一是现代世界中新闻的重要性和可见度增强；二是新闻媒介操办者提供的服务脱离社会需要；三是还有一部分媒体时常从事一些受社会谴责的勾当①。在此基础上,哈钦斯委员会提出了解决问题的几个观点,总的来说就是要求新闻界担负起社会责任,为公众提供翔实全面的事实。

在这以后的 10 年中,尽管有着种种的争论和反对意见,社会责任论势不可挡地在不断扩大着影响。1956 年出版的施拉姆等人的《报刊的四种理论》标志着社会责任论的成熟和定型。从此以后,社会责任论成为西方新闻界的更具有权威性的理论,并成为世界性新闻道德建设的最重要的理论依据。

三、新闻道德落实

在社会的各个职业领域中,新闻传播工作有着极大的特殊性,被称作"无冕之王",其地位的特殊以及其所受的约束比其他行业要少得多也小得多。为此,其自律的要求也就显得格外重要。

(一) 世界各国的新闻评议组织

为保证新闻职业道德准则的落实和实施,一般除了对新闻工作者进行经常性的职业道德教育外,世界许多国家还建立新闻评议会。其中,英国的报业总评议会是世界上最早、影响也是最大的新闻道德监督组织之一。1963 年 7 月,英国报业总评议会根据第二届皇家报业委员会的建议,改组为由报界、司法界以及其他社会各界人士共同组成的报业评议会,以增强权威性与社会性。在此先后,日本、比利时、荷兰、德国、意大利、土耳其、奥地利、韩国、南非、智利、巴基斯坦、以色列、加拿大、丹麦、印度、菲律宾等国家的新闻评议组织也纷纷成立,其名称除了报业评议会以外,还有新闻纪律评议会、新闻荣誉法庭、报业伦理委员会等,亚洲、非洲以及南北美洲也有类似的机构。这些新闻评议组织的基本职能是对报业及其他传媒的表现进行评议,并对一些违反新闻道德的案件作出不具有法律效力的裁决,一般不受理违法案件。

(二) 我国新闻道德现状及存在问题

我国目前正处于一个社会历史转型期,各方面的法制建设都还在不断完善之中,尤其是一直尚出台正式的《新闻法》,所以,新闻工作者在采集、传播新闻的过程中,很多行为只有通过加强新闻道德的自制机制来实现。改革开放以来,我国新闻传媒在道德伦理建设上取得了一定的成效。1981 年,中共中央宣传部新

---

① 程世寿.新闻社会学概论[M].新华出版社,1997:256 - 257.

闻局和中央新闻单位商拟了《新闻记者（草案）》，在内部发到各个单位试行。1991 年 1 月，中国记者协会第四届一次理事会正式通过《中国新闻工作者职业道德准则》，又根据其实施的情况以及会员意见，于 1994 年 6 月和 1997 年 1 月两次进行修订；1999 年公布了《中国报业自律公约》；2001 年公布了《公民道德实施纲要》。这些规范的制定一直都在不停的完善改进之中，为我国的新闻道德的具体实施提供了相当的依据。

目前影响新闻道德的现实问题主要表现为："有偿新闻"难于杜绝，新闻报道中低俗化"炒作"，传播者受拜金主义侵蚀，社会责任心不强而造成新闻报道失真，等等。新闻职业人作为具有"特殊话语权"的掌门人，新闻作为精神的产品，理应具有高度的使命感和责任感。我们在讨论新闻记者的新闻道德时，应该明确的是，我们也是在守护着自身的精神家园。虽然我国新闻队伍道德状况的主流应该充分肯定，但是仍然有一些毒瘤的存在，值得我们格外重视，特别是进入网络化时代以来，新闻道德建设的加强更是迫在眉睫。

第三节　新闻法制

在新闻社会规范的构成中，新闻法制是操作性最强的一种规范，而且从理论上讲也是最严密的一种规范。但是，一套完整科学的新闻法制体系的建立却又往往是路途艰难的。本节将对新闻法制的相关概念和内涵进行一些理论解释。

一、新闻法制内涵

新闻法制是建立新闻媒介在传播环境中对事实的报道以及舆论监督等行为的规范，使新闻媒介在市场经济和整个社会生活中，能自觉地保证受众的权利和义务不受侵犯，更好地履行自己的权利和责任。新闻法制是保障权利的重要手段，是以立法的形式保障公民的言论自由权，是实现国家民主、政治文明的必经之路。新闻法制的主要内涵包括以下两方面。

（一）保护媒介从业人员的基本职能权利

新闻法制的最核心内容和最首要责任，是保护媒介及所有传播主体的新闻报道权，而其他所有有关新闻传播方面的法律规范的构成和履行，应该说都是围绕着这一权利而展开的。

　　为了保证新闻报道权,首先就必须保证新闻记者的采访权。采访权是指记者在工作中享有的、在法律规定范围内不受限制地收集信息的权利①。采访权是媒体及其记者拥有的一项特别的公权力,是采访自由的主要体现,是行使公众知情权的重要途径,同时也是实现社会监督权的重要途径。媒体和记者只有通过对事实的及时而全面地采访,才能最迅速地向受众传播有益的信息,通过报道对国家机关、社会组织等实施公众舆论监督。如果新闻采访权受到阻挠和障碍,新闻报道权也就无法得到保障。

　　此外,新闻报道权还包括新闻单位和媒介的编辑权。这是新闻媒介的一项更加专业的业务权,其主要内容包括:决定和实施编辑方针、维护报道真实、评论客观和发表方式的恰当等。编辑有权对新闻进行必要的取舍、删改,以及决定对其发表的形式进行改变。编辑往往是阅读新闻稿的第一人,也是稿件发表前的最后把关人。作为新闻稿的汇集处,往往需要站在更加全局宏观的立场,考虑版面配置、视觉效果等,对新闻稿件进行适当的组织、选择、修改。西方国家新闻界于20世纪60年代兴起编辑权运动,主张编辑权不应该受到媒体拥有者的控制和干涉。早在1919年,日本报业职工就首先提出了编辑权的问题,至1962年,联邦德国已有213家报社的编辑部取得了编辑自主权。到目前为止,美国已经有39个州对编缉权做出了明文规定②。可见编辑权在世界范围内已经受到越来越多的重视。

(二) 保障受众的基本权利和义务

　　新闻理论界通常认为,公民享有最基本的信息自由权和表达权,而这两大权利的具体实现,又主要是通过新闻媒介来实现的。

　　所谓信息自由权,是指公民依法可以自由获取、加工、处理、传播、储存和保留信息的权利,是公民重要的宪法权利和精神权利,主要包括知晓权、传播权、个人信息保护权与隐私权,其中最重要和最基础的是知晓权③。知情权是一切民主权利的基本前提,受众如果被剥夺了知情权,民主社会的言论自由权、监督权等自然就无法得到保证。在现代社会中离开了对信息的自由选择和获知,人就丧失了自身同社会联结的纽带,失去了自立于现代文明社会的起码资格。

　　而所谓表达自由和舆论监督权,则是公民最基本的政治权利。我国《宪法》第35条规定了言论、出版、结社、游行、示威等权利,在理论上称为言论自由中的

---

① 刘斌. 权力还是权利[J]. 政法论坛,2005(2).
② 吕倩娜. 浅谈美国媒体的编辑权[J]. 安阳师范学院学报,2005(4).
③ 张艳红. 中美新闻发言人制度比较[J]. 当代传播,2004(5).

表达权。其中,言论、出版自由引申到新闻活动时,被理解为依法运用新闻媒体发表意见、表达自己意志的权利和自由,也就是公民运用新闻媒体行使表达权。表达权不是专属新闻工作者所有,公民也可以通过媒体发表自己对国家机关及其工作人员的看法,提出批评或是表扬的意见。从新闻活动角度来说,这就是行施舆论监督权,包括公民对新闻媒体的监督及对国家机关及工作人员的监督。舆论监督权是公民行使宪法所赋予的权利,是实现公民言论自由权和表达权的重要手段。

二、西方新闻法制

世界上大多数国家对新闻媒介的管理主要采取法律形式,而新闻法规是国家对新闻媒介实施管理的主要依据。从广义上看,新闻法规包括适用于新闻传播活动的所有法律条文和规定,是具有多个法律渊源,涉及多个部门的法律条款。狭义上的新闻法是指专门就新闻传播活动制定的相关法律条文,如有些国家虽没有单独成文的新闻法,而把新闻法规的有关条文写入宪法、民法、刑法以及其他的专用法律条款中,如少年法、保密法等。纵观世界各国的新闻法规,对新闻活动和报道的有关限制,并不完全相同和一致,而且其执行过程也有宽有严。但国家安全法、诽谤法和隐私法是大多数国家所共有的而且也较严格执行的。

(一)关于国家安全法

新闻媒介不得以任何形式危害国家安全和社会正常秩序,这是各国新闻法规中最为重要的条款,也是国际公认的准则。这其中包括:不得煽动以武力及其他手段推翻合法政府,破坏国家制度和社会秩序;不得泄露国家机密;不得煽动宗教、民族对立;等等。许多国家在刑法中规定泄露国家机密有罪,或者制定单独法规禁止任意公开国家机密。例如,英国多次修订的《公务秘密法》,详细规定了严禁新闻媒介泄露有关国家安全的机密。法国《刑法典》规定,如果新闻媒介刊载政府认为危害国家内外安全的消息,政府有权没收报纸,取消广播电视节目,甚至逮捕有关记者、编辑。澳大利亚、新西兰等国几乎所有有关国家安全的新闻,都须经过有关部门的部长亲自签字才能发表。国家安全法对新闻媒介管制在特殊时期最为明显,即使是在以最自由的新闻传媒标榜的美国也不例外。美国新闻界流行一句话:"战争是新闻自由的天敌。"[①]西方的新闻学家都明确地

---

① 雷淑容.西方新闻自由实质的一次暴露——析伊拉克战争中的美英媒体行为[J].新闻战线,2003(9).

说，绝对的新闻自由是不存在的。一切危害国家安全或者说危及资产阶级统治、危及资本主义制度的"自由"在西方是不容许的。

（二）关于新闻诽谤

新闻诽谤是各国新闻诉讼中涉及面最广、案情最为复杂，也是令新闻界、司法界最感到棘手的问题。"不准使用新闻媒介诽谤他人"，是任何国家新闻法规必具的条文，但是，一涉及到具体案件，就往往难于区分和判定。美国法律研究会编辑的《法律的重述》认为：诽谤是"无确凿的证据而散布对他人不真实的事实并损害他人的名誉"，"传播足以损害他人名誉的事实使其在社会上处于不利地位或有碍其与第三人的往来"。诽谤罪的确认依据，在西方国家通行的标准，一般需有四个条件：一是有特定的对象，即可以由他人确认的对象，而不能仅仅是泛指。如，"无官不贪"、"无商不奸"，虽然指责了所有官员、所有商人，但不是指向特定对象，不构成诽谤罪；二是歪曲、夸大、捏造事实；三是必须含有主观恶意；四是公开传播，造成对象的名誉损害。

（三）关于隐私

美国《法律大辞典》对隐私权的定义：隐私权是"不被干涉的权利；免于被不正当地公开的权力……个人（或组织）如果愿意，可使他本人和他的财产不受公众监视的权力。"美国著名法学家威廉·L. 布鲁塞在《现代民生国家的新闻法规》一书中对侵犯隐私权的情况分为四类：一是闯入原告的私人禁地。例如，记者用远摄镜头、监听器或装扮成其他身份的人混入他人家庭、病房或私人聚会获取材料，并在媒介上公开传播；二是公开私人物件，使原告的正常社会生活被破坏。例如，未经本人同意，公开私人信件、日记、病例、档案等；三是在公众面前将原告置于错误位置。例如，某家地方报纸在报道警察抓获犯罪嫌疑人时，不小心把协助警察的居民名字错写成犯罪嫌疑人的名字，等；四是未征得本人同意，利用其姓名、肖像等进行商业活动，如刊登商业广告等。

需要特别注意的是，在确认诽谤罪时，真实性是防止触犯诽谤罪的最强大武器；但在确认侵犯隐私权时，真实不起作用，而能够起作用的却是"新闻价值"。国外一些法院在判决时，常以传播内容是否有新闻价值作为决定性依据。例如，英国伊丽莎白女王的女儿安娜公主在度假时，和其男友在游泳池裸体游泳，被人偷拍照片，发表在报纸上，引起全英轰动。安娜公主向法院起诉，法院以此照片有新闻价值为由，判决安娜公主败诉。

三、我国新闻法制

中国是到了近代才有了真正意义上的新闻事业,即有了报纸、期刊、广播、通讯社等组织机构,并专门从事新闻传播活动。随着相当规模的新闻活动机构的产生,政府为了更好地管理和控制,新闻法律条款也随之产生,开始规范新闻领域。

（一）清末的新闻法制

在中国历史上,较为独立和正式的新闻法规产生于清代末年。清末的新闻法律主要是规范报刊等印刷出版物的活动,又常常称为"报律"。1906 年,清政府颁布了我国第一部新闻法律《大清印刷物件专律》(简称《专律》)共有 6 章 42条。《专律》的主要目的是为了防范和打击革命出版活动尤其是革命报刊的传播。第一章规定所有出版物都要向设在京师的印刷注册总局登记,以备随时检查,否则给予处罚;第三章规定报纸杂志须向发行所在地的巡警衙门登记注册;第四章将诽谤罪分为普通诽谤、讪谤和诬谤三种,分别规定了处罚标准;第五章规定对公开出版物酿成犯罪者,按教唆罪判处;第六章是关于时限的规定。1908年的《大清报律》是参照西方法律制度,经过比较完整的立法程序而产生的新闻传播立法,是清朝新闻立法的最后一个成果。这个法律把人民的言论出版自由尽行剥夺,是清政府垮台前最反动的一个法律。该法律共 45 条,重点是规定保证金制、事前检查制和严厉的禁载限制。总之,这些法律条款都是产生于中国封建社会末期的新闻法规,其主要功能是限制新闻自由,具有明显的专制主义本质。

（二）辛亥革命后的新闻法制

辛亥革命后,南京临时政府于 1912 年颁布了这一时期的第一个新闻法律——《暂行报律》。但是,由于遭到当时的报业团体"全国报界俱进会"的反对,《暂行报律》很快被搁置。之后,北洋军阀政府于 1914 年颁布了《报纸条例》,共35 条。1915 年北洋政府还颁布了《新闻电报章程》。但是,因为军阀更多的是采用金钱贿赂报社和武力查封报社,虽有新闻法规,报业仍受到极大的残害。1932年 7 月 1 日,国民党政府实施了中国历史上第一部唯一有关新闻记者的法律《新闻记者法》,其中给新闻记者规定了资格认定、新闻记者的任务以及一些不可为之事。1937 年,国民党政府又公布并实施了《修正出版法》,修正了《出版法》中的一些内容,其规定也更加严厉。如果说清代的报律虽然是统治阶级为了维护统治、进行官报垄断的需要，但也在一定程度上吸取或渗透了当时西方新闻自由的观念，多少超越了当时极为严酷的封建体制，具有某些方面的进步意义；而国民党统治时期的报业条律则由于国民党实行一党专政，妄想用清一色国民党经营的媒体压制进步言论，践踏新闻自由，其新闻自由可以说是名存实亡，然而，客观上因多元的报业结构，迫使其新闻政策也稍有改变。

（三）新中国新闻法制的发展历程

新中国成立后，以人民民主专政为核心的新的民主政权的建立，为新中国的新闻法制发展奠定了良好的基础。1949 年第一届全国人民政治协商会议正式通过的具有临时宪法意义的《共同纲领》，以及 1954 年第一届全国人大通过的新中国第一部《宪法》都明确规定了保障人民的言论出版自由，从而在法律形式上对广大人民群众拥有新闻传播自由的权利加以保障。

新中国成立之初，当时的中央人民政府依据国家的基本法律精神，陆续制定了一系列有关新闻出版方面的法规[①]，如：1949 年《关于统一发布中央人民政府及其所属各机关重要新闻的暂行办法》、1950 年《全国报纸杂志登记暂行办法草案》、1951 年《关于严格遵照统一发布新闻的通知》以及 1952 年《期刊登记暂行办法》和《管理书刊出版物印刷业发行业暂行条例》等，对报纸、期刊等出版物的出版、发行等作出了相应的规定。其颁布的目的在于对那些代表人民政权的报刊加以保护，而对那些敌视人民政权的出版物则作出限定和禁止，从而保障新中国人民报刊事业的顺利发展[②]。同时在这段时期中，还有许多相应的规章性文件的颁布，如：1950 年 1 月新闻总署发布的《关于报纸采用新华社电讯的规定》、1950 年 2 月邮电部和新闻总署联合发布的《关于邮电局发行报纸暂行办法》、1950 年 4 月新闻总署发布的《关于建立广播收音网的决定》以及 1950 年 11 月新闻总署和出版总署联合发布的《关于注意保守国家机密的通报》等。总体而言，新中国成立初期我国的新闻传播法制建设相当薄弱，谈不上有完备的新闻法律体系，而且到 50 年代的中后期由于当时面临的国内外形势，有关新闻法规方面的建设基本处于停滞状态，主要依靠党和政府的一些新闻政策和宣传纪律来规范新闻出版活动。

（四）我国新闻法制建设的现状

我国对于专门的《新闻法》的制定，经历了一个十分漫长的过程。1979 年 5

---

① 本章中的法规，系法律规范的简称。

② 郑保卫. 加强法制规范实现法制目标——对我国新闻传播法制建设的司考[J]. 当代传播，2007(6).

月,复旦大学新闻系学生在王中教授的指导下,在校庆学术报告会上发表论文,率先提出制定新闻法的问题,但由于种种原因我国的新闻法至今依然在酝酿和筹备之中。在酝酿与起草新闻法的同时,为及时解决新闻工作中亟待解决的问题,国家有关行政部门陆续颁发了一系列针对新闻媒介的法规性文件。所以,我国有关报业管理的现行法规、现行新闻法制的来源主要来自三个方面:一是《宪法》有关条款;二是一些基本法律和法规以及司法解释中与新闻传播活动有关的条款;三是有关报刊、广播、电视的专门行政法规和规章。

1997 年 4 月,国家新闻出版署公布了《新闻出版业 2000 年及 2010 年发展规划》,提出"到 2010 新闻出版法制建设要建立以《出版法》、《新闻法》和《著作权法》为主体及与其配套的新闻出版法规体系。"2005 年末,国家新闻出版总署还重新修订了《报纸出版管理规定》和《期刊出版管理规定》,已于同年 12 月 1 日正式施行。这两个规定第一次以规章的形式,确立了审读在报刊管理中的重要地位,明确了审读工作的职责和程序具有重要的指导意义①。

有关广播电视业的法规,在改革开放前,我国已经制定和发布了不少有关广播电视业的规范性文件,其中有些文件至今仍然适应和有效。而广播电视法规的日趋完善,也是在改革开放以后。目前仍在使用具有代表性的是 1997 年国务院发布的行政法规《广播电视管理条理》。此外,我国《刑法》、《民法通则》及其他法律法规司法解释中,也含有不少关涉新闻事业的规定,成为我国新闻法规的重要渊源。2015 年 3 月 7 日,国家新闻出版总署原署长、全国人大常委会委员柳斌杰介绍,人大正研究考虑新闻传播立法。今后凡是属于公共新闻传播范畴的,包括互联网新闻服务等,都将纳入新闻法管理中,不过自媒体这一传播形式暂不会纳入②。

第四节　新闻专业主义

新闻专业主义是美国政党报纸解体之后在新闻同行中发展起来的"公共服务"的一种信念,反映媒介与政党、公众、商业共同构成的关系架构中力量的彼此消长及博弈,是改良时代行政理性主义和专业中立主义总趋势的一个部分。

---

① 本刊记者. 解读"两规"说审读[J]. 今传媒,2006(1).

② 柳斌杰:首部新闻法有望提交审议［EB/OL］. http：//news. sina. com. cn/m/2015-03-09/094031584870. shtml.

一、新闻专业主义的含义

新闻专业主义于 19 世纪末开始形成,是要求新闻工作者必需具备特定的专业技能、行为规范和评判标准,在此基础上,它还包括一套定义媒介社会功能的信念、一系列规范新闻工作的职业伦理、一种服从政治和经济权力之外的更高权威的精神,以及一种服务公务的自觉态度①。也就是说,它是新闻媒介和新闻从业者所追求的一种职业理想和操作理念,包括真实、客观、公正地报道新闻,以服务公众为中心目标,独立于政府、公众、财团之外,担负独特的社会责任等一系列行为规范和行业标准②。其目标是服务全体人民,而不是某一利益团体。它最突出的特点,是对新闻客观性的信念,相信可以从非党派的、非团体的立场准确报道新闻事实。它的最高理想是传播真实、真相或真理③。

一般来讲,新闻专业主义核心的理念可以分为两点:一是客观新闻学;二是新闻媒介和新闻工作者的独立地位和独特作用。该理念是建立在新闻自由的基础上,要求从业人员对其自身的控制,以自律求自由,可以为传媒赢得较多的有弹性的活动空间,增加自律。上述二点都要求新闻从业人员要不被外界因素所影响和诱惑,展现客观事实,树立"社会良心守望者"的形象,提高传媒公信力,其最终目的是要自觉地形成传媒职业精神。因此,新闻专业主义在理论上具有一种理想主义色彩和强烈的道德主义倾向。它强调新闻从业者与新闻工作的普适性特征;它是一种意识形态,是与市场导向的媒体(及新闻)和作为宣传喉舌的媒体相区别的,以公众服务和公众利益为目的、以实证科学原则为基石的意识形态;它也是一种社会控制模式,是与市场控制与政治控制相区别的、以专业知识为基础的专业社区控制模式④。

二、新闻专业主义的特征

第一,从实现媒介功能来看,新闻专业主义具有中立性和客观性两个重要特征,两者为新闻工作者提供了一个可以操作的判断标准。中立性要求新闻工作

---

① 陆晔,潘忠党. 成名的想象:中国社会转型过程中新闻从业者的专业主义话语建构. [EB/OL]. http://academic. mediachina. net/academic_zjlt_lw_view. jsp? id=3880,2005-12-31.
② 侯迎忠,赵志明. 西方新闻专业主义初探[J]. 当代传播,2003(4).
③ 徐锋. "新闻专业主义"对我国新闻业的参照意义[J]. 新闻记者,2003(5).
④ 吴洪霞,葛丰. 新闻专业主义与传媒消费主义之张力分析——从市场化媒体的"娱讯"现象谈起[J]. 人文杂志,2004(1).

者在报道争议问题时,能不偏不倚,摒弃个人的观点、评论,以叙述者的口吻描绘客观事实;在报道批评问题时,能远观大局,探索问题的本质,做人民的教化者。客观性要求新闻工作者从非党派、非团体的立场客观地报道新闻事实,要求将个人的情感、意见与新闻报道明显区分,用冷静的态度,准确报道事实。

第二,从权力取向的角度看,新闻专业主义被视为一种职业的权力象征。专业主义是指一种特殊形式的职业工作系统,经由职业系统,从事该职业的成员得以约束自我,维持权威的行为①。

第三,从结构功能层面看,新闻专业主义话语具有整合新闻从业者的专业社区的作用。新闻从业人员通过工作实践不断地丰富这一精神,使新闻专业主义变成从事这一行业的全体成员共有的态度与信念②。

客观、公正、正义、无私是新闻专业主义的职业理念,实事求是、通情达理是新闻专业主义的评论方法,新闻专业主义的发展有利于更好地把人民的关切、人民的意志传播到各个角落,使新闻媒介获得更多的公众支持,发挥更大的社会影响。

三、新闻专业主义的历史

新闻专业主义理念的产生、发展及其在新闻媒介活动中的作用与影响,都与商业化的社会经济环境紧密相关。随着自由主义实践的发展,人类的非理性,资本主义潜在的不公正及种种弱点在美国政治经济体系中日益暴露,媒体对新闻自由的滥用逐渐背离了具有进步意义的自由主义报刊理论的初衷。

19世纪30年代,美国大众化报纸的滥觞标志着新闻业进入大众化和商业化时代,强烈的盈利要求改变报纸的内容与外观。为了吸引城市大众,报纸拾起人情味故事的法宝,并通过各种促销手段、噱头来增加发行量。"从不择手段的相互攻讦到耸人听闻的煽情新闻泛滥,从漫无边际的谎言到煽动战争狂热",媒体制造了很多混乱③。一时间"煽情主义"、"黄色新闻"、"扒粪者"的新闻充斥着整个传媒界,使公众对专门挖掘政府丑闻、刺探个人隐私、败坏社会道德的媒介日趋失去信心和信任。

19世纪90年代是美国报业的一个分水岭。在这一时期,新闻事业抛弃旧

---

① 邓艳玲. 新闻专业主义语境下的人物报道的操作——反思与对策:当前主流媒体人物报道需要把握的几个问题[J]. 湘南学院学报,2005(6).
② 侯迎忠,赵志明. 西方新闻专业主义初探[J]. 当代传播,2003(4).
③ 张军芳. 新闻专业主义是如何可能的——新闻专业主义在美国的兴起与发展[J]. 中文自学指导,2005(05).

的时代,完成了迈向现代化的进程。在新旧冲突中,媒介批评异常活跃,面对媒介的商业主义和冷漠无情,批评家祭起了道德和民主理想的大旗。早在 1896 年,美国人奥克斯购买《纽约时报》之后,即提出"高尚的新闻政策"、"独立公正的评论"和"正确详尽的新闻资料"三大目标,与刺激性的黄色新闻相对抗[①]。但是当时的批评收效甚微,煽情主义在后来的"黄色新闻业"中进一步恶化。直到批评之声更响亮时,报纸的发行人才有所意识,并开始寻找改进措施,以应对批评。在批评新闻媒介煽情主义和商业主义的过程中,批评者提出了不少建议,包括捐赠基金报纸、政府管制等,最后专业主义作为一种妥协,在各种力量的搏弈中逐步确立[②]。尤其是第二次世界大战后,政府的力量逐渐开始膨胀,扮演着越来越重要的角色。在这样的时代背景下,早期自由主义的统治让位了,一种新的意识形态——自由而负责的报业理论开始发展起来。

第一次世界大战后,新闻专业主义的思想深入人心,新闻工作者开始寻找适当的专业规范。1923 年,美国报纸主编协会制定了《新闻规约》,出台了一个有着广泛影响的新闻道德标准。《新闻规约》的主要内容包含:从业者的责任感;新闻自由;独立性;真诚、真实、准确;公正无私;公平对待各方;作风正派。美国记者公会于 1934 年制定《记者道德律》。美国的广播(1937 年)和电视(1952 年)也各自拟定了对行业的规范和准则。1946 年 10 月,英国下议院成立皇家委员会,调查英国报业独占对新闻自由的影响;1949 年 6 月,该委员会提出建议,成立报业总评会,实行报业自律。第二次世界大战后,芝加哥大学校长哈钦斯(Robert M Hutchim)为首的出版自由委员会访问了几十位来自媒介、政府和学术界的重要人物,提出经典性的《一个自由而负责的新闻界》的报告,并在报告中正式号召新闻媒介专业化。1953 年 7 月 1 日,英国报业评议会的成立是新闻专业主义的里程碑之一。

新闻专业主义一直在缓慢地发展。20 世纪 50 年代,客观性报道原则渐趋成熟,美国正值新闻专业主义的高峰时期,他们将专业的规定作为对自己的约束。新闻界的行业法规体现了美国新闻界的基本价值观念,提出对新闻言论的发表与流通自由的要求和保障,阐述了美国新闻事业的社会功能等行为准则,同时也为新闻媒介和工作者起道了很好的指导作用。可以说新闻专业主义是历史的产物,具有特定的含义,并经历了发展变化,它已经成为诠释、衡量和评判新闻工作的主导话语,已被新闻界认同并发扬光大。

---

① 倪燕. 新闻工作者的自律与他律[J]. 传媒观察,2003(11).
② 谢静. 20 世纪初美国的媒介批评与新闻专业主义确立[J]. 新闻与传播研究,2004(2).

四、中国的新闻专业主义

新闻专业主义不是诞生于中国的,但是,近年来,其对于我国新闻界和学术界起着十分重要的影响。

我国新闻专业主义者担负的是警戒和守望社会的监督职责,是促进社会进步的职能,向公众提供真实的、公正的、健康的、有思想的新闻报道。中央电视台以"时事追踪报道,新闻背景分析,社会热点透视,大众话题评说"为定位的《焦点访谈》,以"正在发生的历史,新闻背后的新闻;大时代背景下的新闻故事,以"一波三折的报道"为定位的《新闻调查》,以"调查、警示、质疑"为主题的《每周质量报告》,以及以"公正、正义"为典范的《人民日报》、以深度报道见长的《南方周末》等媒体都体现出有极大的责任感和使命感,其受观众欢迎程度与社会效益也是显而易见的。

虽然新闻专业主义与商业化在具体的对峙、抗争、纠缠、渗透中,仍然还有可能此消彼长,但是新闻专业主义切合了人类道德的需求,将会长期发展和存在。我国新闻界对新闻专业主义合理成分的吸收仍然需要一个过程。如今,在"新闻自由"的观念得到普遍关注的同时,也把"社会责任论"提升到一定的高度,这是保证我们新闻事业更加有序发展的重要环节。我们应牢记"客观、真实、公正、全面、服务"是新闻专业主义的要件,也是构成新闻生命的要素。在我国新闻界,应当自觉地提倡社会责任,营造有中国特色的新闻自由理论系统和氛围,以使得我国新闻传播事业不断取得更好的社会效果。

基本概念与问题思考

1. 新闻自由
2. 新闻法规
3. 新闻纪律
4. 新闻法制
5. 新闻道德
6. 新闻自律
7. 新闻敲诈
8. 隐私权
9. 表达权
10. 知情权

11.《论新闻出版自由》

12. 新闻专业主义

13. 简述马克思主义对新闻自由问题的基本观点。

14. 新闻媒介的社会控制有哪些？

15. 新闻报道侵权的原因及表现。

16. 谈谈你对新闻专业主义的理解。

17. 新闻职业道德的基本原则和规范。

第十章

传播效果理论

新闻传播活动归根结底是对受众产生影响为目的。从新闻传播的目的在于追求新闻传播的效果;而新闻传播的效果又可以全面检验新闻传播的质量。所以,新闻传播效果是对新闻传播的过程研究是具有意义的一个课题。

第一节　西方传播效果研究的三大阶段

一、传播效果概述

(一) 传播效果的含义

传播效果通常是指传播者发出的讯息通过一定的媒介到达受众后,对受众的思想(包括认知、态度、情感等)与行为造成的影响。特别是在经验学派的研究框架中,传播效果分析一直最受青睐,实际上是传播学作为一门学科赖以安身立命的根基。

(二) 传播效果的类型

1. 麦奎尔的分类

(1) 从外在形态看,可以分为三个层次：效果(media effects)：指大众传播已产生的结果,而无论是否符合传者的期望;效能(media effectiveness)：指大众媒介达成有关预期目标的功能;效力(media power)：指媒介在给定条件下可能发挥的潜在影响,或可能产生的间接效应。

(2) 从内在性质看,可以分为心理效果、文化效果、政治效果、经济效果等。

(3) 从作用范围看,可以分为对受众个体的影响、对小团体及组织的影响、对社会机构的影响、对整个社会或整个文化的影响。

2. 戈尔丁的分类

戈尔丁从时间（长期和短期）、传者意图（预期和非预期）两个纬度出发，将传播效果分为四个类型，相应地也有多种研究课题。

（1）短期的、预期的效果主要涉及宣传、个人反应等课题。

（2）短期的、非预期的效果主要涉及个人反应与集体反应等课题。

（3）长期的、预期的效果主要涉及政策宣传、知识普及、新事物推广等课题。

（4）长期的、非预期的效果主要涉及大众传播对个人社会化的影响、媒介对战争的影响、媒介对社会转型和价值观变迁的作用等课题。

（三）传播效果影响因素

按照传播学的观点，传播是传受信息的过程；传播过程的开展离不开传者、受者、信息、媒介四大要素，因此影响新闻传播效果的主要因素也应该从传播的流程和结构中去寻找。对于传播结构的研究，德国学者 G. 马莱茨克模式被认为是最为经典的，在学术界享有"研究清单"的美誉。该模式细致地表现了新闻传播过程中各个要素的作用以及相互之间的互动和影响。从马莱茨克模式中我们可以看出，新闻传播是一个动态的系统，其中各种因素不但受到自身和社会因素的影响，同时各因素之间也存在着制约关系。而这种种因素都会最终影响新闻传播的效果。具体来说，主要有以下几点：

1. 传者因素

对于大众新闻传播来说，传者主要是报社、电台、电视台等新闻机构，他们是新闻信息的发布者和最重要的"把关人"。传者的自我形象、个性特征、工作环境、社会环境以及来自媒介内容的压力等都会影响传者对于新闻的把关，从而影响传播效果。

传者的自我形象，主要是指传者自身所塑造的在受者心目中的形象，即传者的知名度和美誉度。施拉姆早已指出："如果传播者被认为是他谈论的领域的专家，或者他处于不会从他所鼓吹的改变中得到好处的地位，他们就会比那些不被认为是专家和客观的传播者有效果。当传播者被认为是具有可靠和可信的这两种品质时，就会产生最大的效果。"[1]在传媒竞争日益激烈的今天，传者的声誉显得越来越重要。传者的个性特征和个性结构是影响传者形象的主要因素，主要涉及记者、编辑的个性，素养和喜好，如：思想开放还是保守，写作上采用怎样的

---

[1] 威尔伯·施拉姆，威廉·波特. 传播学概论[M]. 新华出版社，1984：226.

文风,知识素养和逻辑思维能力如何,等等。而传者的社会环境是最为复杂的因素,涉及政治环境、经济环境、法律环境、文化环境、国际环境等,传播作为社会的一个子系统,其效果的发挥与社会环境密切相关。

2. 讯息因素

讯息因素就是传播内容因素。讯息是传者与受者之间相互联系和互动的基础。新闻传播的效果归根到底取决于新闻信息本身的内容质量。传播内容是否具有较大的新闻价值,是否具备时新性、适宜性、真实性、重要性、亲近性、趣味性等,形式上是否为受众喜闻乐见,都决定了新闻传播的效果。高层人事变动、重大突发事件、自然灾害等新闻事件总是能获得更多的眼球关注。一些形式新颖的栏目也往往能在短期内迅速蹿红,如《焦点访谈》《新闻 1+1》,由于其节目形式在当时都是全新的,因此从第一期起就收到了良好的社会反响,并一直持续多年。

3. 媒介因素

媒介作为新闻传播的渠道和新闻信息的载体也是影响新闻传播效果的重要因素之一。不同的媒介具有不同的特点,因此具有各自的优势和劣势。同样一条新闻,在报纸上刊登和在电视上播放会产生不同的效果。而在网络高度发达的现代社会,互联网则往往可以使新闻传播发挥更快、更广泛的效果。

4. 受者因素

受众是新闻传播的接受者和传播效果的评判者。作为具有独立思想的人,受众十分复杂,是影响传播效果最重要也是最难以把握的因素。受者的气质、接收信息的喜好、预存立场等都会影响受者选择什么样的内容以及接受什么样的信息。这其中最关键的因素是预存立场。在对信息的接收中,受众会发生选择性关注、选择性理解和选择性记忆的过程。其中选择的标准就是预存立场。受众倾向于接受与自己预存立场相同或者相近的信息。因此,那些与受众预存立场不符的信息很难得到受众青睐,取得好的社会效果。

值得注意的是,传受各方所处的社会环境并不一定完全相同,而由于传受各方所处的地区甚至是地段的不同,也就往往会对新闻信息产生不同的理解。因此不难理解为什么同样一条信息,不同地区、不同社会阶段的传播效果会有很大不同。所以,要提高传播效果,必须设身处地地考虑目标受众的社会环境,不仅仅是大的宏观环境,还应该细化到地区、地段等细小环节,而不是单纯地从自身的社会环境去考量受众所处的环境。

二、传播效果阶段

在整个 20 世纪,西方传播学者对于传播效果的具体研究,更多地着眼于传播效果的强弱程度层面上，即关注传播活动所产生的效应威力大小的问题。一般认为，他们的效果研究经历了以下三个阶段①。

（一）早期魔弹论阶段

20 世纪 20 年代，所谓的"魔弹论"成为传播效果研究的最有代表性的理论。当时，一些传播研究学者对于第一次世界大战中各交战方在宣传战方面的情形进行传播研究。而在研究当中，他们特别看重那些战争过程中宣传得极为成功，以致直接影响了战争胜负的大量案例。由于那一时期的特殊的历史条件和传播手段，新闻传播在战争中确实发挥了极为重要的作用，于是研究学者们便认为那时的战争宣传是威力无穷的。这样，当时对传播效果的研究，就把宣传者及其所掌握的媒介看成是具有决定性的因素，甚至把新闻工具比做像枪弹一样的"纸弹"，能够把观念、情绪、认识以及动机等诸种因素，利用新闻的形式来"打击"或"射击"受传者；而受传者则被认为是完全消极的、没有任何抵抗力的靶子，只要被新闻传播的"纸弹"打中，他们就会完全被击倒、被征服。所以，"其基本观念是受众的所有成员以一致的方式接受媒介讯息，这种刺激即刻触发直接的反应"（德弗勒语）。这就是著名的"魔弹论"，或者叫做"皮下注射论"，也有将其叫"传送带论"。

从理论的渊源来看，"魔弹论"的产生与当时较为普遍认同的"大众社会"的理论有关。这种理论认为，首先，当代社会由于交通和通讯手段的机械化和现代化，极其广泛和有力地促使人们可以更远距离地以及更为频繁地交流信息，而这就完全打破了传统社会的家庭间和朋友间的那种相对封闭的地域性的亲密联系。于是，在日益紧张激烈的商业竞争和都市生活中，人们越来越趋于非个性化，所以也就往往容易被大众传播中的信息轻而易举地"击中"，并随之而被改变。其次，"魔弹论"还与当时的本能心理学说有一定的关联，这种学说在关于人们对信息的接受方面，主张机械的"刺激—反映"理论。该理论认为，一般人们只要接受了新闻媒体以及其他社会信息的刺激，就必然会有所反应；由于人类的基本人性是大同小异的，所以往往对于相同的媒介信息会做出很雷同的反应。尤其是在这一时期中，无线电广播的诞生，这种更加先进的技术手段，对于信息的传播具有前所未有的逼真性和及时性等特征，这种来自天上的"神"一样的声音，就尤其使得人们感到传播具有"魔弹"的力量。

但是，随着人们对传播现象研究的深入，传播学者们又逐渐认识到，那些能

---

① 也有学者将西方的传播效果研究分为四个阶段：早期强效果论、有限效果论、适度效果论和新强效果论，本书认为有限效果论和适度效果论在本质上是一致的，所以将其归纳为一个阶段.

够印证"魔弹论"的若干事例大都是在特定的社会历史条件下产生的,而其强大的传播效果也只能是在特定范围内和针对特定的具体对象而出现的。"魔弹论"的观点显然过分夸大了大众传播的力量和影响,尤其是忽视了影响传播效果的各种客观的和必要的社会因素,并否认了受众对大众传媒能动的选择和使用能力。于是,人们又开始研究和寻找有关新闻传播效果的新的理论和观点。

(二) 有限效果论阶段

大约在 20 世纪 40 年代,有传播研究学者开始提出传播的"有限效果论"或"适度效果论"。这一理论认为:很多情况下,大众传播工具并不能够直接改变个人的意见、态度或行为,所以,也就不应承担犯罪或其他不良社会现象的直接责任。在许多时候,大众传播只是通过中介因素的联系而对受传者或多或少地起到一些作用,而这些作用也只能是微乎其微甚至是极其有限的。美国学者的一项调查证明了这种理论观点。拉扎斯菲尔德等人对 40 年代美国总统竞选的调查表明:大众传播媒介对选民态度的影响相当微弱,而实际影响更大得多的恰恰是人际之间的接触和面对面的劝说。由此,进一步提出"两级传播论"(后来被发展为"n 级传播论"),即认为传播媒介往往先要被某些称为"意见领袖"的人物所接受,然后,再由他们传递和影响与自己有联系的人们。此外,心理学家霍夫兰还对美国军队中那些刚刚入伍的士兵用电影等大众传播媒介进行训练和宣传的试验,结果表明,这些宣传基本上只局限于传递信息方面,而在改变态度方面收效甚微。

到了 20 世纪 60 年代,美国一些社会心理学家又进一步提出"固执的传播对象"的观点,认为在传播过程中受众并不是完全被动的、消极的"靶子",而是主动的、积极的参与者。面对宣传弹的射击,他们很多时候都不会像"魔弹论"所认为的那样应声倒下。他们不仅能够排斥或抵御"纸弹",甚至还经常对于宣传内容做出另外的以及相反的解释,以至于把接收到的"纸弹"反过来用于自己的目的。因此,大众传播的效能最多只能局限于影响受传者前进或后退的速度,而根本不能改变受传者的认知方向。

与此同时以及稍晚些时候,许多研究者又分别从各自不同的角度对传播效果进行研究。其中,有的提出了"使用与满足说",认为受众使用新闻媒介是为了满足自己的需要,没有受众主动地利用媒介、使用信息,就谈不上传播效果。有的主张"信息寻求"说,认为研究传播效果要以接受者为中心,受众对某一特殊课题的内在兴趣、娱乐价值、选择性接触、多样性需要以及个人性格,都在一定程度上影响到传播效果。也有人主张"设置议题"说,认为新闻媒介的功能在于选择并突出报道某些问题,从而引起公众对这些问题的重视、关注与讨论。还有人主张"文化规范"论,认为通过大众传播,有选择地表现以及突出某种主题,可以逐步形成文化规范的能力,能间接地影响行为①。

这样,原来的"魔弹论"中所体现的"刺激—反应"模式,就基本上被否定,并分别提出了"刺激—社会关系—反应"模式、"刺激—个人差异—反应"以及"刺激—具有亚文化的社会类型—反应"等多种更为复杂和多因素构成的模式②。

(三) 新强效力论阶段

20 世纪七八十年代,西方一些传播学者在对"有限效果论"的批评和反思基础上,又提出了新的理论模式或假说,其研究焦点大都集中于大众传播从综合、长期、宏观的社会效果,并与社会信息化的现实密切结合,从而不同程度地强调传媒影响的有力性。只要遵循大众传播的某些原则和特性,大众传播仍然能够发挥强大的威力。持这种观点的学者中,最有代表性的是德国的伊丽莎白·诺埃尔·纽曼,她在《重归大众传播的强力观》一书中指出,在一般情况下,大众媒介对于舆论具有强大的效力。她提出了大众传播的三个特性:累积性、和谐性和普遍性。这三种特性的结合能够对舆论产生强有力的效果。累积性是指大众传播因不断传递重复信息而产生的累积效果;普遍性是指大众传播面向社会大众而必然影响广泛。她特别发挥了和谐性这一论点,认为和谐性是关于某一文本或问题所造成的统一印象,而这往往是由不同报纸、广播、电视台所共同促成的。这种和谐的效力足以克服受众的选择性的注意力,因为受众除此之外,不能选择任何其他信息③。

伊丽莎白·诺埃尔·纽曼还提出"沉默的螺旋"模式,其基本思想是:大多数个人力图避免因单独持有某些态度和信息而造成的孤立。因此,一个人为了了解哪些观点是占优势的或得到支持的,哪些是不占支配地位的或者是正在失去优势的,便对其周围的意见环境进行观察。如果发现自己的观点属于后者,往往因为感到孤立而不愿将自己的观点表达出来。因而,从宏观上看,个人意见的表明实际上是一个社会心理过程:即当人们在表述自己的观点之际,通过观察周围的意见环境而发现自己属于"多数"和"优势"意见时,倾向于大胆表达自己的观点,反之则迫于环境压力而转向沉默或附和。那么,意见的表明和"沉默"的扩散就形成了一个螺旋式的社会传播过程:一方的"沉默"造成另一方意见的增

---

① 邵培仁,叶亚东. 新闻传播学[M]. 江苏人民出版社,1995:283 - 285.

② 王政挺. 传播、文化与理解[M]. 人民出版社,1998:271.

③ 程世寿,胡继明. 新闻社会学概论[M]. 新华出版社,1997:175 - 176.

势,使"优势"意见呈现出更强大,这反过来又迫使更多的持不同意见者转向"沉默"。如此循环形成"一方越来越大声疾呼,另一方越来越沉默下去的螺旋式过程"。任何"多数意见"、舆论、流行和时尚的形成,背后都存在这样的机制。这就使得占支配地位的或日益得到支持的意见不断得势,而看到这样的趋势并相应地改变自己观点的个人也就越来越多,于是,一方表述而另一方沉默的倾向便形成了一个螺旋过程,这个过程不断把一种意见确立为主要的意见。

在纽曼看来,大众传播通过营造"意见环境"影响和制约舆论,因而舆论的形成不是公众"理性讨论"的结果,而是"意见环境"的压力作用于人们怕孤立的心理,强制人们对"优势意见"采取趋同行动这一非合理过程的产物。社会群体和大众传播是人们判断意见环境(周围意见的分布情况)的主要信息源,而后者影响更大。

20 世纪 80 年代初,美国哥伦比亚大学教授戴维森提出"第三者效果假说"。该假说预言:人们倾向于高估大众媒介对他人认知和行为的影响。具体来说,劝服传播所面对的受众(不论这一传播是否为有意的劝服)会认为这种劝服对他人比对自己有更大的影响;而且,不论是否信息的直接受众,对媒介影响他人的预期将导致自己采取某种行动。

1983 年,戴维森发表《传播的第三者效果》一文中包括两个基本的假说:①知觉假说:人们感到媒介内容对他人的影响大于对自己的影响。②行为假说:作为第三者认知的后果,人们可能采取某些相应的行动,以免他人受媒介内容影响后的行为影响到本人的权益和福利;人们可能支持对媒介内容有所限制,以防止媒介对他人的不良影响[1]。"第三者效果"引入了对他人的认知,对他人的认知又与对舆论环境的认知存在着某种关联。

关于"第三者效果"概念,戴维森经过很长时间的思考和孕育。大约在 1950 年,普林斯顿大学的历史学家 Jeter Isely 在梳理第二世界大战文献时看到一系列材料,激发了他的研究兴趣。他向身为社会学家的戴维森描述了他的发现:"在太平洋的硫磺岛上有支黑人部队,长官是白人。日本人获悉该部队所在地,派直升机发放传单。传单强调这样的主题:这是日本人和白人之间的战争。日本人与黑人并无恩怨,其意思是:'不要为白人卖命。一有机会就投降,或者逃跑。'第二天,这支部队就撤离了。"该历史学家之所以对此事感兴趣,是因为他根本找不到证据,证明这些传单对部队产生了影响,但问题是,它的确对白人军官产生了影响。戴维森的设想是,或许白人军官有负罪感。但他隐隐觉得,似乎还

---

[1] Davison, W. P., The third-person effect in communication, *Public Opinion Quarterly*, Vol. 47, 1983, pp. 1~15.

存在其他原因。在几年后的一项有关媒体作用的研究中,戴维森问记者,他们认为报纸社论对读者的想法有何影响。记者的回答常常是:"社论对你我这样的人没多大影响,但是普通读者受的影响通常更大。"由于无法找到证据证明这一判断,戴维森没有深入研究下去。但是,这一问题在他脑中挥之不去:许多记者认为,社论对他人的态度影响很大,对他们自己却没什么影响。不久后,在全国大选的地区选举中,戴维森为他喜欢的候选人的组织担任志愿者。选举前两天,他的信箱里出现了支持另一位参选者的宣传册。该宣传册制作精美,戴维森认为它无疑会拉到很多选票,因此他必须采取对策。戴维森很快弄来了他支持的党派的众多政治宣传材料,挨家挨户发放。选举后进行的分析却表明,这两份宣传材料对选民没有多大影响。戴维森开始思考,他何以认为另一位竞选者的宣传册会如此有效?

思考的结果是他提出了"第三者效果假说"。至于"第三者"的命名,乃是从由两种不同的立场来看的:从那些试图评价传播效果的受众来看,最大的影响不是对"你"和"我",而是对"他们"——第三者;从宣传者或其他劝服传播者来看,"第三者"是对直接接受信息的受众很关心的人。由此戴维森推测,日本军队发放宣传单的目的可能是要影响白人军官,使他们从岛上撤军。正如汉语里所说的:"相庄舞剑,意在沛公。"戴维森设计了一系列实验来验证第三者效果假说。第一次实验于1978年在哥伦比亚大学进行,他让该校大众传播学专业的学生回答竞选宣传对纽约人和他们自己的投票意向有何影响;第二次是1981年进行的有关大众媒介与社会化的一个小型民意测验,戴维森让被试评估电视广告对其他儿童和对他们自己小时候的影响;第三次实验针对的是1980年的总统竞选之前举行的首轮选举,戴维森让被试评估媒介对自己和他人的投票意向的影响;在第四次实验中,被试需评估对里根即将采取"强硬政策"的指责会对自己和他人的投票意向产生怎样的影响。四次实验的结果表明:人们倾向于认为其他人更容易受到劝服性媒介信息的影响。此外,戴维森在1981年秋和1982年春又进行了两个实验,其结果和前面几个实验的结果相似。通过实验说明,第三者效果的确存在。

第二节　传播效果的体现

本节简明扼要地对传播效果研究中的一些经典理论作一介绍,帮助大家了解效果研究的概貌。

一、议程设置理论(the agenda-setting function)

(一) 议程设置的形成

1968 年美国总统选举期间,麦库姆斯和肖在 Chapel Hill 就选举报道对选民影响做了一项调查研究。研究主要由两部分组成:一是对选民进行抽样调查,了解他们对当前美国社会的主要课题及其重要性程度的认识和判断;二是对 8 家媒体同期政治报道进行内容分析。研究结果表明,对两者的调查结果进行比较的过程中,马库姆斯和肖发现,在选民对当前重要问题的判断与大众传媒反复报道和强调的问题之间,存在着一种高度的对应关系。也就是说,大众传媒给予的关注越多,公众对该问题的重视程度也越高。根据这种高度的对应关系,麦库姆斯和肖认为,大众传播具有一种为公众设置"议事日程"的功能,传媒的新闻报道和信息活动以赋予各种"议题"不同程度的显著性方式,影响着人们对周围世界的大事及其重要性的判断。

议程设置理论的形成的有一个积累的过程。李普曼《舆论学》(1922)中提出"新闻媒介影响我们头脑中的图象",即大众传媒创造了我们关于世界的图象;伯纳德·科恩在《报纸与外交政策》(1963)一书中也认为"多数的时候,报界在告诉人们怎么想时可能并不成功;但它在告诉它的读者该想什么时,却是惊人的成功。"这些思想为议程设置理论的提出提供了成为早期议程设置思想的经典表述。

(二) 议程设置的内容

1. 确认媒介议程和受众议程之间的因果关系

初期的只是显示了媒介议程和受众议程之间高度相关,尚未证明两者之间的因果联系。1973 年冯克豪瑟对美国三大周刊(《时代周刊》《新闻周刊》《美国周刊》)20 世纪 60 年代 10 年越战报道进行内容分析来体现媒介的越战议程,以美军人数变化作为越战实际进程的现实指标,将两者与同期受众对越战的关注程度相比较。研究结果表明,媒介的越战报道在 1966 年达到高峰,受众对越战的关注程度也随之在 1966 年达到高点;而美国派兵人数最多的 1968 年,越战在每天议程中的显著度和受众的关注度都有了大幅度的下降。这可以说是媒介议程影响受众议程的一个典型事例。

2. 议程设置功能的作业趋于明确化

从一系列研究实证看,学者们主要从三种机制上考查大众传播的议程设置功能：①"0/1"效果或"知觉模式"：大众传媒报道或不报道某个议题，会影响到公众对该议题的感知；②"0/1/2"效果或"显著性模式"：媒介对少数议题的突出强调会引起公众对这些议题的突出重视；③"0/1/2…N"效果或"优先顺序模式"：传媒对一系列议题按照一定的优先顺序所给予的不同程度的报道，会影响公众对这些议题的重要性顺序所做的判断。一般认为，大众传媒主要通过这三种机制来设置议程的，而且从感知到重视再到为一系列议题按其重要程度排出优先顺序，是一个影响和效果依次累积的过程，越积累效果、影响也越深刻。

3. 从受众角度考察媒介议程设置效果产生的原因和条件

目前议程设置研究已经涉及所谓的议程设置的第二层，即进一步研究媒介议程对时间属性和受众归因的影响。也就是说，不仅研究受众的认知，而且开始研究受众对议程的价值判断，有的研究者用框架这一概念来区分这一研究与传统议程设置理论的区别。

(三) 议程设置的成果

从媒介方面看，议程设置的方式和功能，有三个层次或模式：认知模式——媒介对某个问题的强调，使受众不可回避地认知其存在；凸显模式——媒介对某个问题的反复强调，使受众不但认知而且认同其重要性；序列模式——媒介提示复数问题时，使受众根据媒介强调程度的不同，形成对这些问题的重要性序列的认识。

从受众方面看，议题的内容和性质，也可以分为三种类型：个人议题：被受者个人重视；人际议题：在小范围人际关系中受到重视；公共议题：在整个社会或社区中受到重视。

就媒介和议题的关系而言，可发现如下特点：现代社会中，各种媒介议题之间的相关性很高，由此经常造成立体化效果；相对来说，报纸的序列功能较强，对受众个人议题影响较大，电视的凸显功能较强，对受众的人际议题影响较大（尚待检验）。

就制约媒介议程设置效果的中介变项而言，主要为：议题的类型——是受众个人能直接体验的问题；受众的特性——媒介接触量、人际传播频率、信息需求量以及人口统计特征。

(四) 议程设置的发展

第一阶段：基本假设及其验证。模仿最初的查佩尔希尔研究、夏洛特研究,建议基本的议程设置假设:新闻报道的方式影响公众对当时重要议题的感觉。

第二阶段:为议程设置寻求心理方面的解释。把媒介效果研究与使用满足理论结合起来,研究的问题由什么是媒介议程对公众议程的效果,变成了为什么某些选民比其他选民更乐于接触特定的大众传播媒介的信息。

第三阶段:扩展的议程研究。超越了传统的事件性议题,研究者将议程设置研究的领域扩展到其他主要政治因素(如竞选者形象和选民对竞选的兴趣),以及分辨各种不同议程之间的区别。

第四阶段:研究谁来设置议程。将新闻议程由自变量转变为因变量,研究的问题由是谁设置了公众议程转变为是谁设置了新闻议程。研究者集中研究了新闻记者和编辑充当把关人的作用。

(五) 议程设置的评价

传播效果分为认知、态度和行动三个层面,这些层面同时也是一个完整意义上的效果形成过程的不同阶段。议程设置功能假说的着眼点是这个过程的最初阶段,及认知层面的效果。着眼于作为整体的大众传播较长时间跨度的一系列报道活动所产生的中长期的、综合的、宏观的社会效果,而不是某家媒体的某次报道活动产生的短期效果。它暗示了这样一种媒介观:传播媒介是从事"环境再构成作业"的机构,即传播媒介对外部世界的报道不是镜子式的反映,而是一种有目的的取舍活动。

在议程设置理论提出前,主要从个人态度改变的意义上去考察传播效果,并且不恰当地得出大众传播的影响和效果"无力"或"有限"的结论。议程设置理论从考察大众传播在人们的环境认知过程中的作用,重新揭示了大众传媒的有力影响,为效果研究摆脱有限论的束缚起到了重要作用。议程设置理论所包含的传播媒介是从事环境再构成作业的机构的观点把西方主流传播学长期以来力图回避的一个问题,即大众传播过程背后的控制问题重新摆在了人们面前。该理论的不足之处在于只强调传播媒介设置或形成社会议题的一面,而没有涉及反映社会议题的另一面。

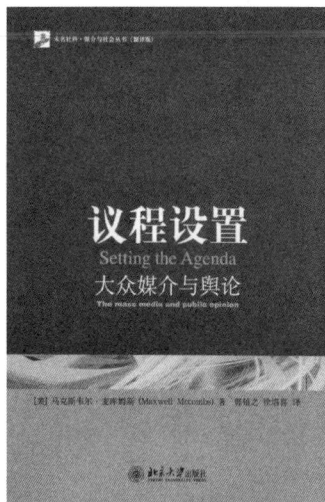

图 10 - 1 麦库姆斯:《议程设置》,北京大学出版社 2008 年版

二、培养(涵化)理论

培养理论(又称涵化理论)由美国宾州大学著名教授 J. 格伯纳创立,是他与其合作者自 1969 年开始实施的名为"文化指标"的大型研究项目的核心部分。自 20 世纪 60 年代后期以来,该理论主导了大众传播研究的一个重要方面,即大众媒介(主要是电视)如何影响受众有关社会现实的观念。

(一) 培养(涵化)理论的提出

20 世纪 60 年代后期,美国社会的暴力和犯罪问题十分严重,美国政府专门成立了一个"暴力起因与防范委员会"来研究解决这些问题的对策。格柏纳主持的"培养分析"就是在该委员会的支持和赞助下开始的。除了上述社会背景,培养理论的提出还有很深的学术背景,具体而言主要包括以下两个方面:

一是李普曼关于三种现实的论述。李普曼提出的三种环境(三种现实):现实环境,即客观存在的社会现实;媒介环境,即大众媒介所反映的符号现实;主观环境,即受众主观理解和阐释的观念现实。

二是文化指标研究(cultural index studies)的相关成果。当时美国社会正处于暴力和犯罪问题非常严重的年代,格伯纳等人在美国政府专门成立的"暴力起因与防范委员会"的支持和赞助下进行相关研究。他们认为社会生活和社会结构的现状及其变化,可通过一组具体指标精确并系统地反映出来,采用量化分析的方法来验证自己的假设。

(1) 研究的内容。①制度分析,其主要目的是分析大众传播的信息产生、传达和消费过程中的各种制度性压力和制约因素,揭示大众传播内容的特定倾向性形成的原因。②信息系统分析(message system analysis),其目的在于揭示媒介讯息系统的整体倾向性。③培养分析,其目的是观察大众传播的特定倾向所造成的社会后果。

(2) 研究的结果。当时许多学者把电视的暴力内容同现实社会中不断增多的暴力行为联系起来,试图探寻暴力电视节目对观众的影响。格伯纳等人最终并没有发现电视节目中充斥的暴力内容增大了人们对现实社会环境危险程度的判断,而且电视媒介接触量越大,这种社会不安全感越强。

(二) 培养(涵化)理论的内容

张国良教授《传播学原理》一书将培养理论的内容归纳为三个方面:电视观

众有关社会现实的观念,更接近于电视所表达的符号现实,而非客观现实;电视反映了占主导地位的文化和社会价值观念;这一倾向在收看电视时间较多的人中,要比在收看电视时间较少的人中更为明显,即人们看电视的时间越多,他们对社会现实的观念就越反映他们所收看的电视内容。

郭庆光教授《传播学教程》一书认为培养理论是以一定的社会观和传播观为出发点,它的基本观点是:社会要作为一个统一的整体存在和发展下去,就需要社会成员对该社会有一种"共识",也就是对客观存在的事物、重要的事物以及社会的各种事物、各个部分及其相互关系要有大体一致或接近的认识。只有在这个基础上,人们的认识、判断和行为才会有共同的基准,社会生活才能实现协调。在传统社会,这一功能是由教育和宗教来承担的,而现代社会则由大众传播承担。

(三)培养(涵化)理论的发展与意义

培养理论的发展主要体现在两个方面:一是主流化过程,指多看电视使人们对"真实"世界的看法趋于一致。二是共振(一译共鸣)过程,指电视中的世界与真实世界的重合,引发"共振"并大大加强了"培养"的效力。从本质上来说,后一过程属于一种互动效果。

培养理论在很多方面都不同于先前的"有限效果"理论:一方面,它关注的是长期的、累积的传播效果,强调受众的无选择性,从而突出了大众媒介的强大影响力;另一方面,自该理论提出以来,它已经从视野狭窄的暴力效果的检验,转向了更加复杂、精细的方向。

三、知沟理论

20世纪60年代,美国要求实现教育机会平等的呼声不断高涨。在此背景下,美国政府推出了一个补充教育机会,试图通过大众传播和其他手段来改善贫困儿童的受教育条件,其中一个重要项目就是开播《芝麻街》栏目,利用普及率已经很高的电视媒介来消除贫富儿童受教育机会的不平等。当时人们普遍认为传播媒介的普及可以改善知识传播和教育的条件,其结果将带来整个社会文化水平的提高,并有助于缩小社会各阶层和群体之间的差距,扩大社会平等。知沟理论建立在对这种认识的怀疑基础上。

(一)知沟理论的定义

1970年,美国明尼苏达大学第契纳、多诺霍和奥里恩三位学者在一系列实证研究的基础上,发表了题为《大众传播的流动和知识差别的增长》的论文,首次提出了知沟理论:当大众媒介信息在一个社会系统中的流通不断增加时,社会经济地位高的人将比社会经济地位低的人以更快速度获取信息,这两类人之间的知沟将呈现扩大而非缩小之势。

知沟理论并不否定随着大众传播信息量的增加,社会各阶层的知识水平都将得到提升,它只是强调由于社会经济地位高的人获得信息和知识的速度大大快于后者,随着时间的推移,最终结果是两者之间的"知沟"不断变宽,差距不断扩大。

(二)知沟产生的原因

(1)接受传播技能的差异。获得关于公共事务和科学的知识,需要一定程度的阅读和理解能力。

(2)知识储备的差异。知识存储越多,对新事物、新知识的理解和掌握越快。

(3)社会交往范围的差异。社交范围越广,人际交流越活跃,获得知识的过程越能加速。

(4)信息的选择性接触、理解和记忆的因素。生活的水准、层次与媒介的内容越接近,对媒介的接触和利用程度越高。

(5)大众传播媒介本身的特性。传播有一定深度的关于公共事务和科学知识的媒介主要是印刷媒介,其受众主要集中于高学历阶层。

总之无论哪一方面,社会地位高的阶层都处于有利的状况,这是造成知沟不断扩大的主要原因。

(三)知沟理论的意义

有关信息流通与知识分配不均衡现象的发现,在大众传播研究中早已有之,知沟理论的创建意义在于,它对以往大众传播功能与媒介效果进行了深刻的反思。

现代化传播工具在信息大众化、均衡化的流通中,使人产生了信息(知识)平等分配的假象,但人们没有看到,社会分层形成的区隔实际上对媒介知识的平等分配制造了障碍。从不平等的社会结构(如群体的社会地位分化)看,媒体其实不是缩小而是加大了社会不平等关系,而且传播格局中的这种不平等现象,有可能加剧社会冲突与社会矛盾。

（四）知沟理论的修正

知沟理论的提出，引起了学者与决策者的普遍重视。20 世纪 70 年代以来，相关的实证研究对大众传播中的知沟现象有许多考察。通过研究发现，知沟并不是一种恒态，有的调查中，并没有发现因受众地位差异而呈现知沟，有个别研究甚至发现了反知沟，即社会地位低的群体所获得的知识反而比社会地位高的群体多。70 年代末，艾特玛等对知沟理论的修正，提出了上限效果理论。

1. 上限效果的含义

上限效果（ceiling effect）由 J. S. 艾蒂玛和 F. G. 克莱因于 1977 年提出，这个假说的观点是：个人对于特定知识的追求并非没有止境，在达到某一上限（饱和点）以后，致使量的增加就会减速乃至停顿下来。社会经济地位高的人获得知识的速度快，其上限到来的也早；社会经济地位低的人尽管知识增加的速度慢，但随着时间的推移，最终也可能在上限赶上前者。

2. 艾特玛等人对知沟假设的修正

当社会系统中的大众媒介信息流通日益增加时，有动机获得信息和（或）认为信息对他们有用的那部分人相比那些没有动机或（和）认为信息对他们没用的那部分人，将以更快的速度获取这些信息，或者两部分人的知识差距因此呈扩大而非缩小趋势。

3. 艾特玛等人研究的意义

此后的知沟研究，对一系列个体层面的知沟进行了考察，所有这些知沟都与个体寻求信息过程中的动机有关。此后，知沟假设分为两个方面：①关于社会中的总信息量在社会各阶级（层）之间的分配；②关于特别的问题或论题，在这些问题或论题上，一些人比另一些人更有知识。

四、沉默螺旋理论

1965 年联邦德国选举中出现了"雪崩现象"。德国女学者诺依曼对此展开了深入研究，并于 1973 年在《回归大众传播强大效果观》一文中提出了沉默的螺旋理论，宣称大众传播媒介在影响大众意见方面仍能产生强大的效果。1984 年她又出版了《沉默的螺旋：舆论——我们社会的皮肤》一书，深入、系统地阐述了这一理论。

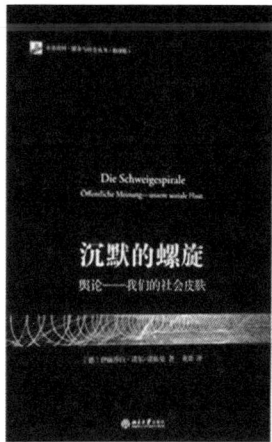

图 10 - 2　诺依曼：《沉默的螺旋》，北京大学出版社 2013 年版

(一) 沉默螺旋的含义

诺依曼通过沉默的螺旋理论,重新提示了一种强有力的大众传播观。这一理论包括了以下几个要点:①舆论的形成是大众传播、人际传播和人们对"意见环境"认知心理的三者相互作用的结果;②经大众传媒强调提示的意见由于公开性和传播的广泛性,容易被当作多数或优势意见所认知;③这种环境认知所带来的压力或安全感,会引起人际接触中的劣势意见的沉默和优势意见的大声疾呼的螺旋式扩展过程,并导致社会生活中占压倒优势的"多数意见",即舆论的诞生。

(二) 沉默螺旋的内容

(1) 个人的意见表明是一个社会心理过程。作为一种社会动物,总是力图从周围环境中寻求支持,避免陷入孤立状态,这是人类的社会天性。因此,个人在表明意见前先要对周围的意见环境进行观察,当发现自己属于多数或优势意见时,便倾向于积极大胆地表明自己的观点;当发现自己属于少数或劣势意见时,一般人就会屈服环境压力而转向沉默或附和。

(2) 意见的表明和扩散是一个螺旋式的社会传播过程。一方面沉默会造成另一方意见的增势,使优势意见显得更加强大;这种强大反过来迫使更多的持不同意见者转向沉默,如此循环,便形成了一个螺旋。社会生活中的舆论一边倒或关键时刻的雪崩现象就是沉默螺旋机制作用的结果。

(3) 大众传播通过营造"意见环境"来影响和制约舆论。

(三) 沉默螺旋的意义

(1) 它把对舆论形成的过程的考查从现象论的描述引向了社会心理分析领域,强调了社会心理机制在这个过程中的作用,这正是传统的舆论学所忽略的一个重要方面;

(2) 它强调了大众传播对舆论的强大影响,并正确地指出这种影响来自于大众传播营造"意见环境"的巨大能力。假说中对传播媒介"赋予地位"功能、大众传播的公开性和普遍性、报道内容的类似性和累积性以及由此带来的"选择性接触"的复杂性所作的分析,对重新评价大众传播的影响和效果具有重要意义。

(3) 与议程设置、培养理论等相比,它提示的大众传播效果更为强大,正如纽曼索宣称的,表明回归大众传播强大效果观。

(4) 沉默螺旋理论作为强大效果观与第一阶段强效果论的不同点:一方

面,它仅仅指出了"舆论一律"现象产生的可能性依然存在,即媒介要产生强大效果是有条件的;另一方面,它细致分析了各种条件,如言论的垄断化、从众心理的形成机制等,由于它建立在一系列实证研究的基础上,因此,更趋于精细与深入。

(四) 沉默螺旋的局限

(1)"对社会孤立的恐惧"是一个受条件限制的变量。沉默的螺旋理论提出以后,人们对这一理论的普适性存在疑问,争议的焦点主要集中在这个假说的理论前提上。沉默的螺旋理论的重要前提之一是个人对社会孤立的恐惧,以及由这种恐惧所产生的对多数或优势意见的趋同行为。这种趋同行为发生的概率受到两个重要条件的制约:一是有没有来自他人尤其是来自所属群体的支持,如果当场有一人支持,趋同行为的概率便会大大降低;二是个人对自己的见解或信念的确信程度。实验心理学证明,对自己的观点确信度低的人,往往会通过寻求与他人的类似观点来加强自己的信念,而且必将容易接受多数派的影响,而确信度高的人则具有较强的独立性。

(2)多数意见的压力受问题的类型和性质的影响。总体来说,在有关社会道德、行为规范的争议上,多数意见可以产生巨大的社会压力,而在一些技术性、程序性的问题上,这种压力未必有效。同时,争议问题与自己是否有直接的利害关系,也是决定人们对多数意见或服从或抵制的重要因素之一。

(3)多数意见社会压力的强弱受到社会传统、文化以及社会发展阶段的制约。通常在单一民族国家和传统、保守的社会里,在社会秩序、价值的安定时期,多数意见的压力通常是强大的;在多民族国家、开放型社会以及社会秩序或价值的变动时期,多数意见未必能左右人们的行为。

五、第三人效果理论

第三人效果理论和实证揭示了这样一种现象:在判断大众传播的影响,特别是负面影响的时候,人们常常会认为这些信息对"我"或"你"未必起多大作用,但是会对"他人"产生很大的影响。第三人效果理论实际上考察的是人们对大众传播影响力的一种普遍的认知倾向。

(一) 第三人效果理论的含义

第三人效果(the third-person effect)是美国哥伦比亚大学 W. P. 戴维森于

1983 年在《公共舆论季刊》上发表的《传播中的第三人效果》一文中提出的一种考察人们对大众传播影响力认知的理论。他在文章中提出：人们在判断大众传播的影响力时存在着一种普遍的感知定势（perceptual bias），即倾向于认为大众媒介的信息（尤其是说服性信息或宣传性信息、负面信息）对"我"或"你"未必有多大影响，然而会对"他"人产生不可估量的影响。由于这种感知定势的作用，大众传播的影响和效果，通常不是在传媒指向的表面受众（ostensible audience）中直接发生的，而是通过与他们相关的第三人（the third person）的反应行为实现的。戴维森把这种现象或这种影响称为第三人效果。

（二）第三人效果理论的依据

人们为什么会有夸大媒介信息（特别是负面信息）对他人影响的倾向？心理学中关于"自我强化"（self-enhancement，另译自我膨胀）理论，可以对此做出某种程度的解释。

自我强化理论的内容：对自己盲目乐观（unrealistic optimism），与他人相比，自己遭遇不幸的概率较低，或者觉得自己不太容易接受负面实践的影响；虚幻的优越感（illusory superiority），每个人都容易认为自己很优秀，习惯于用正面方式评价自己；自我服务式归因（self-serving attribution），即在好事面前容易夸大自己的作用，在坏事面前则推诿责任。

"自我强化"虽然揭示了人性中很尴尬的一面，但它有着强化个人的自尊和自我价值的功能，并影响着人的言行。自我强化理论对第三人效果的解释：人都有高估自己的强项，在大众传播面前认为自己更有主见，对媒体影响更有抵抗力，更不容易接受负面信息的影响。

（三）第三人效果的变量

（1）信息的性质。评估负面信息的影响时，倾向于认为该信息对别人影响大，容易产生第三人效果；评估正面信息的影响时，倾向于认为该信息对自己影响大。对于这种现象，有学者称为第一人效果或反转的第三人效果。

（2）信源的性质。信源的可信度：围绕低可信度信源提供的信息，更容易产生第三人效果；信源的说法动机强弱程度：越是说服或宣传色彩强烈的信息，越容易引发第三人效果。

（3）社会距离。社会距离（social distance）即人们感觉与他人的远近亲疏的社会关系或联系的密切程度。在日常生活中，我们常把社会距离表述为"圈内"

或"圈外"。人们倾向于认为信息对与自己社会距离大的人影响较大；对自己比较熟悉的人或群体影响相对较小。

（4）个人因素。比如：①年龄：年龄越大越容易出现第三人效果。②学历：学历越高的人越容易认为媒介对他人的影响大于对自己的影响。③预存立场（predispositions）：媒介与自己观点不一致时，会高估对其他人的影响力；媒介与自己观点一致时，则会觉得对自己影响很大，出现反转的第三人效果。④自我关联（ego-involvement）程度：与媒介所涉及的问题关系越密切，越倾向于认为他人会受影响。⑤对相关信息的专业感（perceived self expertise）：对媒介信息涉及的问题，当一个人越觉得自己是内行或专家，越容易出现第三人效果。

（四）第三人效果理论的拓展

1. 检验第三人效果理论的适用范围，即研究影响"第三人效果"强度的主要因素

（1）受众对信息来源特征的认识。信息来源对信息主题有负面偏见时，第三人效果的认识较强，被试或访问者觉察信息来源有说服动机时，也有较强的第三人效果认知。

（2）受众对信息内容特性的认知。人们认为接受信息对自己有利时，第三人认知强度减弱，反之认知强度增强；信息被认为缺乏逻辑说服力时，认为它对别人的影响大于自己，反之则认为信息对别人与对自己的影响差不多，甚至对自己的影响更大。

（3）受众个人特质，包括心理特质和社会背景。心理特质主要包括个人对信息的摄入感（involvement）、自认对信息的了解程度（perceived self-expertise）；社会背景主要包括预存立场、年龄、文化程度、社会价值观等。

2. 探讨第三人效果的起因或生成机制

观点一：媒介负面报道过多。戴维森认为，第三人效果的原因是因为人们认为媒介有偏见、负面报道太多，容易影响他人，并高估自己、低估别人。

观点二：对媒介效果的认知模式说。帕洛夫认为，第三人效果源自于"对媒介效果的认知基模"（media effects schemas）。即在人们有关媒介影响力的信念汇总，或许认为大众媒介的内容能对一般人产生强烈的影响，特别是对生动活泼、容易让人留下深刻印象的鲜明讯息。许多人相信，这类信息有可能明显地影响受众对信息主题的态度，同时认为，一般受众并不是很有主见，容易被媒介说服，因此，就高估了媒介对别人的影响。

观点三：认知或动机因素说。有的学者认为第三人效果可能是由于认知的（cognitive）或动机的（motivational）因素所造成。

3. 越来越关注第三人效果理论的效果（行为）问题

第三人效果理论包含两层意思，以往研究大都关系第一层，即感受、认知方面的问题，并在不同领域的大龄研究成果中加以验证和发展。近年来研究的注意力，越来越多地转向第二层，即效果（行为）问题。这些研究预言：作为第三人认知结构，人们将支持信息限制。

六、框架理论

框架理论自 20 世纪 80 年代兴起，是目前传播效果研究中最为重要的传播理论之一，其主要倡导者包括加姆桑、恩特曼、艾英戈等。

（一）框架的含义

戈夫曼将框架作为阐释个人认知框架，从心理学"基模"中引入，应用于传播情景。他认为人们通过已有的认知结构，从一套框架转到另一套框架来建构社会真实，并指出框架一方面源自过去的经验，另一方面受到社会文化意识的影响。

而加姆桑则认为框架的定义大致可以分为两类：一是指界限（boundary，如摄像机的镜头），可以引申为对社会事件的规范，人们借以观察客观现实，凡纳入框架的实景，都成为人们认知世界中的一部分；二是指用以诠释社会现象的架构（building frame），人们用此来解释、转述或评议外在世界的活动，具有负面效果。总之，框架一方面具有建构客观现实的意义，是一种"再现"的过程；另一方面也是人们思考的依据，借以联系外在世界。

甘姆森进一步把框架分为两个层次，一是指界限，代表了取材的范围；二是指架构，人们以此来解释外在世界。

（二）框架的分类

（1）按主体可以分为个人框架和组织框架。个人框架是指我们每个人在关于存在、发生和意义这些问题上进行持续不断的选择、强调和表现时所使用的准则；组织框架是指一个组织信息处理的认知结构或定型准则，根据这种认知结构或定型准则对信息的处理结果，体现出一个组织对该信息性质的判断以及其动机、立场、倾向和态度。

（2）按研究对象可以分为媒介框架和新闻框架等。媒介框架是指媒介机构信息处理的组织框架，它适用于多种类型的媒介信息生成和传播过程的研究；当媒介框架应用于新闻的选择、加工、新闻文本和意义的建构过程的研究时，就称为新闻框架。

（三）框架的作用

框架一方面具有建构客观现实的意义，是一种"再现"的过程；另一方面它也是人们思考的依据，借以联系外在世界。框架既有协助人们思考或整理信息的证明意义，又可能成为人们意识形态或刻板印象的主要来源。

（四）框架理论内容

1955 年人类学家 G. 贝特森发表《一项关于玩耍和幻想的理论》一文，首次提出框架概念①。1974 年 E. 戈夫曼出版的《框架分析》一书，将框架一词引入文化社会学研究领域，后又引入大众传播研究中。

根据契夫勒的观点，完整的效果意义上的框架理论至少包括了四个方面：框架建构，研究媒介框架的影响因素；框架设定，研究媒介框架对受众框架的影响；个人层面的框架效果，研究受众框架对受众归因、态度、行为等的影响；作为新闻记者，研究受众框架对媒介框架的反作用。

（五）与议程设置关系

框架理论与议程设置理论一样，主要关注新闻信息中公共政策问题、投票者的思想与行为问题，两者有一定的关联。对于两者的关系，主要有以下两种观点：

观点一：框架理论是对议程设置理论的继承与发展，并对两者进行了整合。以麦克姆斯等为代表，他们认为，议程设置理论包含两个层次：一是媒介强调的议题，与公众对此议题重要性的认知显著相关，即传统的议程设置理论；二是媒介强调的议题的属性或思考角度影响受众的选择，即框架理论。因此，框架理论是以议程设置理论扩展的新理论领域，并对两者进行了整合。

观点二：框架理论与议程设置之间虽有联系，但并不紧密。以斯契夫勒等为代表，虽然框架理论和议程设置理论的某些方面可互为补充、互相启发，但不

---

① Bateson, G. (1955), "A Theory of Play and Fantasy", *Psychiatric Research Reports*，Ⅱ，pp39 - 51.

能将两者视为理论的先后发展阶段,主要是因为:理论前提不一样,吸收不同的背景知识,采用不同的研究设计。

第三节　追求新闻传播的最佳效果

取得新闻传播的最佳效果乃是全部新闻传播活动的最终目的和根本归宿。而新闻传播效果又显然存在着高低、好坏以及正反方面的区别。那么,如何尽量优化新闻传播效果,以及如何更大面积和幅度地提高新闻传播效果?无疑是新闻传播研究的极为重要的课题。美国芝加哥大学社会学家温·卡特赖特曾提出信息接受效果的四原则,即:一是信息引人注目;二是受传者接受信息后有可能采取行动;三是信息有明确的目标;四是达到目标的途径简便、具体、直接。传播学家韦尔伯·施拉姆对此做出肯定的评价,但认为还要加上一条,即重视环境和社会因素对受传者的影响[①]。

从定义和内涵上说,传播效果是一个极其丰富的概念。无论是西方还是中国,学者对此有很多不同的界定和解析。但是一个无可置疑的共识是,提高传播效果是一切新闻传播活动的最终目标和根本归宿。效果研究中的议题设置理论认为,没有进入媒体议题设置议程的事件,对于绝大多数受众而言,相当于是不存在的。按照这种观点,可以说没有效果的传播也相当于是不存在的。正因如此,如何提高新闻传播效果一直以来都是全世界尤其是传媒高度发达的西方国家最热门的研究方向之一。我国学者经过多年的努力,也逐渐形成了一套自己的体系。

一、影响新闻传播效果的主要因素

按照传播学的观点,传播是传受信息的过程。传播过程的开展离不开传者、受者、信息、媒介四大要素。因此,影响新闻传播效果的主要因素也应该从传播的流程和结构中去寻找。

对于传播结构的研究,德国学者 G. 马莱茨克模式被认为是最为详细而充实的,在学术界享有"研究线路图"的美誉。该模式细致地表现了新闻传播过程中各个要素的作用以及相互之间的互动和影响,如图 6-1 所示。

---

① 邵培仁,叶亚东. 新闻传播学[M]. 江苏人民出版社,1995:294.

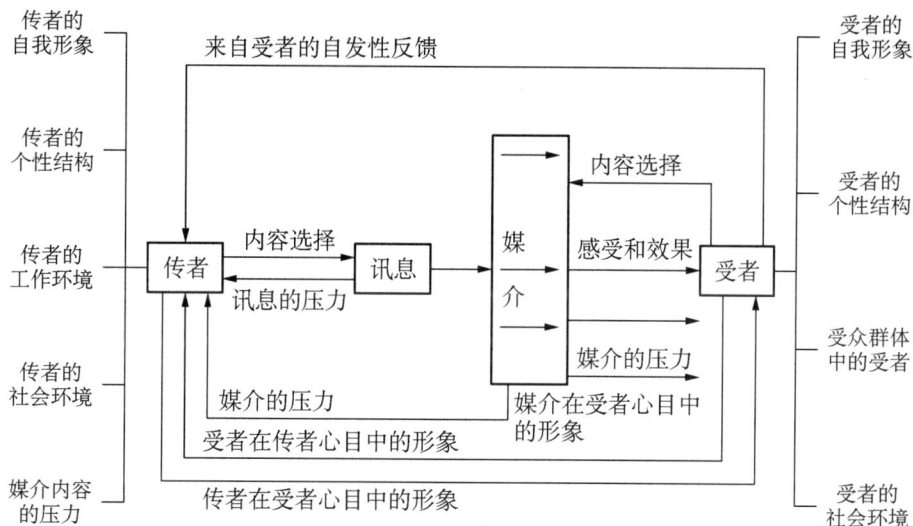

图 10-3　马莱茨克传播模式

从图 10-3 中可以看出，新闻传播是一个动态的系统，其中各种因素不但受到自身和社会因素的影响，同时各因素之间也存在着制约关系，而这种种因素都会最终影响到新闻传播的效果。具体来说，主要有传者因素、讯息因素、媒介因素和受者因素。具体内容见本章第一节"（三）传播效果影响因素"。

二、动态多层面地提高新闻传播效果

由于一切新闻传播都是传者、讯息、媒介和受者四个方面互动的过程，因此，从总体上来说，要提高新闻传播效果就应该从这四个方面去做努力。具体而言，大致可以包括提高传播者的声誉、重视受众、改进传播的内容形式、改进劝服的方法，等等。

但是，从实际的传播过程来看，对于媒体和社会而言，提高新闻传播效果又主要包括提高单个新闻或节目的社会效果和提高新闻事业对整个社会引导的有效性有两个层面。尽管后者在某种程度上是建立在前者的基础上，但是两者之间仍有着很大区别。前者是将新闻作为众多的单位个体，涉及的主体主要是新闻传播机构和其目标受众。我们可以将这一层面称为微观层面。日常传播中常常提到提高新闻传播的效果，主要是指该层面的含义。而后者将新闻作为一个与其他事业相对应的整体，其效果评价主要是面对整个社会的影响而言。我们可以将这一层面称为宏观层面。

如果说微观与宏观之区别主要是从横向上观察新闻传播的结果,那么,从纵向上看,由于新闻传播是一个动态的发展过程,因此提高新闻传播的效果也必然是一个动态的过程。由此,我们有必要动态地多层面地来把握提高新闻传播效果的方法。

(一) 微观层面: 提高单个新闻或节目的社会效果

1. 加强策划和预测

策划,通俗地讲,是遵循新闻传播规律对新闻报道的展开或节目播出所做的有创意的规划和设计,包括确定选题、报道规模、报道形式、实施方法、节目播出的程序、可能遇到的问题及其解决方法、节目播出各阶段的应对措施,等等。所谓预测,在这里主要是指对新闻报道和节目播出后社会效果的大致估测,这种估测的结果可以为策划提供指导。策划和预测相结合,能大大提高对新闻和节目效果的控制力,从而使其社会效果按照预期的方向发展。

在一些重大新闻事件报道中,策划和预测十分重要。2014 年南水北调中线一期工程经过 10 年的艰苦施工终于通水。全国媒体云集湖北随即掀起了一场新闻宣传大战。《湖北日报》整合力量,抽调骨干记者组成报道团队,集团社长邹贤启、总编辑蔡华东也先后深入到水源区十堰和丹江库区进行现场调研。在经过前期的进行准备和系统策划后,《湖北日报》于 10 月 23 日正式推出大型系列报道《汉水北上》,在之后的两个月时间内共刊发 23 期、36 个版面。这组气势磅

图 10-4 《湖北日报》2014 年 10 月 21 日第六七版

础的报道引起了强烈的社会反响,读者、专家好评如潮,也得到了宣传主管部门的肯定,中宣部新闻局 2014 年 12 月 29 日第 370 期《新闻阅评》专题介绍了这组报道,给予了高度赞扬。十堰市委、市政府专程给《湖北日报》传媒集团送去感谢信,代表水源地人们向"汉水北上"报道组报道感谢和敬意。假如没有前期的认真策划和预测,这组长达两个月的大型报道不可能进行得如此井井有条、层次分明,不可能产生这么强的社会效果①。

值得注意的是,策划和预测并不仅仅限于新闻传播的前期,而应该贯彻在整个新闻传播过程中,即随时根据实际情况对新闻报道和节目播出进行下一步的策划和预测,保证整个传播过程都在可掌控的范围内。

2. 提高有效信息量,注重信息的梯度开发和组合开发

扩大信息量既是受众的客观需要,也是传媒机构竞争的重要砝码,信息量的大小和质量直接关系到新闻传播效果的大小和好坏。要加大信息量就必须提高有效信息含量。充斥大量无信息含量的报道只会令受众感到厌恶。为此,在报道新闻时,首先,要坚决摒弃那种无信息含量的所谓"信息",摒弃为了凑版面而不顾质量的做法;其次,新闻要紧扣实际,做到精而简炼,不能就一件小事写得洋洋洒洒,一个动作就拍得没完没了;再次,要充分调动每一种传播手段,发挥多符号传播优势。

在荣获 2013 年中国新闻奖二等奖的新闻《记者目击：兰州桃树坪隧道五名被困工人获救瞬间》中,记者第一时间不间断记录了 5 名获救工人的生命状态、救援队伍的科学组织及坚持、不放弃,医疗队伍的精心准备和照顾。在没有一句解说词的情况下,用画面、声音、字幕等电视元素生动地突出了新闻最重要的现场。现场是一个状态符号,也是一个引子,记者巧妙的采访和资料的运用,让大家在现场的气氛中,共同回味了救援的艰难过程和救援的科学性、有效性。同时,面对特殊的采访对象,记者首先关注被救工人的生命状态,在身体和心情允许的情况下才采访,体现了救援第一、尊重对象和人文关怀的报道理念②。

信息的梯度开发和组合开发是提高信息质量的有效途径。我国新闻报道大都是等到事情有了结果再写一篇新闻作全面概括,这导致报道时效性差。必须加强信息的梯度开发,变一次性的终端报道为"事前有预测报道,事件发生后有动态报道和追踪报道,事后有反馈总结报道"这样分阶段的连续报道③。

---

① 赵洪松,胡祥修. 高瞻远瞩策划　细致入微呈现　着力全方位创新——湖北日报"汉水北上"系列报道剖析[J]. 新闻前哨,2015(2)：8 - 10.

② 记者目击：兰州桃树坪隧道五名被困工人获救瞬间[EB/OL]. http：//news. xinhuanet. com/zgjx/2013-06/20/c_132470741. htm

③ 李良荣. 新闻学导论[M]. 高等教育出版社,1999：32.

信息具有组合性、运用的多角度性和扩缩性的特点，这要求我们注重信息的组合开发，加大深度报道、连续报道、组合报道和全方位报道，灵活利用文字、图片、声音、图像等多种传播元素，让信息以深入、全面的形态出现在受众面前。值得注意的是，文字、声像这些因素并非组合得越多越好。传播学研究者通过双通道编码理论、提示—累积理论和一系列实验证明，在传递文字的同时，增加多通道信息，会额外增加人脑的感应力，相应地减少文字通道的精力，从而无法充分调动抽象思维，调动记忆库中的文字感知和记忆系统，最终影响受众对信息的记忆程度①。换句话说，并不是越复杂的形式受众记忆就越深刻，效果就越好，两种传播元素的科学组合才是最有效的传播形式。

3. 着力塑造品牌形象

现代营销学认为，品牌是指用以识别自身的产品或服务并与竞争对手相区别的名称、术语、符号、图案，或其综合的体现。品牌资产能够加强消费者的忠诚度，吸引新的消费者，使相关产品或服务盛行于竞争环境，这又会使一个品牌在较长时间内获得持续的、可预测的市场份额，即强者恒强②。品牌理论对于竞争激烈的媒体具有重要意义。良好的品牌形象是媒体稳定和扩大受众群、获得较好的社会效益和经济效益的基石。新闻报道和节目要想赢得受众的好感和关注，离不开所在媒体品牌力量的支持。在媒体竞争激烈的今天，新闻节目品质的优劣一直被看作是能否致胜的关键。一个性鲜明的节目栏目，创意新颖的节目形态，新鲜体贴的信息服务，无疑会受到群众欢迎和喜爱。

按照市场营销学的观点，实施 CIS（企业识别系统）是企业品牌塑造的上佳选择。CIS 包括理念识别系统、行为识别系统和视觉识别系统三个子系统③。对于新闻媒体而言，理念识别系统主要是指媒体的形象宣传语和报道与节目中所折射出的独特的新闻理念和价值取向，前者如《东方早报》的广告语"影响力至上"，后者如湖南卫视的"快乐"理念。行为识别系统主要指媒体对外所表现出的凝聚力以及对外宣传活动、公益活动等，如东方卫视举办的"蓝天下的至爱"慈善公益活动。视觉识别系统包括报头、报徽、频道台标、背景设计、主持人风格、字幕设计等。

因此，新闻媒体应该至少从上述三个方面着手积极开发自己的品牌之路，拟订简练鲜明的形象宣传语，制作精美传神的形象广告，力求在新闻报道和节目中

① 彭伟步. 网络不同媒体组合的传播效果检测分析[J]. 国际新闻界，2002(2).

② 沃尔特·麦克杜威尔，约翰·萨瑟兰. 电视新闻的品牌资产与节目导视的效果分析[J]. 新闻大学，2004(春).

③ 许向东. CIS 与媒体形象的塑造[J]. 新闻与写作，2004(3).

贯穿自己独特的理念和价值观。平时充分利用各种资源,举办一些公益活动和宣传活动,注重报纸和节目包装。在具体的新闻报道和节目制作中,应大力开发品牌资源。品牌节目往往也意味着个性。湖南卫视《晚间新闻》一改以往的正统报道新闻的形式,采取了"说"新闻的方式,在诙谐轻松的传播环境中达到理想的传播效果。"MTV式的新闻"被称为加演片,体现了新闻性与文艺性的自然嫁接①。《晚间新闻》体现了以人为本的新闻价值取向和传播者的平民视点,显示了对时代、对生活、对观众的一种尊重,从而塑造了较好的品牌形象。

(二) 宏观层面: 提高新闻事业引导社会的有效性

新闻传播具有传受信息、整合社会、传承文化、娱乐身心等功能,新闻事业通过这些功能创造健康良好的社会环境,帮助人们提高自身素质,使社会拥有越来越多的具有良好知识结构的公民,促进社会的良性发展、稳定和文明程度的提高。这些都是新闻事业引导社会的表现。提高新闻传播效果,从宏观上看,就在于提高新闻事业引导社会的有效性。

1. 建立透明公开的信息传播机制,减小社会震荡

新闻事业常常被称为"社会的守望者",守望社会的疾苦、灾害、不平。然而,这种"守望"的实现必须以相对透明的传播环境为前提。政府信息公开对于保证民众知情权和媒体的采访权、提高新闻事业对社会引导的质量有重要意义。

2003年"非典"肆虐中国。为了防止社会动荡,在"非典"前期,政府沿用了过去对于重大突发灾害的传播机制,试图将灾害真相"捂"起来,"堵"住信息流。然而,这些举措导致社会流言四起,人们陷入高度恐慌之中,疫情的防控也受到极大影响。4月,媒体以全新的形象出现在公众面前,每天公布各地疫情报告,利用各种渠道向公众传播"非典"知识。很快,流言不攻自破,社会渐渐恢复理性和平静。

在我国,信息公开,首先指政务公开,政府行政行为公开,支持媒体问责政府,批评政府和官员的缺点错误②。其次,要尽快完善新闻发言人制度。政府新闻发布会属于丰裕度高的传播渠道,能完整传播信息、减少歧异误解,以有效地影响公众态度,同时它还是一种两级传播模式,能构建一个全方位覆盖公众的传播网。这使政府、媒体和公众能够保持一种良性互动,保障新闻事业功能的最大发挥。尤其是在突发事件日益频发的今天,政府还应尽快完善公共危机管理机制。避免在出现重大事件时,只能在各机构内临时拼凑一个应急班子,头痛医

---

① 罗源,谢颖. 受众的"接受"——关于新闻传播中接受问题的思考[J]. 西南政法大学学报,2004(2).

② 童兵. 政治文明建设:新闻信息资源的富矿——再论新闻理论研究的新课题[J]. 现代传播,2004(5).

头、脚疼医脚,不仅导致政府形象受损,还容易影响媒体的正常报道,造成社会的误解甚至恐慌。总之,信息的及时公开,是保证社会安定和谐的重要举措,而新闻传播则是最主要的渠道。

2. 提供真实、公正、充分的信息,平衡各群体利益

信息是意见构建的基础,良好的舆论首先依赖于信息的真实、公正和完整。需要注意的是,信息的真实并不仅仅是指单个事件的真实,即 5W 真实,还必须是整体真实。有些新闻报道就单个事件而言是绝对真实的,然而,如果放到大的社会环境中,就会发现它偏离了社会真实。如我国媒体曾经一度热衷报道农村致富人物,一时间,农民买私人游艇、私人飞机等报道充斥各个版面。这样的报道尽管事件属实,然而,这样的"富农"毕竟是少数,大多数农民还在为生活奔波。因此,"富农"报道热这种不符合真实性要求的行为是媒体应该摒弃的。同样,媒体在报道时,还应注意信息的公正性,努力平衡不同的利益群体。在宣传解释政策、报道政策贯彻执行时,尤其要注意信息的过滤、整理和解析,对政策意义的解释要充分、深入,帮助不同利益群体正确理解政策,采取恰当的行动,为社会营造良好和谐的氛围。

3. 增强宣传的艺术性,淡化宣传色彩

新闻媒介既传播新闻,也从事宣传,中外皆然。在我国,由于政治体制和新闻体制的原因,新闻媒介充当着更多的宣传角色,新闻事业对于社会的引导也常常是通过宣传来实现的。因此,增强宣传的艺术性,使其得到受众的理解和认可,也是提高新闻事业引导效果的有效途径。《南方都市报》2005 年 11 月 11 日的要闻《陈水扁:左打连宋　右踢李登辉》,虽然是时政新闻,可是标题仍然做得鲜活生动,就连正文的语言也是生动活泼的:"陈水扁一连两天接受电视媒体访问,炮火四射,横扫连、宋,更露骨批判'情同父子'的李登辉,举凡和连战、宋楚瑜、李登辉的私下谈话,都被推在镁光灯下检验。"编辑的手法也是花了心思的,小标题分别是"陈水扁开炮"、"亲民党:可能控告陈水扁诽谤"、"陈水扁开炮"、"'台联党':医生应开镇定剂给扁"。嘻笑怒骂中把风云变幻的时政新闻带入一个轻松的阅读环境中。

此外,增强宣传中的人情味和亲切感也是重要的技巧。新闻传播者如果能够通过各种方式与受众建立较为特殊的亲近关系,努力寻找在民族习俗、地域风貌、职业特点、团体意识、文化背景等方面的共同点或接近性,以期在感情沟通上首先建立一定的基础,使受众心理上产生一种"自己人"的感觉,那么,宣传将容易达到理想的传播效果。

4. 加强媒介素养教育

新闻传播是传受双方互动的过程,新闻事业的发展离不开受众整体素养的

提高。因此,媒介素养教育对于提高新闻传播的导向效果同样十分重要。媒介素养教育的主要任务和宗旨是让受众通过正确的选择、正确的理解和正确的记忆,成为积极主动的媒介信息使用者。媒介素养教育对传播效果的贡献关键就在于它能让受众对信息做出正确的选择和主动思考,对媒介信息进行恰当的解析,从而得到积极的效果。

三、努力减小新闻的负效果

新闻传播的效果并不都是正面的,而是存在着正反、好坏、强弱和高低之分。要谋求新闻传播最好的社会效果,就应该努力避免负面效应,尽量减小新闻的不良效果。在这一点上,新闻媒体和政府管理机构都有义不容辞的责任和义务。

对于新闻媒体而言,首先必须树立全面正确的社会效果观。在我国,虽然传媒市场化进程正在提速,但是社会效益仍然被放在首位,应坚决摒弃那种为了追求经济效益而不顾社会效益的行为。近几年,我国假新闻、有偿新闻泛滥,新闻炒作等时有发生,同质化倾向明显,给社会带来十分恶劣的影响,严重损毁了我国新闻事业和媒介在人们心目中的形象,这些都是片面谋求经济利益的后果。

由于事物所具有的多重性,新闻事件所表现出来的多主题性,使得某些不在人们的主观选择之内的问题和想法,最终通过事件或报道本身无意识、间接地表达出来,称为影响受众的隐性导向因素。目前一些媒体对这方面往往缺乏认识和重视,所以这样的问题常常会表现出来,如一味地追求揭黑幕、报大案,甚至在结论不确定情况下也不惜冒失实的风险抢先报道,由此报道中往往有很多“据说”、“据传”等词,从某种程度上助推了假新闻的产生。媒体从业人员在采写新闻时应多进行换位思考,跳出自身的思维局限,站在受众的角度来分析下所采写的新闻中可能含有的隐性的负面导向因素,并尽力避免出现在新闻报道中。

此外,媒体应建立相应的把关制度、内部审查制度和科学有效的评价体系。主动对传播内容进行分析,根据受众反馈,及时摒弃可能造成负效果的因素,加强对不良导向问题的防范意识,同时加强对新闻从业人员的相关教育,以新闻自律来抵制负效果。

对于政府部门而言,应建立多元化的有效的新闻监管机制,综合采用行政手段、法律手段、经济手段和文化手段来对新闻传播进行社会调控,最大程度地减小可能出现的负效果。

行政手段的主要特点是权威性、强制性和直接性,是运用命令、指示,通过组织自上而下的行政层次的贯彻执行,对新闻媒介及其传播活动进行组织、指挥和某些调节;法律手段具有明确性、稳定性、强制性和权威性,在全球化发展的今天,法律调控的作用将大大提高。通过隐私法、诽谤法、国家安全法等新闻法规,可以有效减小新闻传播可能对个人和社会造成的伤害和震荡;经济手段最突出的表现是对恶性传播或不良传播实行经济制裁,而对引起广泛社会反响的优秀新闻报道予以奖励,从而达到减小新闻负效果的目的。

近年来,我国新闻理论界对提高新闻传播效果的研究不断深入,还有人提出,我们的新闻传播要想从根本上提高传播效果,归根结底,还是取决于新闻信息本身的内容质量及其表现形式。那么,如何优化传播信息的内容及其表现形式,以下几方面的经验值得借鉴:

第一,与受众利益和心理需求的相关性。新闻信息所提出的问题,能够使受众感到这正是自己心理上某种不平衡状态的反映,或者正好解决了自己认识上的混乱问题,这样才能被受众喜爱并乐于接受。也就是说,新闻传播者所选择和传播的新闻,必须让受众感到是与自己的利益和需求息息相关的。这种相关性首先就大大拉近了新闻与受众在感情上的距离,使他们对信息的接受过程成为完全主动自觉的,而不是被强行灌输的。受众通过对这样的新闻信息的获得,在心理上得到了最大的满足,这就是信息内容取得最好传播效果的一个重要方面。

第二,揭示事物的矛盾性。新闻对社会现实的反映,只有从更深的层次上抓住了事物的矛盾运动及其发展趋势,才具有最大的新闻影响力。长期的新闻传播实践证明,受众最欢迎、最感兴趣的是那些真实地、深刻地反映了事物内在矛盾性的新闻作品,尤其是那些从根本上揭示某些事物矛盾运动的最深层奥秘的新闻力作。因为从哲学角度来讲,事物内部的矛盾,最能体现该事物的本质。新闻作品从根本上揭示了事物的矛盾性,自然也就反映了该事物的真实本质。而这种真实本质通常总是被掩盖着的,受众从事物的表面往往是很难认识清楚的。新闻传播者以自己独具的敏锐,把事物的矛盾暴露出来,既帮助受众认清其本质,又在一定程度上提高了受众对事物本质认识的能力,增长了受众的智慧。这无疑是最佳的传播效果。

第三,表现思维的新异性。所谓思维的新异性,主要是指思想方法和思维方式迥异于通常的和旧有的方式与方法。面对飞速发展的社会现实,人们的思想观念需要不断地加以更新,而人们的思维方式更需要不断地有所改变。新闻传播者在传播新闻事实的同时,也要尽量采用适合于新的时代特征的思维方式去观察事物、反映现实,要敢于打破人们习以为常的思维定势和心理惯性,从而更及时地甚至更具有超前性地认识和表现社会生活的崭新面目。这样,才能使得新闻内容和表现形式具有时代活力,也才能具有更大的新闻感召力。

第四,新闻形式上的新颖性。在信息的表达形式上,要努力掌握受众的兴趣和口味,要尽量谋求新闻的可读性、可视性、可听性。在语言技巧、图片处理、节目编排、播发程序、色彩倾向等各个环节上,都要研究其与提高传播效果之间的有机联系。总之,新闻信息的形式必须既简明扼要、通俗易懂,又新颖别致、引人注目。

此外,对于劝服的方法和手段,许多传播学家做过多次试验、探索,积累了一些重要的经验。大致可归纳如下:

一是只说一面还是正反两面都说? 也就是,我们的新闻报道对于社会现象或者某些工作的开展,是报喜不报忧好,还是既报喜又报忧好? 按照传播学的观点,这要与受众的思想素质和文化水平联系起来加以考虑。一般来说,对文化程度较高、独立思考能力较强的受众,如果提供某一事件的全面情况,他们可能会更容易接受些,以后如果接触到反宣传时,他们也将具有一定的防御能力;而对那些较容易接受一面之词的文化层次较低的受众来说,如果遇到反宣传,将会产生认识上的左右摇摆。

二是有争议的意见是先说好还是后说好? 这种情形在新闻机构组织"问题讨论",或者撰写解释性新闻时常常会遇到。对此,要根据传播内容本身的性质,参照传播的环境条件和受众的素质加以通盘考虑。一般认为,某一问题的正反两方面的论点如果是由不同的传播者相继提出的,并在表述的时间或篇幅上也大体相等,那么先提的一方不一定占优势。但如果是由同一传播者提出来的,其所传播的不同观点又是受众不熟悉的,那么,先提的观点更有利于受众的接受。而在信息组合中最后发表或提出来的观点,特别是经过启发引导受众顺理成章归纳出来的观点,一般更有利于受众的理解和记忆。

三是问题的结论如何做出? 新闻传播中的结论性意见,是直接告诉受众,还是让受众自己去得出结论? 这需要具体问题做具体分析。首先,要看新闻信息的性质如何,如果是政策性信息,或者是依据法律、道德能够肯定或否定的信息,那就明确无误地作出奉告。如果是对争议较大的"热点"问题的报道,由于其产生的原因很复杂,矛盾纠葛很多或者涉及面很广,有的事件本身还在发展变化中,问题的性质还没有彻底显露,或者出于策略的考虑一时还不便表明结论的,那么最好采用"中性"报道的形式,提供全面的、翔实的事实材料,让受众自己去思考、去判断。其次,也要看受众的思想素质和文化层次如何。如果是对缺乏思辨能力的或者阅历不深的受众,则结论性意见以明白为宜;而对各方面水平较高的受众,如果说得明白直露、一览无遗,则反而会影响传播效果。

四是在劝服中诉诸感情还是诉诸理智? 一般认为,新闻传播者如果能够通过各种方式首先与受众建立较为特殊的亲近关系,努力寻找在民族习俗、地域风貌、职业特点、团体意识、文化背景等方面的共同点或接近性,以期在感情沟通上首先建立一定的基础,使受众心理上产生一种"自己人"的感觉,那么,将容易达到理想的传播效果。如在主持人组织的现场实录报道中,采用交谈式、对话式的传播来沟通感情,并欢迎受众对节目的更多参与,就比单纯说教式、煽动式的传播更能奏效。而在新闻传播的实际运作中,往往需要将诉诸感情与诉诸理智有机结合加以应用,并最终依靠新闻信息本身所具有的真理性对受众进行劝服,这样才可能更为有效地获取新闻传播的最佳效果。

提高新闻传播效果在具体的做法上当然还有很多,如完善媒介的传输功能、开辟广阔的发行渠道、建立长期的受众反馈网络等,需要新闻传播者在传播实践中不断地加以总结,从而始终掌握新闻传播效果的命脉。

基本概念与问题思考

1. 意见领袖
2. 两级传播
3. 休眠效果
4. 一面诉求和两面诉求
5. 恐惧诉求
6. 传播效果
7. 枪弹论
8. 有限效果论
9. 《人民的选择》
10. 传播流
11. 沉默的螺旋
12. 议程设置
13. 培养理论
14. 知沟理论
15. 信息沟
16. 上限效果
17. 第三人效果
18. 简述传播效果的内涵与层次。
19. 简述传播效果的发展历史阶段。

第十一章

新闻传播学流派

正如美国著名传播学者罗杰斯所提到的,任何涉入一条新的河流的人都想知道这里的水来自何方,它如何流淌。新闻传播是人类社会的基本现象之一,有着悠久的历史。作为世界文明古国的中国,在其有记录的 8 000 多年历史中,不乏有新闻与传播的研究;早在古希腊和古罗马时期,柏拉图和亚里士多德等思想家就对辩论、对话、说服等传播进行探讨,包含着极其丰富的传播思想①。然而若以此追溯传播学的源流,则人类乃至整个地球的物种起源与发展都将涵盖其中,不免牵涉甚广。

美国著名传播学家威尔伯、施拉姆在 20 世纪 80 年代提出了传播学的四位奠基人:拉斯韦尔、卢因、霍夫兰和拉扎斯菲尔德,并将 20 世纪 40—50 年代认定为传播作为一门学科的开端,获得了当下学界广泛的认同。传播学发展至今,由于地域、机构、学术立场以及研究方法等的不同,传播学形成了各式各样的流派。流派之间激烈的争论为传播学的繁荣提供了不竭的动力。

传播学流派在演进过程中枝节繁茂,主要以相互对立的传统学派与批判学派为主。传统学派发端于美国,批判学派则起源于欧洲,受到各种社会思潮和理论的影响,两者发展至今都有了很大的变化。然而在传统学派与批判学派发端时期,两者的学科渊源、理论基础是大相径庭的。

第一节　传统传播学派

传统学派又称为经验学派(empirical school),主要是从经验事实出发,以经

---

① 郭庆光. 传播学教程[M]. 中国人民大学出版社,1999:245.

验性方法来考察社会现象，侧重于传播效果研究。所谓的经验性方法，是一种运用可观察、可测定、可量化的经验材料来对社会现象或社会行为进行实证考察的方法，出现于 19 世纪后期。

尽管在传播学中，经验学派尤其指以美国学者为代表的主流学派，带有很强的社会观和传播观，其学科渊源离不开发轫于欧洲、后传播至全世界的社会科学，如政治学、社会学、心理学、法学和统计学等。这些学科理论被经验学派学者用以围绕传播的规律进行研究，从侧面反映了经验学派的"科学化"。

一、早期代表人物

经验性的方法是经验学派区别于批判学派最重要的特征。经验性方法与社会科学中的实证立场是联系在一起的，其根源可追溯至芝加哥学派学者约翰·杜威的实证哲学和罗伯特·E. 帕克的实证分析方法。

（一）约翰·杜威与实证哲学

1859 年出生于美国佛蒙特州柏灵顿的杜威，被认为是"上个世纪所产生的最广为人知、最有影响力的哲学家"（霍沃斯，1960）。杜威提出，传播是使公众成为社会的完美的、参与性的成员的手段。在他攻读博士学位期间，他的导师 J. S. 莫里斯传授给他一种黑格尔的视野。黑格尔认为，心灵和自然有一种基本的统一，所以在研究自然的时候，公众就是在研究自然的基本现实。1894 年，芝加哥大学校长 W. R. 哈珀为杜威提供了心理学、哲学和教育学三系合并的新系的系主任职位，在此职位上的杜威对思想过程的心理学和循序渐进的教育越来越有兴趣。在芝加哥大学的 10 年（1894—1904）间，杜威主要致力于心理学，并将心理学运用于教育和哲学研究。1904 年，由于与哈珀之间的矛盾，杜威离开了芝加哥大学。在那个时候，杜威非常有名气，因此在辞职后的几个星期内就被任命为哥伦比亚大学哲学教授，并在那里度过了后半身，最后在 1930 年退休，但是继续写作和发表有关民主、教育改革和实证哲学方面的文章，直至 1952 年去世。

在杜威的学术生涯中著述甚丰，他发表了 36 部著作，815 篇文章和论文。他较早地认识到现代传播对于社会存在的意义。尽管杜威的道路并没有被大众传播研究所接纳，事实上他的论点远远高于一般传播学学者的视野，他的许多思想是当代传播学的先行者①。杜威为美国传播学的建立"提供了一个工具性的

---

① E. M. 罗杰斯. 传播学史——一种传记式的方法[M]. 上海译文出版社，2001：163.

基础"，并直接影响了他的三个追随者——库利、帕克和米德。在芝加哥大学，他们四人联结成为一个相互影响、相互交叉的人际网络，形成了以进步主义、实证主义和改良为特征的芝加哥学派，代表着社会科学在美国的第一次真正繁荣，它使美国社会学偏离斯宾塞和宏观层次的进化论，转向一种更为细微的、微观层次的社会心理学，使美国有关社会问题的社会科学研究带上了强烈的经验主义倾向。

（二）罗伯特·E. 帕克与实证分析

帕克被描绘成"或许是美国社会学中的一个最有影响的人"（博斯卡夫，1969），据说"可能没有其他人如此深刻地影响了美国经验社会学所采纳的方向"。帕克开创了 4 个重要论题的学术研究：大众传播、种族关系、人类生态学和集体行为。

帕克 1894 年出生于宾夕法尼亚的一个农庄，在明尼苏达州雷德温长大，这是密西西比河岸的一个小镇，年轻的帕克对于镇上的外国移民家庭如何适应美国社会十分好奇。在密歇根大学时期，帕克成为 J. 杜威的门徒之一，据帕克回忆："正是那里，我遇见了 J. 杜威。他是一个知名的哲学家……一个鼓舞人心的教师，他的影响——尽管可能不是有意地或有目的地这样做——鼓舞和激励了我对世界产生一种理智的好奇心，而在他之前被培养的传统里，并不存在关于这个实际的证明和解释。"受杜威的影响，帕克对传播作为一种整合社会的力量的作用，对传播的手段，特别是报纸和电话等问题有了终身的兴趣。帕克先后在多家报馆当任记者，之后又前往哈佛大学、斯特拉斯堡大学和海德堡大学等进行深造。

帕克作为"大众传播的第一位理论家"，提出过许多引人注目的观点：他第一个提出民意是可以测量的；同时又是第一个提出"议程设置"，认为"新闻是人际交谈的基础"；将人际传播，特别是与父母、同事和朋友的首属团体的人际传播放在十分重要的位置。帕克进行了有关报纸内容、读者、所有权结构的第一次大众传播研究；除参加关于议题设置过程的传播研究外，帕克还确认了媒体的另一个作用，即新闻的过滤，因此将这一过滤过程称为"把关"。帕克的研究开启了实证分析在经验学派的广泛运用，进而影响到此后经验学派许多重要研究的开展和理论的产生。

芝加哥学派的学者构成了一个以人类传播为中心的人格社会化的理论概念体系，构筑了后来的以媒介效果为重点的大众传播研究的模型。杜威和帕克两位学者所在的芝加哥学派是改良的、进步的和实证的，它试图通过研究这个世界的社会问题而对之进行改造，这在很大程度上决定了经验性方法成为研究美国社会问题的主要途径。

二、美国经验学派研究

经验学派是西方传播学的主要学派，其中以美国学者保罗·拉扎斯菲尔德和霍夫兰等为代表。美国的经验学派除了在方法论上坚持经验性实证主义研究立场外，还有两个重要论点：一是实用主义的研究目的；二是多元主义的社会观。

实用主义是西方社会广为流传的一种思维方式和哲学流派，产生于18—19世纪的美国，早期代表人物有富兰克林、杰佛逊、爱默生等。这种思维方式认为，判断失误（或真理）的标准不是思想或语言本身，而是思想所引发的客观行为。实用主义认为"真理就是效用"，而社会科学研究必须立足于社会现实生活，解决实际问题。

实用主义哲学通过杜威、米德等人的学术思量深刻地影响美国的传播学研究。经验学派的主要学者拉斯韦尔和他的宣传研究、拉扎斯菲尔德等人的"传播流"研究、霍夫兰等人的"说服"实验、卡兹等人的"创新与普及"研究，无不带有明确的实用目的。他们的着眼点在于观察传播过程的结构与功能，考察传播对人的心理、态度和行为的影响，观察如何通过传播来达成个人或群体的目标，这使得传播效果问题一直是经验学派关注的核心和焦点。

在传播效果领域，经验学派可以说是硕果累累。美国学者罗维利和德弗勒对此归纳了传播效果研究的14座里程碑[①]：

（1）20年代的佩恩基金研究会关于电影对少年儿童影响的研究。这项研究开创了以经验调查方式观察大众传播效果的先河。

（2）对1938年"火星人入侵地球"广播引起的社会恐慌研究。该研究的侧重点不是为了提出关于大众传播效果的一般理论，而是探讨引起恐慌的各种心理因素。

（3）1940年的"伊里调查"。这项调查采用了精心设计的方法和程序，该调查还提出了"政治既有倾向和作用"、"选择性接触"、"意见领袖与两级传播"，是经验性研究的一个典范。对后来的传播效果研究产生了极为重要的影响。

（4）40年代关于昼间广播剧听众的调查研究。这些调查揭示了受众媒介接

---

① 参见 Shearon A. Lowery and Melvin L. De Fleur（1995），*Milestones in Mass Communication Research*：*Media Effects*，3rd ed. Longman Publishers USA. 转自郭庆光. 传播学教程[M]. 中国人民出版社,1999.

触的一些基本动机和利用形态,开创了"使用与满足"研究的传统。

(5)40年代艾奥瓦大学的农村社会学家对玉米良种推广与普及过程的调查,推广到对新事物的"创新—扩散"传播过程研究。

(6)霍夫兰等人在第二次世界大战期间关于电影的说服效果的实验,揭示了传播效果形成的条件性和制约因素。

(7)第二次世界大战后至20世纪60年代的"耶鲁项目",进一步从传播的主体条件、内容条件、对象条件等方面对传播的说服效果进行了较为系统的心理实验。

(8)50年代"个人影响"是对"人民的选择"提出的各项理论假说的进一步验证,其意义在于揭示了大众传播和人际传播的交织性。

(9)1951—1953年的"李维尔项目",对传单和标语的传播效果进行了一系列心理实验。

(10)20世纪50—60年代施拉姆等人关于电视对儿童生活影响的研究。从"使用与满足"的角度对少年儿童的电视接触行为进行了详细调查,揭示了电视在儿童的生活、学习和社会化过程中的功能、影响和效果。

(11)20世纪70年代以后的"议程设置"研究是经验学派效果研究的一个重要转折点,它使得研究人员的关心由微观、个人层面的效果开始转向大众传播的宏观社会影响和效果。

(12)20世纪60—70年代由格伯纳等人进行的关于媒介暴力内容与社会犯罪的研究。这些研究虽然未能证明两者之间的直接、必然的联系,但发现媒介内容在形成人们的现实观方面有着重要的影响。这项研究后来发展成"培养"理论。

(13)20世纪60年代末—70年代初由美国国会拨款实施的关于电视与社会行为的大型研究,研究结果以《军医署长报告》发表。整个报告共分为6卷,包括《电视内容及其控制》《电视与社会学习》《电视与青少年的侵害行为》《日常生活中的电视》《电视的效果》《电视与成长》。这是关于电视的社会化功能及其正负效果的一次较全面的研究。

(14)1982年第二次《军医署长报告》以《电视与行为:十年的科学进步及其对80年代的启示》为题发表,总结了第一次报告以后该领域的研究成果。

三、意义及其局限性

经验性方法作为经验学派研究现象的主要研究方法,具有与之相适应的基本前提和主要原则。正是基于此基础之上,经验性研究方法才逐步受到认可并最终获得经验学派的青睐。

经验性方法论的三个基本前提：一是普遍存在的社会现象具有自身的客观性，这些客观性可以通过一定的科学方法加以揭示；二是人类有能力开发或设计出揭示社会现象客观性的科学方法；三是任何关于社会现象的理论和假设，都能够通过一定的科学方法得到证明或否定。

经验性研究方法的主要原则：一是研究程序应具有客观性和可重复性，用于社会调查和分析的技术和方法不能随意变更，以便为其他学者提供验证的手段；二是社会科学家的主要目的，是收集和提供关于理论假设的无可争议的科学数据和材料；三是通过公开的学术讨论，建构关于社会现象的一般理论模式或"定理"。

经验性方法并不是研究社会现象万能的方法，正是它的这些特点决定了其也存在一定的局限性。第一，经验性研究所依赖的程序或技术手段主要是问卷调查或控制实验等。前者仅具有"概率论意义上的科学性"，并不具备自然科学地精确和严谨；而后者虽然一部分变量或条件在实验环境中得到操作、分析和处理，但在有限的实验控制条件下得出的结论，往往说明不了丰富多彩和复杂的社会现实。第二，经验性的方法决定了其研究的层面主要是个体或小群体上的材料，在研究社会现实的微观现象方面具有一定的效果，但在考察社会的历史过程以及宏观的社会结构方面缺乏有效的手段。第三，社会和人的行为无限复杂，而可观察、可测定、可量化的经验材料是有限的，尤其是作为社会实践主体人的理性和精神活动，在许多情况下并不能单纯地用经验材料就能加以说明。第四，经验性方法论所主张的"纯客观"态度在现实中也很难做到，每一个学者都有自己的文化背景、社会价值和意识形态，这使得他们的学术立场或多或少都具有特定的倾向性，所谓用"纯自然科学地方法和态度"考察社会，只能是一种不切实际的幻想。

第二节　传播学批判学派

传播学批判学派（critical school）是现代传播学研究中的两大学派之一，无论在方法论还是学术观点上，都与经验学派有着较大的区别。如果说传统学派托庇于"科学化"的社会科学，那么批判学派则隶属于"精神化"的人文科学，如哲学、美学、文艺学、历史学等，围绕着传播的意义而展开。相较于经验学派，批判学派注重从批判的学术立场，通过广泛联系的社会现象，以思辨的研究方式对其进行考察，侧重控制分析。

批判学派发源于欧洲,这既与欧洲社会科学和人文科学的传统息息相关,也离不开欧洲大众传播业的公营体制,更加强调传播事业社会服务的职能的特征。20世纪60—80年代,批判学派和经验学派的大辩论曾经是传播学研究瞩目的焦点。经过这场大辩论,双方在方法论上有所接近,但在社会观和传播观上依然存在着根本的对立和分歧。

一、批判学派崛起

德国有着悠久的媒体和传播研究的传统。在20世纪30年代的魏玛共和国时期,一些知识分子哲学家如马克思·霍克海默和经济学家费德里奇·波洛克建立了法兰克福大学社会研究所。以法兰克福学派和社会研究所著称的批判学派正发源于此。法兰克福学派是由其他人在20世纪60年代给予他们的名称,而这里的学者更倾向于被称作批判的理论家,这个名称是由他们的领导人M.霍克海默在他的文章《传统理论和批判理论》(1937)中获得的。作为20世纪西方马克思主义的主要流派之一,法兰克福学派传承和深化了马克思主义的"异化"理论,并直接受到西方马克思主义代表人物卢卡奇"物化"理论的影响,将马克思主义的批判理论与揭示学结合在一起,对现代西方资本主义社会进行批判。批判学派在社会科学的法兰克福学派影响下,以欧洲学者为主形成和发展起来。

法兰克福学派的代表人物有M.霍克海默、H.马尔库塞、T.W.阿多诺等人。在德国法西斯势力上台后,社会科学研究所于1929年重新迁回日内瓦,1934年又迁到美国,与哥伦比亚大学建立了合作关系;战后于1949年重新迁回法兰克福,成为欧洲新马克思主义和新左翼运动的理论据点。

法兰克福学派的基本学说由以下批判所构成:①对于实证主义(关于真实的、"实证的"事实可以从观察和试验中获得的信念)的批判,声称社会科学是一种虚假意识,它"在价值中立的骗人外衣的掩盖下认可现状"(昆顿,1974);②对于马克思主义的批判,因为它没有完全摆脱实证主义,也因为它认为,"无产阶级将不可避免地引起革命,这场革命将消灭异化和统治"(昆顿,1974);③对于社会的批判,因为它具有引导个体对其状况采取虚假接受的态度的非理性因素。批判学派试图将资本主义社会的基本矛盾引入意识,因此批判的理论家的行为旨在导致一个没有人类剥削的理想社会。在这方面,他们反映了马克思主义理论的经典立场。

当然,法兰克福学派的局限性也是显而易见的。20世纪上半叶的德国和美国是法兰克福学派诸成员的主要居留地,纳粹德国的法西斯社会和战后美国的垄断资本主义消费社会是他们分析大众传媒的经典环境。由于对现代工业组织和民族即国家体制的运作抱有强烈的憎恶心情,他们对媒介的考察无疑受到了妨碍。他们在颂扬高雅文化的同时却贬抑大众文化,霍克海默和阿多诺甚至公开质疑高压文化是否能够或应该通过大众媒介进行传播。他们几乎完全忽略了大众传媒和大众文化积极的一面,因此,他们的批判也仅仅停留在单纯否定性的批判阶段,始终找不到正确的出路。

尽管如此,从总体上看,法兰克福学派的意义仍然是深远的。法兰克福学派的观点新颖锐利,对学术界启发颇深,尤其是它对于现代的工具理性、实证主义和启蒙运动的批判具有颠覆性。它不仅把大众文化等传播现象同形态意识、社会控制联系在一起,开创了批判研究传播现象的传统,深刻地影响了此后各种批判学派的传媒和文化取向。法兰克福学派著名的文化工业理论被视为大众文化研究的重点和理论基点。不难发现,在现代的文化评论中,批判理论的踪迹随处可见,在结构主义、符号学、阿尔都塞的意识形态理论、女权主义和后现代主义文化理论中,都可以找到它们的影子。针对大众与国家、个人的关系,消费与形态意识的关系等问题,它们从各自的视角出发,做出了新的理解和阐释①。虽然传播批判学派并不一定都师承法兰克福学派,甚至有不少反对他们的观点,但是在反对科学主义、关注传播中的权利和不平等现象的核心观点上,传播批判学与法兰克福学派是一脉相承的。

二、批判学派发展

如前所述,基于批判立场的传播学研究从早期阶段就已存在。这些研究,经过一定时间的积累和发展,到了 20 世纪 60 年代以后发展成了与经验学派相抗衡的批判学派,影响扩大到整个欧洲和世界传播学界。在这个过程中,由于学者们研究的对象课题、分析问题的角度和方法的差异,批判学派中也形成了各种各样的流派。

(一) 政治经济学派

其代表是英国累斯特大学大众传播研究中心的 G. 默多克和 P. 格尔丁等人。该学派依据马克思关于若一个阶级是社会上占统治地位的物质力量,则同时也是社会上占统治地位的精神力量,支配着物质生产资料的阶级同时也支配着精神生产资料的观点,从经济基础对上层建筑的决定作用出发来揭示资本主

---

① 段鹏. 传播学基础——历史、框架与外延[M]. 中国传媒大学出版社,2006:81.

义社会大众传媒支配与控制的现状。20 世纪 70 年代以后,默多克等人撰写了大量论文,对资本主义社会的大众传播与阶级关系、文化产品的生产过程及其结构进行了深刻的剖析。

政治经济学派关心的一个焦点问题是现代媒介高度集中和垄断的趋势及其带来的社会后果。例如,默多克和格尔丁提出:"在 20 世纪 70 年代初,71％的日报和 74％的电视台、78％的电影、70％的书籍以及 65％的唱片发行是由各行业中 5 家最大的企业控制的",这种集中和垄断的趋势依然在不断加剧。[①] 他们认为,这种高度的独占和集中正是垄断资本控制着文化生产和流通的明证,大众传媒的活动最终是为了维护垄断资本的利益、意识形态和统治权力。政治经济学派学者主要从所有制关系和经济结构上来揭示资本主义大众传播的内在矛盾和制度的非合理性,对于传播内容本身没有给予更多的关注。

(二) 文化研究(cultural studies)学派

文化研究学派也称伯明翰学派,以英国伯明翰大学现代文化研究所的 S. 霍尔、D. 莫利等人为代表。该学派继承了葛兰西、阿尔都塞等新马克思主义者的观点,反对简单的"经济基础还原论",主张从上层建筑和意识形态的相对独立性出发来研究资本主义社会的大众传播。阿尔都塞的关于大众传媒是从事"合意"的生产和再生产的"国家意识形态装置"的观点,对"文化研究"有着重要的影响。根据阿尔都塞的观点,一个国家要维持其统治秩序,必须要有维持、形成和创造社会"合意"的机制或"装置"。过去,这种装置主要是由学校、家庭和教会来充任的,在现代社会其重心则移向了大众传媒。在资本主义社会中,"国家意识形态装置"具有二律背反的功能:一方面,它以"不偏不党"或社会纠纷"仲裁者"、普遍利益"代表者"的面目出现,提高社会成员对现存制度的向心力;另一方面,它通过消除统治阶级的内部矛盾以保证其对政治权力的支配;与此同时,则通过阻碍被统治阶级的觉醒和组织化过程而把他们排除在政治权力之外。

霍尔等文化研究学者认为,大众传媒之所以能够作为"国家意识形态装置"从事"合意"的生产与再生产,是因为它有一种"赋予意义"(signification)的独特功能。大众传媒通过新闻和信息的选择、加工、结构化等活动,每日每时地都在为社会事物赋予这样那样的"意义";但"赋予意义"活动并不是客观中立的,其背后有着利益和意识形态的驱动。资本主义媒介的一种突出倾向,就是把统治阶级的特殊利益作为似乎得到广泛社会"合意"的普遍利益加以提示。

---

① 参见 G. Murdock,*Patterns of Ownership*,*Questions of Control*,*Mass Communication and Society*,Milton Keynes,Open University,1977. 转自郭庆光. 传播学教程[M]. 中国人民出版社,1999.

简单地说，文化研究学者的主要观点可以概括如下：

第一，大众传播是资本主义社会系统的一个重要组成部分，它在规定社会关系、行使政治统治方面发挥着重要的意识形态功能，并具有相对的独立性。

第二，大众传播可以分为两个部分：一是文化产品的生产过程；二是文化产品的消费过程。前者是媒介通过象征事物的选择和加工，将社会事物加以"符号化"和"赋予意义"的过程；后者是受众接触媒介讯息，进行符号解读，解释其意义的过程。

第三，讯息符号是与一定的价值体系或意义体系（meaning system）结合在一起的。在资本主义社会中，既有促进现存不平等关系的"支配性的"价值体系，又有推动人们接受不平等、安居较低社会地位的"从属性"价值体系，还有不满于阶级支配现状、号召社会变革的"激进的"价值体系。大众传媒的符号化活动，从本质上来说是按照支配阶级的价值体系为事物"赋予意义"。

第四，尽管如此，受众的符号解读过程却不是完全被动的，由于符号的多义性和受众社会背景的多样性，受众可以对文本讯息做出多种多样的理解。霍尔认为，受众对媒介讯息有三种解读形态：一是同向解读或"优先式解读"（preferred reading），即按照媒介赋予的意义来理解讯息；二是妥协式解读（negotiated reading），即部分基于媒介提示的意义、部分基于自己的社会背景来理解讯息；三是反向解读或"对抗式解读"（oppositional reading），即对媒介提示的讯息意义做出完全相反的理解[①]。霍尔认为，大众传媒的符号化和受众的符号解读过程，体现了资本主义社会中占统治地位的文化和各种从属性文化之间支配、妥协和反抗的关系，体现了"意义空间中的阶级斗争"。文化研究学者采用的研究方法主要有文本分析和受众调查两种。前者主要是为了揭示大众传媒为占统治地位的利益和意识形态服务的倾向；后者则是为了考察受众符号解读的多样性。20 世纪 70 年代以来，文化研究学派成了批判学派中最有影响的一个流派。

（三）意识形态"霸权"理论

"霸权"（hegemony）一词，原指国家的霸权或政治运动的主导权，由意大利共产党的创始人 A. 葛兰西在《狱中笔记》中最早作为社会分析的一个概念加以使用。葛兰西把现代国家的形成看做是作为"强制装置"的政治社会和作为"霸权装置"的市民社会的融合，认为市民社会主要是通过"合意"或"同意"的组织化

[①] 参见 S. Hall, *Encoding/Decoding*, *Culture*, *Media and Language*, Hatchinson, 1980, pp. 128‐138. 转自郭庆光. 传播学教程[M]. 中国人民出版社 1999.

过程而维持统治的社会,随着市民社会的发展,它将吸收政治社会而形成新型的国家①。

批判学派的学者继承了葛兰西的这个观点,把"霸权"看做是支配阶级在一定历史时期内为维护自身利益而行使社会主导权和文化主导权的能力,而实现"霸权"的手段不是通过直接的高压政策,而是通过决定国家的经济、政治和文化方向,使被支配阶级对现有权力结构和社会关系产生认同或从属意识。换句话说,批判学者认为,在现代资本主义社会,支配阶级不再主要依靠国家、军队、法院等"强制装置",而主要是通过意识形态"霸权装置"来维护自身利益,以私有制为基础的大众传播制度就是重要的意识形态"霸权装置"之一。大众传媒通过日常的新闻报道、宣传和广告活动,把支配阶级的特殊利益描述为社会的"普遍利益",其目的是操作形成"同意"或"社会合意",但这归根结底只不过是一种"虚假的合意",因为它掩盖了阶级支配的实质。一些批判学者认为,资本主义大众传媒的一种明显的倾向,就是把支配阶级的意识形态"自然化",把它表现为"正常的"、"无可争议的"、"人性的"产物,而把对立的政治和社会意识形态描述为"怪僻的"、"无意义的"或"不可想象的"东西②。他们从事传播学研究的一个宗旨,就是揭露这种"虚假的合意",唤起受众的觉醒,推动社会变革。

(四) 哈贝马斯的批判理论

J. 哈贝马斯是德国哲学家和社会学家,法兰克福学派的第二代旗手。第二次世界大战后,哈贝马斯在批判地继承阿多诺、霍克海默等第一代学者观点的基础上,针对后期资本主义的社会状况的变化,试图建构一种新的社会理论,其代表作是 1962 年出版的《公共性的结构转换》和 1968 年出版的《传播行为理论》。在这两部著作中,哈贝马斯提出通过改善"传播的合理性"来实现社会变革的观点。他认为,近代以来的资本主义追求的是一种"工具合理性",这一合理化过程不仅带来了对自然的支配和操作能力的扩大,而且也强化了社会的支配结构和支配关系。哈贝马斯反对导致人的异化的片面追求"工具合理性"的立场,提倡"综合的合理性",即主张通过扩展"没有支配和强制的传播关系"来改革社会,建立基于"理性合意"的新型社会关系。哈贝马斯主要以社会哲学和语言哲学的方法来探索传播与社会变革问题,其中包含着对现行资本主义社会的否定和批判,

① 参见 A. Gramsci, Prison Notebooks, London, Lawrence & Wishart, 1971. 转自郭庆光. 传播学教程[M]. 中国人民出版社,1999.

② 参见 T. O'Sullivan, *Key Concept in Communication*, pp. 102 - 104. 转自郭庆光. 传播学教程[M]. 中国人民出版社,1999.

但也有不少学者指出,他的传播观中带有明显的"普遍主义"和"伦理主义"的色彩。

批判学派中还有其他一些流派,在此不再逐一介绍。总的来说,批判学派具有以下几个特点:

第一,他们都对现行的资本主义制度持否定和批判态度,这也是他们之所以被称为批判学派的最主要理由。

第二,他们更多地将传播理论和社会理论结合在一起,着重考察与社会结构和意识形态相关的宏观问题。这些问题在经验学派的研究中大多有意无意地受到忽视和回避,但它们本身的重要性和启发意义是不容置疑的。

第三,批判学派在方法论上以思辨为主,反对实证主义态度。不过,批判学派并不总是排斥经验调查和量化研究,近年来,辩证分析和经验调查相结合的方法,已开始为不少批判学者所推崇。例如,文化研究学者 D. 莫利进行的关于社会结构与电视释码的"文化地图"分析等研究,就是系统地采用了经验调查的方法,被学术界称为"批判的经验性研究"①。

第三节　传播学的中国化

20 世纪 60 年代西方传播学已历经几十年,理论逐步走向成熟,传播学大师施拉姆开始把传播学研究推向亚太地区。之后,一些传播学学术权威标新立异,大大拓展了传播学研究思路。20 世纪 70 年代是传播学研究国际化的重要时期,西方传播学在许多第三世界国家登录,各国传播学研究专家交流频繁,学说林立,相互间的研究成多元趋势。

传播学研究在中国的起步较晚,传播学研究的引进也经历了一个曲折的过程。第一次尝试引进是早在 20 世纪 50 年代,中国人民大学、复旦大学的一些新闻学者们就注意到这个在西方刚刚出现的新兴领域,并且零星地开展过一些概念的译介。复旦大学新闻系 1957 年出版的《新闻学译丛》(1957 年第 2 期)在一篇名为《美国报纸的职能》的译文中,首次出现 Mass Communication 的英文,译者郑北渭将其翻译为"群众思想交通"。尽管如此,除了介绍"群众思想交通"的译名外,20 世纪 50 年代的文献中并没有对传播学研究的介绍,一些译文虽然涉及"媒体垄断",但大都作为揭露资本主义腐朽现状的资料,研究者和接受者都没

---

① 参见 D. Morley,*The Nation Wide Audience*:*Structure and Decoding*,British Film Institute,1980. 转自郭庆光. 传播学教程[M]. 中国人民出版社,1999.

有大惊小怪,因此这个时期还谈不上介绍传播学。接触传播学的动机仅仅出于了解国外新闻事业和研究的最新动向,仍然以当时新闻研究的思维框架去解读这一尚处在发展中的学科。

在接下来的几十年中传播学在中国的境遇未得到改善,并且在"文化大革命"期间,新闻学的教学研究遭到破坏,许多知名的大学新闻系甚至停办,传播学的教学与研究也被迫处于停滞状态。20 世纪 60 年代我国台湾地区的学者们开始对传播学进行研究,并将行为科学的研究方法应用到传播学研究上。20 世纪 60 年代末 70 年代初是台湾传播学研究勃兴的时代。徐佳士教授撰写了台湾第一部较为系统的传播学理论著作《大众传播理论》,闫沁恒的《大众传播研究方法》是台湾第一部传播理论研究方面的著作,而《传播统计学》则是杨孝荣教授献给读者的第一部传播学基础参考书。传播学的应用研究在台湾的发展是从 1970 年开始的,一项由台湾科学研究会支持的 3 年大型研究"大众传播与国家发展"是台湾应用研究的首例,其成果颇丰。一般认为台湾在传播理论的研究方面较多地倾向传统学派,在这方面的学术研究颇有实绩。

直到 20 世纪 80 年代初期,随着"文化大革命"结束迎来思想的解放,新闻研究中的泛意识形态色彩逐渐减弱,传播学才在中国第二次被引入。首先打破沉寂的是中国人民大学郑兴东和陈仁凤,他们从宣传效果的研究起步,撰写了《传播方式的探讨》;其后于 1978 年和 1979 年,复旦大学的郑北渭、陈韶昭,中国人民大学的张隆栋、林珊等人才着手翻译和介绍传播学;1980 年复旦大学新闻系首先在本科班中开设传播学选修课;1983 年由中国社会科学院研究所世界新闻研究室组织编写的《传播学(简介)》中明确使用了"传播学"这个概念;1982 年 5 月初,施拉姆访问了北京、上海、广州三地大学和新闻机构。在施拉姆访华之前,处于研究范式转换之中的中国学者隐约地认识到这个新学科的轮廓,这次访问无疑成为中国传播学发展的"助燃剂",对中国内地的传播学研究影响深远。

我国传播学研究主要从以下四个方面进行。

一、引进传播学

从 1980 年起,中国人民大学、中国社科院新闻研究所诸多学者先后翻译了大量的外国传播学文献,如:陈亮等翻译了《传播学概论》(新华出版社 1984 年版),陈韵昭先生翻译了《传播学的起源、研究与应用》(福建人民出版社 1985 年版),中国对外翻译出版公司出版了联合国教科文组织国际交流委员会的《多种声音,一个世界》,祝建华等人翻译了《大众传播模式论》(上海译文出版社 1987 年版),这些文章和书籍成为我国研究西方传播学的主要参考书。此外,复旦大学郑北谓教授、陈韵昭教授先后在《新闻战线》《新闻大学》等杂志上开设传播学专栏,一批新闻教学和研究人员在《国际新闻界》登载译文,系统地介绍传播学在美国产生、发展与演变情况,以及美国关于传播学的主要观点和流派、代表人物、传播模式等。

由于引进了西方传播学,在新闻界、宣传界引起较大震动,许多新闻工作者开阔了视野,纷纷在这门新学科里寻找武器。但是,绝大部分人对西方传播学还是初次接触,一知半解,少部分人则侧目相视,甚至简单地认为传播学就是资产阶级新闻学。

二、评价和分析

1982 年,由中国社科院新闻研究所倡议召开了有关西方传播学问题的座谈会,6 所高等院校和部分新闻单位的学者参加会议,提出了"系统了解、分析研究、批判吸收、自主创造"的 16 字方针,揭开了我国传播学研究的序幕。当第二次传播学讨论会于 1985 年 6 月 20 日在上海举行时,我国传播学研究已有了一些成果。这两次会议涉及许多人共同关心的问题,如:传播学是不是一门科学,传播学研究的意义、领域和方法,传播学同其他学科的关系,我国要不要传播学,怎样研究传播学,等等。在这期间,国内一些新闻、教育、科研单位也召开过一些小规模的研讨会。介绍西方传播学的书籍一时很抢手。

三、理论探讨

从 1984 年起,我国传播学研究已出现从系统介绍西方传播学进入建立我国传播学理论体系和模式探讨的趋势。首先突出地表现在对传播学的理论探索,特别是对西方传播学的理论意义和实践意义进行了较为深刻的分析,指出其局限性并开始思考传播学中国化的问题,但真正从介绍走向吸取西方传播学理论和方法,讨论建立有中国特色社会主义传播学是以 1986 年 6 月黄山会议为标志的。从会议发表的论文看,我国学者对西方传播学了解更深更全面了,并对建立我国传播学有了一些初步的设想,出现了传播学研究"中国化"的势头。

四、应用研究

在西方传播学研究中普遍采用概率统计方法进行民意调查的启发下,我国许多传媒单位开展了社会调查工作。1981 年,首都新闻学会组织了大规模的受众调查,同时,江苏、浙江也开展了类似的工作。1985 年,上海市有关部门组织了对上海报纸中外商广告的调查;同年,首都新闻学会和中国社科院新闻研究所对全国报纸现状进行了调查。尤其可喜的是,运用传播学理论进行的"新闻事业与四个现代化调查"被列人国家"七五"重点科研规划。

此外,我国先后成立了一批研究传播学和公共关系的机构。1985 年 6 月,复旦大学成立了文化与传播研究中心,这是我国第一所高校传播学研究机构;由陈韵昭研究员主持的珠海市应用传播学研究所是我国第一个政府办的传播学研究机构,新华社成立了我国第一家公共关系协会,广东成立了我国第一家公共关系俱乐部即广东地区公共关系俱乐部。

从 20 世纪 90 年代起,我国传播学研究进人新时期。从 1982 年至今,全国共召开了 5 次较大规模的研讨会,出版了 100 多部著(译)作,并已开展对外交流。值得注意的是,传播学中国化研究已被重视,余也鲁先生所倡导和支持的中国化研究取得了诸多重要成果。

总的来说,目前我国传播学研究已从介绍西方传播学、消化西方传播学,进入探讨我国传播学的阶段。虽没有完整的传播学研究的体系和自己的研究方法,谈不上有什么学派和代表人物,但一部分人在开展引进工作时,对自身的传播学也进行了认真的思考。当然,从总体看,我国传播学研究水平还不高,特别是过多注意研究西方的理论,而缺少对中国传播现状的考察与研究。

在鸟瞰我国传播学研究的全貌时,我们欣喜地感到,我国的传播学研究将会有较大的发展,这是因为我国是既有庞大的信息市场,又拥有数量可观的各种传播媒介的发展中国家。

百花齐放、百家争鸣的"双百"方针为传播学研究开了绿灯,发达和初具规模的新闻事业为传播学研究打下了基础。由于政治体制改革已列上议事日程,传播新体制的建立将会受到重视,又由于传统的原因和传播学研究的现状,我国可能更注意用较为实际的方法去研究传播学。在传播理论的研究上,可能突出评价、消化和修正西方传播学理论;对欧美传播学进行综合分析,吸取其营养成分;充分估计和评价传播事业的现状,提出传播学研究的方向和重点;通过实践,建立自己的传播学研究理论[1]。

基本概念与问题思考

1. 公共领域

① 戴元光,金冠军.传播学通论[M].上海交通大学出版社,2007:23-25.

2. 文化工业

3. 法兰克福学派

4. 批判学派

5. 经验学派

6. 霸权

7. 哈贝马斯

8. 简述批判学派与经验学派区别。

9. 简述英国文化研究学派的代表人物及其观点。

10. 谈谈传播学的学术渊源。

11. 简述批判传播学中的霸权理论。

第十二章
新闻传播以外的传播类型

新闻传播学是一门新兴的学科，由于它是一个规模较广的学科门类，因此涉及很多的社会领域。而且，因为新闻传播学对现实世界具有很强的指导性，以及它对整个社会运作的重要性日益突显，新闻传播学越来越受到我国社会各界的重视。目前，我国的新闻传播学研究呈现较快的发展势头，并且已经形成了一定的学术规模。首先，当代新闻传播学正在向社会生活的各个领域拓展，根据传播内容的不同性质来划分，可以把传播类别分为政治传播、文化传播、艺术传播、经济传播、教育传播。本章重点讨论政治传播和文化传播。其次，根据传播的方式和内容，人类的传播活动可以分为人际传播、组织传播、人内传播、群体传播、大众传播。本章重点论述组织传播和人际传播。

第一节　政　治　传　播

传播与政治是同时诞生的，自从人类社会产生了政治，产生了国家和阶级，就出现了政治传播。首先，政治传播学产生的现代背景是大众媒介的发展及其对政治生活的影响。大众媒介从产生开始就介入了政治生活。其次，政治传播学产生的历史背景是两次世界大战的爆发，以及宣传学、政治宣传等概念的出现。事实上，人类无法摆脱和超越政治的制约和控制；同时，没有传播也就没有人类的政治活动、阶级社会、国家政权以及正常的政治运作。而且，新闻传播学的兴起与政治传播学的研究是分不开的。

一、政治传播的缘起

对政治与传播的关注，要追溯到公元前 6 世纪的希腊哲学家，包括亚里士多德的《政治与修辞学》。欧洲的阿奎那、莎士比亚和马基维利也都讨论过政治说服。对传播媒体和政治行为态度的研究,是从 20 世纪初开始的,主要有李普曼、拉斯韦尔、拉扎斯菲尔德等人。政治传播在 20 世纪 50 年代成为一门正式的学科。但是,最初的研究是由社会学领域的专家主导的,他们侧重政治宣传与选举的实证研究。

直到 1968 年,美国的大学研究所针对这个领域开班授课,内容为学术研究、新闻从业人员的培养,这时,这方面的研究才慢慢地被传播学者取代。值得注意的是,20 世纪 70 年代在美国发生的三大事件标志着这一领域发展成熟,分别是:1973 年,国际传播学会成立政治传播组;1974 年,国际传播学会出版政治传播期刊;第一本政治传播研究参考书目出版,1981 年尼默和森德尔斯出版了《政治传播研究导论》。然而,从 1980—1990 年,政治传播的议题和研究方法发生了转变,具体表现为两个方面:一是除了政治宣传和选举的议题外,还开始研究受众对新闻信息的吸收与解读的过程、政府与媒体的关系、政治演说修辞学、电视传播以及政治人物间的辩论;二是除了量化的实证研究方法外,还增加了质化研究和文化批判。

传播学四大奠基人之一的美国学者哈罗德·德怀德·拉斯韦尔是政治传播学的奠基人。拉斯韦尔最初是一位政治学家,是美国行为主义政治学的创始人之一。他在 1927 年出版了《世界大战中的宣传技巧》,书中通过分析在第一次世界大战中德国人、英国人、法国人和美国人采用的宣传技巧,为宣传建构起学术框架。当时,拉斯韦尔将研究的重点放在第一次世界大战中的宣传信息所用的符号上,包括交战双方使用的报纸、宣传手册、传单、书籍、海报、电影、图片。他认为宣传就是"仅仅指通过重要的符号,或者更具体但是不那么准确地说,就是通过故事、谣言、报道、图片以及社会传播的其他形式,来控制意见。"[①]拉斯韦尔还把他对宣传的结论从战争引申到了社会:"宣传是对现代社会的广阔性、理性和随意性的本能反应。它是新的社会发动机……宣传的动作机制就是揭示社会行为的秘密原动力,就是将我们盛行的有关主权、民主、诚实和个人意见神圣性的学说置于最尖锐的批评之下。"[②]正是在第一次世界大战前后,开始形成了政治传播学。

美籍奥地利社会学家保罗·拉扎斯菲尔德在 1948 年出版的《人民的选择》

---

① [美]哈罗德·D. 拉斯韦尔. 世界大战中的宣传技巧[M]. 张洁,田青译. 中国人民大学出版社. 2003:22.

② [美]哈罗德·D. 拉斯韦尔. 世界大战中的宣传技巧[M]. 张洁,田青译. 中国人民大学出版社. 2003:177.

可以被当作政治传播学兴起的标志。拉扎斯菲尔德以 1940 年总统选举为调查对象,主要研究了大选期间影响选民投票意向的因素。这项调查从 1940 年 5 月开始,到 11 月大选结束时止,其试图找出选民政治态度的形成和变化的某种规律。其最终得出的结论是:大多数人在竞选之初就已经做出了投票的决定,而大众媒介的实际影响效果并不大,真正决定人们投票意向的是人际传播的影响力。后来,拉扎斯菲尔德和 1954 年出版《选举》一书的贝尔森,他们共同做的关于选民的研究,支配了政治传播学研究的方向长达 20 年之久。当然,在这期间还有许多其他著作出版,比如,1963 年多伊奇出版了《政府的神经:政治传播与控制的模式》;1969 年拉斯韦尔和爱略拉出版了《政治传播:印度和美国政治名流所用的公共语言》;1975 年查费出版了《政治传播:研究的问题与策略》。

二、政治传播的界定

有许多西方学者为政治传播下过各种定义,但目前仍无一个统一的说法。其中,查菲的定义受到了大多数人的认同。查菲认为,政治传播是传播在政治过程中扮演的角色。值得一提的是,费根在《政治与传播》中指出,凡是与政治制度的功能有实际的或潜在的影响的一切传播活动都是政治传播活动。他对于传播过程与选择政治领袖、确定政治议程、参与政治决策、批评政治和政治社会化的关系的研究支持了政治传播研究中的比较研究方法。

我国最早研究政治传播学的是台湾地区学者祝基滢。1983 年,他出版了《政治传播学》,该书介绍了西方学者关于政治传播研究的基本内容、理论和方法。祝基滢认为:"政治传播就是'政治谈论',其传播的工具,不仅包括文字语言,也包括非文字语言的符号,如照片、图片、说话的姿态,面部表情等无声的语言。此外,事物本身也有说服他人的力量。"[1]他强调,政治传播就是这些"符号之活动",他认为传播的三个基本因素分别是:符号;符号所代表的事物;解释。因此,"有效的、成功的政治传播应建立在双方对符号之意义有共同认识之基础上。换言之,传播双方应对重要之政治符号作同样的解释"[2]。祝基滢将政治传播界定为一种符号的活动,他提出,政治语言的意义不能脱离使用者的思想而独立。祝基滢还表示,政治传播的目的有三个:一是物质的获得;二是政治地位的提升;三是个人的参与。根据丹·尼谋的观点"政治就是谈论",祝基滢将罗宾森的 13 种语言的社会功用应用到了政治上。他称,政治传播的职能包括:避免不

---

① 祝基滢. 政治传播学[M]. 三民书局,1983:10.

② 祝基滢. 政治传播学[M]. 三民书局,1983:13.

愉快的行动;接受社会规范;美感;寒暄规范;允诺与保证;节制自我;节制他人。

在我国,邵培仁的定义最具代表性。邵培仁说,政治传播"是指政治传播者通过多通道、多媒体、多符号传播政治信息,以推动政治过程、影响受传者的态度与行为的一种对策"①。1991年,邵培仁出版了《政治传播学》,他不仅确定了政治传播学的研究对象,同时还建立了自己的理论体系,这说明我国学界已经开始高度关注政治传播在现代政治生活中的作用。邵培仁称,政治是传播的主神经,传播是政治的控制器。邵培仁提出,政治传播是一定阶级或者利益集团为了实现自己的政治目的而实施的一种活动或手段。他认为,政治传播的目的有五个:一是告知,即通过各种传播渠道告知人们其政治上的主张;二是解释,即对政治事件、现象、方案、政策或者观点等作出令人信服的说明;三是劝服,即通过政治传播让人们明辨是非和站稳立场;四是规范,即明确告诉并促使人们在一定的方针、政策、法律、制度、规章和伦理习惯容许的范围内活动;五是娱乐,即政治传播能够通过提供娱乐的方式帮助人们暂时忘却现实的烦恼。由此,笔者归纳出政治传播的特点是阶级性、劝服性、双向性、辐射性和相契性。

三、政治传播的研究

首先,政治传播学的产生有两个理论基础:一是政治传播学的理论渊源;二是政治传播学产生的方法论基础。有关政治传播学的理论渊源,丹·尼谋和凯恩·桑德斯在1981年出版的《政治传播手册》的"导论"中介绍了政治传播学产生的理论渊源,包括语言分析理论、态度转变理论、投票研究、政治与大众媒介的关系研究、功能与制度研究、传媒技术的理论研究和竞选技术风格研究、宣传分析理论研究。有关政治传播学产生的方法论基础,丹·尼谋和凯恩·桑德斯则认为,行为主义及其具体方法是狭义政治传播学产生的方法论基础,行为主义主张用科学的思想方法来研究政治学,并从自然科学中引进理论模式,把注意力集中在实际的、可观察的行为上,诸如对政治社会具有意义的政治人物、投票、公共政策制定和评价等,行为主义强调研究的问题的可检验性,并力图寻求找到政治学科的科学化方法论通则。

其次,政治传播是政治家、政府组织与公民这三个互动环节的中间环节,这三者之间的互动关系构成了政治传播学的研究对象。政治传播的研究范围包括5个主体:第一,政治传播行为,包括公民个体之间的政治讨论,利益团体、政党

---

① 邵培仁. 政治传播学[M]. 江苏人民出版社,1991:25.

与政府之间的公共沟通。第二，政治传播内容，涉及政治信息的采集、加工和制作，流通和存储，信息的匮乏和超载、失真和干扰。第三，政治传播途径，包括政治符号和大众媒介。政治符号是政治信息的载体，可以分为语言的和非语言的两种。大众媒介是政治信息传递与接收的物质手段通道。第四，政治传播环境，诸如政治局势、经济状况、道德、法制、艺术、宗教等社会现象。第五，政治传播形态，包括政治传播的目的、效果、特性、原则、功能、表现形式等。

当代有关政治与传播的研究学者认为，现代政治进程与大众传播的发展密不可分。政治权力对舆论的控制通常是通过大众传播进行的，大众传播对政治权力起着间接的监督作用，大众传播又会对政策的制定和实施产生一定的影响。并且，大众传播是伴随着传播科技的发展而出现的一种强有力的大型社会信息系统，这种信息系统发挥什么性质的影响、具有什么样的意义，关键在于使用和管理它的人，以及它所处的社会制度和这些制度赋予它的使命。

第二节　文　化　传　播

文化传播学这门新的交叉边缘学科的理论假设是：可以用传播学的视野、原理和方法来解析文化的传播问题。虽然说，文化需要通过传播得以传承，传播也需要借助文化来丰富其自身。可是，文化传播学并不是文化和传播学的简单相加。所以，文化传播学是研究文化和传播的关系及其相互影响的学科。另外，随着当代大众媒介的迅速发展，文化传播活动变得越来越频繁，文化与传播之间的联系也变得越来越紧密，可以认为，一部人类文化的发展史就是一部人类文化的传播史。即一切文化都是传播的。

一、文化传播的内涵

文化传播的基因是符号。文化传播是人与人之间交流和交换信息的精神交往活动，是一个符号化和意义化的过程。符号是意义的外在形式或物质载体，是信息传递和文化传播的基本要素。

19 世纪末，泰勒在《原始文化》一书中首先用传播的概念来研究文化问题。德国人文地理学家拉采尔认为，文化要素是伴随着民族迁移而传播出去的，自然条件造成的民族文化差异会随着各民族的沟通和交流而减弱甚至消除，而物质文化是各民族沟通的前提。德国历史学家格雷布内尔研究发现，世界上的各国地区都存在若干个单个和独立的"文化圈"，每一个文化圈都拥有独立的文化因素,他主张,可以从文化圈的地理分布来研究文化出现的时间和传播的路径。英国传播学家里弗斯认为,民族之间的沟通和文化融合成为人类进步的动力。

二、文化传播的作用

有学者称,文化传播是指一种文化传递扩散的迁移继传现象。由此可以得出文化的 5 个特征:第一,社会性。文化传播是人与人之间进行的社会交往活动,是一种群体性的存在方式。第二,目的性。文化传播是在一定的意识支配下进行的有目的、有指向的活动。第三,创造性。文化传播是一个文化创新的动力系统。第四,互动性。文化传播是传者和受者之间信息共享的双向交流过程。第五,永恒性。文化传播贯穿于人类社会发展的始终。

一切文化都是在传播的过程中得以生成和发展的,传播是文化的内在属性,文化的传播功能是首要的。威尔伯·施拉姆称文化传播'是社会得以形成的工具';社会学家查尔斯·科利认为文化传播是'人类关系赖以存在和发展的机制,是一切智能的象征和通过空间传达它们和通过时间保存它们的手段';人类学家爱德华·萨皮尔强调:'每一种文化形式和每一社会行为的表现,都或明晰或含糊地涉及传播。'"[①]由此看来,文化的作用是助推社会的进步。

三、传播与文化关系

文化是一个国家的软实力,是衡量一个国家综合实力的重要组成部分。文化是不断向前发展的,传播也可以促进文化的进化。传播对文化的影响有 6 个方面:第一,文明程度越高的文化越容易扩散。这就是优势扩散原理。第二,传播促成文化整合。两种以上的不同文化之间可以发生相互吸收、认同、趋于一体化的情况。文化同化是文化整合的主要表现,全球化的浪潮助推了文化同质化和跨文化传播的趋势。需要特别指出的是,文化传播中存在维模原理和适应原理。维模原理能使文化圈对外来文化起到选择接受和自我保护的作用。适应原理指当一种文化传递到另一种文化圈时,必须适应新的文化圈的特殊环境。第三,传播促进文化增值。一种文化原有的价值和意义可以在传播后产生新的价值和意义。第四,传播促进文化分层。传播容易形成文化圈内部不同群体之间的文化层次,这样就会形成"信息沟"。第五,传播促进文化变迁。世界上的任何

① 周晓明.人类交流与传播[M].上海文艺出版社,1990:10.

一种文化都是处于动态变化之中的,具体表现为文化特质、文化结构的变动。第六,传播促进多元文化的发展。在面临全球化带来的文化资本主义的倾向时,每一个国家必须保护本民族的文化特色。尤其是发展中国家,在面对文化霸权时,必须掌握文化主权,处理好强势文化与弱势文化、传统文化与现代文化、西方文化与东方文化的冲突和矛盾。

第三节　组　织　传　播

在当代社会,组织实质性地影响着社会生活的方方面面。因为组织世界是由不同的组织关系组合而成的,每种组织传播行为都是组织关系的一部分,每种关系又会与其他组织传播关系产生关联。可以肯定地说,没有传播就没有组织,组织传播是组织活力的源泉。任何传播行为和传播关系都可以成为了解组织传播的方式。所以,必须在组织的框架下,将个人的洞察力转化为组织传播行为,有计划地建立组织传播的运行系统,发挥组织架构、组织文化和组织制度等传播手段的最大效果。

一、组织与组织传播

只要有人的地方,就会有组织。组织是指通过协调活动来达到个人和集体目标的社会集合体。人们为了实现某个目标而组成了一个集合体,这个集合体是有序化的人群集合体。组织的特征有三个:一是既定的共同目标及专业化的部门分工;二是协调的统一系统及职务分工和岗位责任制;三是具有普遍约束力的被组织成员共同遵守的规范及组织系统的阶层制或等级制。常见的社会组织有以下这些:政治组织,如政党、政府、群众团体;经济组织,如企业公司;军事组织;教育组织,如学校;宗教组织。

一般而言,大多数社会成员都隶属于某个组织,有些人甚至还同时属于多个组织。1964 年,厄佐尼在《现代组织》中写道:"我们的社会是一个组织的社会。我们出生在组织中,受教育于组织中,而且,我们中的大多数耗去大量的生命为组织工作。即使是在许多闲暇的时间里,我们也在组织中娱乐,在组织中祈祷。我们中的大多数将死在组织中,并在葬礼到来的时候,还须得到最大的组织——政府——所赐予的官方许可。"[①]近代人类社会的重大变化之一就是组织化,组

---

① 周晓明. 人际交流与传播[M]. 上海文艺出版社,1990.

织在我们的个人生活和社会生活中影响很大。

组织传播是指组织与其成员及部门、部门与部门、组织与其所处环境之间的有目的、有秩序的信息传播活动。埃弗雷特·罗杰斯是当代最著名的传播学者，他将组织传播定义为"发生在组织内、组织间，以及组织与其环境间的传播"①。他认为："研究组织传播的最重要的理由，是因为组织传播之发生是在高度的结构网络之内。……传播是组织的原动力，传播提供组织的一切活动。……也是组织与其环境交换讯息的重要工具。"②美国学者戈德哈指出："组织传播，即由各种相互依赖关系结成的网络，为应付环境的不确定性而创造和交流信息的过程。"③由此看出，组织传播是通过信息传递将组织的各部分连结成一个整体，以保障组织的正常运行。

伴随组织而来的是如何管理组织的问题。帕森斯认为："组织系统之间信息和能量的交换，为组织内部或组织之间的变迁提供了潜在的可能性。"④传播不过是组织实现目标的工具而已。决定组织生命的是组织系统中成员之间信息的有效传播。每个组织都会设计获取信息、处理信息，并将其分送给组织各系统适当接收者的方式。彼得·德鲁克在1988年发表了《新型组织的出现》，指出："未来的典型企业应该被称为信息型组织。它以知识为基础，由各种各样的专家组成。"⑤任何一个组织都可被称为一个意义系统和信息处理器。美国学者卡尔·韦克在《组织的社会心理学》中也提到，组织形成的过程实际上就是传播的过程。

组织传播学的研究。组织传播学的目的在于研究一群人为了达到某种共同目标，而生活在一个各具权责义务的有机体内彼此沟通互动的过程。由于组织是一种制度化的结构，权责的划分与贯彻，成了实现目标的必要条件。由这个层级结构建立起来的组织系统，引发了相当复杂的互动机制与其他相关变项的渗入，因此提供了组织传播学诸多可探究的概念。譬如对组织结构或系统本身的研究、高低阶层之间的互动、问题解决与决策过程、生产力与员工士气、组织发展、经营与管理的措施、权力与策略运用、不同组织之间的冲突与合作以及公关等，都是组织传播学探讨的对象。"⑥由此可见，组织传播学的研究范围非常广泛。

凯瑟琳·I. 米勒是美国组织传播学界公认的权威学者，他认为，研究组织传

① ［美］埃弗雷特·M. 罗杰斯著，陈昭郎译. 组织传播[M]. 台湾编译馆，1983：10.
② ［美］埃弗雷特·M. 罗杰斯著，陈昭郎译. 组织传播[M]. 台湾编译馆，1983：7.
③ 居延安. 信息·沟通·传播[M]. 上海人民出版社. 1986.
④ ［美］乔纳森·H. 特纳. 社会学理论的结构[M]. 邱泽奇，张茂元译. 华夏出版社，2006：46.
⑤ ［美］彼得·F. 德鲁克等. 知识管理[M]. 杨开峰译. 中国人民大学出版社，1999：117.
⑥ 陈国明. 简明英汉传播学典[M]. 中国人民大学出版社，2003：530.

播"必须注意到传播过程在促进组织及个人目标的协调活动上有何贡献。这样的研究同时也将我们的注意力导向结构与权力对传播的影响之上,及其如何在组织界限的内、外产生影响,并且突显出象征性所显示出的多重意涵,以及历史与各种组织因素对传播过程的影响。"①米勒是从"学派与过程"的视角来研究组织传播。埃里克 • M. 埃森伯格和小 H. L. 古多尔提出了组织传播"平衡创造性与约束"的理论模式,他们认为,组织传播"是一个不断调节个人创意与体制约束之间的矛盾的过程"②。因此,组织传播学是一门具有很强的实用性的学问。

二、组织传播的功能

组织是人们为了高效率地完成分散的个人或松散的群体所不能承担的生产或社会活动而结成的协作体。组织是一个结构秩序十分严密的社会结合体,它必须具有明确的目标、制度、纪律、严格的分工、统一的指挥管理体系。

组织传播的特点有三个:第一,传播的主体是组织,它是组织与成员、组织与部门、组织与环境之间的沟通。传播的时间、对象、方式和渠道,从一开始就被组织机构限定了。第二,传播参与者扮演的角色由他所处的位置决定。每个人都是这个组织中的一员,他们处于不同的位置,于是承担不同的角色,有领导者和被领导者之分。第三,组织传播具有明确的目的性和可控性。通过疏通组织的内外沟通渠道改善组织的内外关系,可以提高组织效率。

组织传播的目的是稳定组织成员,应付外部环境,维持组织的持续性和长久性。组织传播是通过信息传递将组织的各个部分联结成一个有机的整体,以此保障组织目标的实现和组织的生存与发展。组织传播的功能有四个:一是内部协调。确保组织内部的协调,建立组织内部成员的联系协作机制。二是指挥管理。确保组织与外部环境建立联系。三是决策应变。通过组织内部情感交流,加强内部成员之间的了解。四是达成共识。通过组织内部多层次、多角度的信息交流满足每个成员的社会心理需求。

三、组织传播的类型

组织传播可分为两类:一是组织内传播;二是组织外传播。组织内传播表

---

① [美]凯瑟琳 • 米勒. 组织传播[M]. 陈淑珠等译. 五南图书出版有限公司,1998:20.

② [美]埃里克 • M. 埃森伯格,小 H. L. 古多尔. 组织传播——平衡创造性和约束[M]. 白春生,王秀丽,张璟译. 北京广播学院出版社,2004:23.

现为信息在组织内部的流动。这里的信息指组织成员共同认可的组织目标、规则、运转机制、文化环境。组织成员必须依靠组织传播使自己的角色组织化,并在组织中寻求自身的合法性定位。每位组织成员都需要了解两类信息:与角色有关的信息;与组织有关的信息。组织外传播是指一个组织与外部环境互通信息的交换过程。按照信息流动的方向,组织外传播可以分为内向传播和外向传播两种。内向传播是环境信息的输入组织,其功能是对环境进行监测和分析。信息输入是指组织从外部环境输入目标管理和决策应变所必需的信息。外向传播是指组织信息的输出到环境,其功能是组织对环境的宣示、告知和影响。

外向传播中的信息输出有 3 种活动形式:一是公共关系即公关宣传。公共关系指社会组织与周围社会环境中的其他组织、机构、团体以及公众之间的联系,即组织为了与其所处的社会环境建立和保持和谐关系而进行的各种宣传活动。社会组织为了建立自身的良好形象,需要开展与公共关系有关的活动来营造有利于自身发展的空间。例如,赞助公益事业、主办新闻发布会、发放宣传品、举行地方联谊、设立开放日供外界参观访问。通过这些活动可以使外界公众了解组织的宗旨、目的和社会意义,以及防止和解决组织与周围公众发生的矛盾和冲突。二是广告宣传。广告是利用大众媒介进行的大规模的宣传活动。广告是企业组织参与市场竞争的主要手段,广告可以提高企业和商品的知名度,扩大企业的品牌影响力,具有促销的效果。广告是社会组织输出信息的最直接、最迅速、最有效的方式。三是企业标识系统即 CIS。企业标识系统的英文是corporate identity system,简称 CIS,也可译为"企业表征系统"。CIS 指企业组织和其他社会组织使用统一的视觉或者听觉的象征符号系统,塑造、保持或更新企业独特的自身形象的行为。采用的象征符号是具有特色的视觉图案,它主要由 3 个要素构成:理念价值标识;行为规范标识;视觉或听觉形象标识。

第四节　人 际 传 播

人的社会关系,相当程度上是属于人际关系的一类。人是社会的人,作为社会个体的人与人之间的交流是必须的,人有了相互交流才能称得上是社会的人,才能在建立社会关系的过程中形成自己的社会本质。交流也是人们确认自我和建构自我认知,通过对话来实现心灵沟通的重要手段。可以断言,在人的生命之始最本能的传播行为就是人际传播。人际传播是人成为社会人的重要基础,它是人与人之间的社会关系的直接体现。通过人际传播,人们实现了认识与控制环境,获得了人生经验,并满足了自身情感的需要。因此,人际传播是社会生活中最直观、最常见、最丰富的传播现象。

一、人际传播的概念

人际传播是一种最典型的社会传播活动，是最原始的传播类型，是最常见的一种传播方式，是人类社会赖以生存和发展的最基本的形式，是其他一切传播活动的前提。

人际传播的定义：确定的两个个体之间，或者多个个体之间的信息交流活动和符号的相互作用。人际传播就是个人与个人之间借助语言符号和非语言符号而彼此交流信息、沟通情感、协调行为的社会活动，一般有两种方式：①面对面的交谈。这是'人际传播'最基本和主要的形式。②通过中介进行的信息沟通，如通过电话、电报、电传等手段进行的交流。"①施拉姆认为，两个或两个以上的人因一些他们共同感兴趣的信息符号聚集在一起叫作人际传播。美国传播学者麦克劳斯基、里奇蒙和斯图尔特在《一对一：人际传播基础》一书中确立了"人际传播是人与人的意义交流"的观点，并将其定义为"一个人适用语言或非语言讯息在另一个人心中引发意义的过程"②。人际传播有两种方式：直接面对面地交流；间接通过非大众媒介渠道的非面对面的手段进行沟通。

人际传播具有三大特征：第一，双向交流。人际传播是传播参与双方相互间的传播行为，它是一个双向互动的过程。在一个完整的传播过程中，传播参与者充当传播者和受传者的双重角色，使信息交流进行传播、反馈。每一方都可以随时根据对方的反应把握自己的传播效果，也可以补充传播内容或者改变传播方法。在思想间的频繁交流中，人的思想更接近、认识更统一、传播内容更丰富。1954 年，威尔伯·施拉姆在《传播如何得以有效进行》中提出了一个循环模式来描述人际传播的双向性。第二，情境性。人际传播总是发生在一定场合中的信息交流行为，时间、地点、参与者和话题等因素构成了传播情境。人们总是根据时间、空间、双方关系和当时心情等要素来选择不同的话题进行交流，而且交流的内容可以依据实际情况进行及时调整。1981 年，克劳佩佛提出了一个人际传播模式，这个模式表明传播情境中存在"噪音"，即干扰。噪音分为外部和内部两类。外部指物质性噪音和渠道性噪音，内部指心理干扰。传播学对人际传播社会功能的研究有三个方面：一是人际传播在个人社会化过程中的作用；二是人

---

① 甘惜分. 新闻学大词典[M]. 河南人民出版社，1993：58.

② James C. McCroskey, Virginia D. Richmond, Robert A. Stewart. *One on One*, *The Foundation of Interpersonal Communication*. New Jersey: Prentnice Hall Inc. 1986. 2.

际传播对大众传播效果的影响；三是人际传播对大众传播过程与效果的影响，包括拉扎斯菲尔德的"两级传播论"、罗杰斯和休梅克的"创新扩散论"。第三，非制度化。在传播关系的建立上具有自发性、自主性和非强制性，人际传播建立在自愿和合意的基础之上。

特伦霍姆、米勒和威尔莫特等人强调了人际传播的直接性。罗斯格兰特、桑普莱斯指出："把人际沟通定义为参与者拥有一对一关系的沟通，人际沟通包括整个人类的沟通，其本质特征是参与者在一对一基础上的直接沟通。"[①]英国学者哈特利认为："①人际传播是一个个体向另一个个体的传播。②传播是面对面的。③传播的方式与内容反映个体的个性特征，而且，反映他们的社会角色及其关系。"[②]他们都道出了人际传播的本质属性。

二、人际传播的过程

首先注意到影响大众传播活动的人际传播因素的是拉扎斯菲尔德，他在《人民的选择》中提出了"两级传播理论"。他研究了 1940 年总统大选的选民情况，结果发现选民所受到的大众媒介的影响还不如其身边人的影响大，这些有影响力的身边人被称为意见领袖。大众传播不直接影响人民，来自大众传播的信息首先影响了意见领袖，然后意见领袖再在人际交往中直接影响一般民众。

把信息从大众媒介传递到受众的过程中，这里还牵涉"守门人"的概念。卢因在《人际关系》中最早使用"守门行为"一词，他认为，信息通过各种关卡的过程相当于信息透过守门人从发送者传达到接受人，守门人的作用是过滤信息。人际传播的模式有两种：反馈的面对面传播；无反馈的直线性/单向传播。有反馈的面对面传播在共同的符号系统中交流，这里就涉及到一个符号转换的问题。

美国数学家申农和韦弗 1949 年提出了直线性传播模式，称为"申农—韦弗模式"。它区分了传播者与接受者的地位和作用，但却忽视了传播者和接受者在人际传播中的角色转换。然而，1954 年，美国的奥斯古德和施拉姆提出了"奥斯古德—施拉姆模式"，他们认为，传播者和接受者是对等的，双方行使着相同的功能，即编码、解码。编码指传播活动中的双方各自将传递的内容符号化；对符号的解译过程是解码。"奥斯古德-施拉姆模式"是一个高度循环性的模式，揭示了面对面人际传播的实质，人际传播的过程实际上是对信息交替往复地进行编码

---

① ［美］泰勒等. 人际传播新论［M］. 朱进东等译. 南京大学出版社，1992：16.
② ［美］泰勒等. 人际传播新论［M］. 朱进东等译. 南京大学出版社，1992：14.

和解码的过程。"这个模式对于理解反馈频繁的人际传播过程,是非常适用的。"①在人际传播的过程中,一方不断地向另一方发送讯息,另一方不断地接受对方给予的信息,双方反复地进行着符号互动。

三、人际传播的效果

美国学者约翰·斯图尔特在《桥,不是墙》中提出:"人际传播是两个或更多的人愿意并能够作为人相遇,发挥他们那些独一无二的、不可测量的特性、选择、反思和表达的能力,同时,意识到其他的在者,并与人发生共鸣时所出现的那种交往样式、交往类型和交往质量。"②人际传播有时却很难达到良好的传播效果。

从传播效果的角度来看,人际传播分为有效传播和无效传播两种。要做到有效传播,需要具备三个条件:第一,开放性。开放性的表现是乐于向对方进行自我表白。伯齐纳和科利把这个概念称为"供认自己的感情和思想",他们认为,把他人的感情或意见视为自有的人,使得事情变得很明确,即他对自己的感情和行动负责。他显示出自己乐意接受责任,并且对别人加以承诺,这与那些将自己的感受拿来抱怨别人的行为形成对比。需要引起注意的是,开放性会因为文化背景的不同受到限制。与开放性相关的,是防卫性传播,指当一个人感觉或预期到威胁时所采取的传播行为方式。第二,拟情作用。拟情作用这个概念来自苏格拉底、柏拉图和康德。拟情作用要求实现双方拥有一样的感受,人际传播中最难做到的是双方的沟通达到水乳交融的地步。第三,寻求共同经验范围。既尊重对方的文化知识背景,又要让对方理解自己的文化知识背景。双方的差异性和陌生感会增加传播过程中的障碍,只有在较短的时间内找到双方的共同点,传播才能顺利实现。

需要补充的是,首先,本章主要讲述了新闻传播以外的4种传播类型,即政治传播、文化传播、组织传播、人际传播。但由于新闻传播这一学科的包容性和涵盖范围甚广,因此还有很多的类型包含在内。其次,新闻传播这一学科是一个不断处于动态发展中的学科体系,加之其与现实社会的紧密联系,在未来这门学科一定会延伸出更多新闻传播以外的传播类型。再次,新闻传播是一种极为复杂的社会现象,且其涉及到太多复杂的要素,包括传播技术、传播内容、受众类型和传播效果,所以,新闻传播以外的传播类型其实还有很多,包括艺术传播、经济

---

① ［英］麦奎尔,［瑞典］温德尔. 大众传播模式论［M］. 祝建华,武伟译. 上海译文出版社,1977：22.

② John. Steward. Bridges，*Not Walls*：*A Book about Interpersonal Communication*. New York：McGraw-Hill Inc. 1995. 4.

传播、教育传播、人内传播、群体传播等等，并且它们已经逐渐成为新闻传播学的重要分支和研究领域。

基本概念与问题思考

1. 试述政治传播与现代社会的关系。
2. 政治传播与舆论宣传是一回事吗？
3. 简述新媒体环境下文化传播的功能变迁。
4. 如何提升跨文化传播的效果？
5. 请结合实例来解释"组织就是传播"这个说法。
6. 请说明组织传播研究在当代新闻传播学研究中的意义和地位。
7. 为什么说人际传播是一种多媒体传播？
8. 人际传播的社会功能有哪些？

第十三章

全媒体时代的新闻传播学发展

伴随着信息、通讯以及网络技术的不断发展，以数字技术为基础的各种新媒体不断涌现，各种传播技术也层出不穷。为了适应新型传播媒介的不断冲击，各类传统媒体和研究者纷纷积极应对，寻找对策。由此，全媒体概念应运而生，并且影响力日渐扩大，成为当前传播学研究中的一个热门词汇，屡屡见于报端而被人们所熟知。

第一节 全媒体述略

与多媒体的简单的技术综合应用不同，全媒体更偏向于一种概念的融合，包括传播方式、营销方式、参与方式、报道内容、信息终端在内的全方位融合，是一种全新的传播形态。

一、全媒体的缘起

1999 年 10 月 19 日，玛莎-斯图尔特生活全媒体公司成立。这个公司拥有并管理多种媒体，包括 4 种核心杂志、34 种书籍、一栏荣获艾美奖的艺术电视节目、一栏在 CBS 电视台播出的电视周刊节目 This Morning。不仅如此，MSO 还管理一个名为 AskMartha 的报纸专栏（其内容提供给 230 多家报纸）、一个在美国 330 多家广播台播出的节目、一个拥有 17 万注册用户的网站。玛莎-斯图尔特生活全媒体公司是美国当时最有名的家政公司之一，它通过旗下的"全媒体"传播自身的家政服务和产品。需要注意的是，这家公司虽然诞生于信息和通讯技术飞速发展的时期，互联网技术也在这一时期广泛应用，但是玛莎-斯图尔特生活全媒体公司仅是通过各种不同的媒介形态拓展自己的业务范围，并未意识到不同媒体形态之间的融合问题。

国内关于全媒体概念的提出,最早源于业界。根据武汉大学新闻学系罗鑫的调查表明,1999 年 6 月,《中国经济时报》中的一篇文章《消费真无热点?》中关于"个性化的市场需求即将成为家用电器行业的新潮流,也将是消费者新的消费追求热点,多元化、个性化的需求必将造就一片新的市场空间。重享受的发烧友追求全媒体、全数字的声音和图象效果"是国内第一次对全媒体概念的提出①。很明显,这次概念的提出是仅就传播形式而言的,注重的是传播背景下,受众的体验感受。

2006 年 9 月国家发布《国家"十一五"时期文化发展规划纲要》;2007 年,国家新闻出版总署启动了全媒体战略,发布《新闻出版业"十一五"发展规划纲要》,明确提出在平面媒体领域实施"全媒体数字采编发布系统工程",官方第一次确认了全媒体的说法;2009 年 7 月,国务院常务会议决定积极发展移动多媒体广播电视、网络广播影视、手机广播电视等新兴文化业态,推动文化产业升级。此后,各类报纸、期刊、广播、电视、出版社频频推出"全媒体战略"或"全媒体定位",从《烟台日报》传媒集团的"全媒体新闻中心"的"全媒体"运作方式到中央电视台的"世界周刊",从中央电视台奥运直播的广播信号同步网上直播到贺岁电影《非诚勿扰》与同名长篇小说《非诚勿扰》的同步"全媒体出版",等等。从 2010 年,国务院发文决定加快推进电信网、广播电视网和互联网三网融合,到 2015 年全面实现三网融合发展——中国的全媒体时代正式到来。

二、全媒体的含义

无论是业界还是学界至今对全媒体还没有一个完全而清晰的定义。目前为止,对全媒体的认识,学界主要有以下几种看法。

(一) 报道体系说

该学说认为,全媒体是指一种业务运作的整体模式与策略,是一种借助于多种媒体手段和传播平台来构建全方位的新闻报道。这以中国人民大学新闻学院教授彭兰为代表,她强调,从总体上看,全媒体不再是单落点、单形态、单平台的,而是在多平台上进行多落点、多形态的传播。报纸、广播、电视与网络是这个报道体系的共同组成部分②。在她看来,全媒体新闻的制作主要有两种模式:一是

---

① 罗鑫. 什么是"新媒体"[J]. 中国记者,2010(03).
② 彭兰. 媒介融合方向下的四个关键变革[J]. 青年记者,2009(2).

媒介形式的扩张,注重传播手段的丰富与拓展;二是全媒体手段的融合,注重各种媒介形式的相互融合①。这一概念以新闻业务自身作为落脚点,将全媒体概念落实在媒体形态的报道体系上,概括了全媒体报道的模式和特征;但将概念主要限定在媒体"报道"业务层面,对于媒介形态、传播方式、运营方式的融合没有论及,略显不足。

(二) 传播形态说

2009 年 11 月,南京空军政治学院军事新闻传播系的周洋则从传播的应用角度认为全媒体是一种媒体走向"跨媒介"的产物,一种全新的媒介形态。具体来说,是指综合运用各种表现形式,如文、图、声、光、电,来全方位、立体地展示传播内容,同时通过文字、声像、网络、通信等传播手段来传输的一种新的传播形态。也就是说,在这一种观点看来全媒体实际上是一种开放的传播形态,即借助于先进的信息和通讯技术以及不断进步的网络技术,全媒体不断吸收各种传播形态,以多种样式传播信息,增强受众的传播感受。这种观点概括了全媒体传播的形态特征,强调了媒体间融合生产新闻信息的的特点,认为全媒体是一种全新的传播形态。

(三) 整合运用说

该观点在综合前人认识的基础上,从两个方面进行界定。广义而言,全媒体概念是指对媒介形态、媒介生产和传播的整合性应用。狭义界定,是指立足于现代传媒技术和媒体融合的传播观念,综合运用新兴媒体与传统媒体在媒介内容生产、传播渠道联通、运营模式统筹等方面的整合性实践②。这一观点认突出了全媒体更具宏观性的整合应用,将多因素囊括其中,但未清晰地概括出全媒体概念的内涵和外延③。

以上是学术界对于全媒体几种主流认识,除此以外还有业界关于全媒体的认识,如媒介营销说,认为全媒体作为一种全新的媒介营销管理概念,是建立在媒介融合基础上的媒介经营营销策略,包括整合性的媒介内容生产平台的创建,以及相同媒介内容的不同呈现方式的组合应用。2009 年在济南举行的"全媒体出版整合营销沙龙"上,中文在线总裁童之磊认为:全媒体就是同一出版内容出现在不同媒体终端上,即通过全方位的传播渠道和传播形式覆盖所有的受众群。

---

① 彭兰. 如何从全媒体走向媒介融合——对全媒体业务四个关键问题的思考[J]. 新闻与写作,2009(7).

② 沈慧萍. 从《中国达人秀》看引进类节目的策划[J]. 新闻界,2011(6).

③ 石长顺,景义新. 全媒体的概念建构与历史演进[J]. 编辑之友,2013(5).

很明显,这一观点是一种媒介融合背景下的营销策略的应用。

综上所述,得出关于全媒体的基本认识:所谓全媒体本身并不是一个实体性的媒体,它实际上是一个集合概念,既包括媒介形态、媒介生产和传播新闻传播程中自身的业务融合,也包括传统媒体与新媒体跨行业融合,最终构成传播内容、传播形态、传播渠道等方面的综合应用。

三、全媒体的内容

根据这一基本认识,我们可以看到,全媒体至少包含以下几个方面的内容。

(一)新的媒介观念

全媒体时代的新闻传播通过融合的方式,使得新闻传播信心通过包括报纸、广播、电视、网络等媒介形态和包括文字、声音、视频、动画等在内的多种形态,以综合的方式将新闻信息予以传播。

(二)新的媒介形态

在网络技术的飞速发展和普遍应用下,大量新的媒体形态包括微博、微信等得以广泛应用。这些新的媒介形态在传播主体与受众、传播方式、传播内容等方面都和传统媒体有了很大的差别。

(三)新的传播手段

全媒体的关键在于基于技术发展以及普及基础上的"跨界融合"。利用技术优势,全媒体将新闻信息立体式、有层次地、全面地予以传播,使得传播受众能够全方位得予以体验,新闻受众接受新闻信息也将更加生动、全面、细致、迅速。

(四)新的信息生产方式

在全媒体背景下,新闻信息的制作与传播将更加细致和全面。与传统媒体的新闻信息的"单项"发布不同,全媒体更加侧重于提供信息平台,根据受众需要采编资源信息并"专项"供给。

(五)新的媒介运营模式

全媒体时代,伴随着媒介观念、媒介形态、传播手段、信息生产方式的改变,传统媒体的运营方式基于网络技术的不断发展也必将发生改变。

第二节　全媒体时代新闻传播特点

作为一种复合型概念,全媒体概念是一个全新的概念,目前对其概念学界尚无统一的认识,但业界在其长期的时间过程中发现,全媒体与传统媒体在传播技术、传播内容、传播形式、传播手段以及营销方式等方面的差别是全方位的。具体来说,主要表现在以下几方面。

一、受众参与全

借助现代通讯和网络技术的飞跃发展,全媒体时代参与新闻传播的主体更加全面,不仅包括传统媒体时代的专业新闻从业人员,还包括通过新媒体、自媒体发布身边信息的传统媒体的受众。网络时代,信息的互动成为信息传播的重要特征,通过互动将信息主体"泛众化",使传统意义上的新闻传播主体与受众之间的界限逐渐模糊。全媒体新闻传播的受众由于基数大、话题性强、形式多样而逐渐在传播活动过程中具有一席之地,使传统新闻的"单向性"提供新闻变为"互动性"分享新闻,网民实现了传播权利与传播义务的统一。正是因为全媒体的这一特性,传统媒体的功能逐渐发生了改变,分享内容与信息互动成为以网络技术为基础的全媒体特别是新媒体的主要运作方式。媒介机构不再是内容提供商,而成为了平台运营商,网民成了信息传播的主体。

二、产业竞争全

媒体产业链包含内容、渠道和终端三个环节。由于全媒体时代,媒介结构的角色发生了改变,更多地以"平台提供者"的身份出现,因此传统的以"内容为王"的产业已经不能适应新闻产业竞争的局面了。传播渠道和传播终端也成为新闻生产的重要环节。在现代技术的发展下,新闻传播的渠道日益多样化,但仍然以网络和现代通讯技术为基础,缺少了有效的传播渠道,内容无法传达至受众;同时,过去以广播、电视、报纸为终端的受众接触平台在全媒体时代大大拓宽。例如,随着以 kindle 和 ipad 为代表的"第四屏"兴起,亚马逊公司和苹果公司的全产业链扩张模式受到广泛关注,它们通过终端控制而逐渐向渠道和内容两个领域延伸,这使得它们既是内容集成商,又是终端提供商,从而形成了崭新的全产业链竞争模式。

第三节　全媒体时代新闻传播研究

全媒体虽然近些年来是曝光率极高的词汇,但无论是从业界的实践还是学界的理论研究来看,出现的时间都还比较短暂。因而,面对着飞速来临的全媒体时代,新闻传播仍旧面临着诸多困难,不仅受到科技发展的硬件的限制,还受到了媒介环境和政府政策等软件的制约。

一、全媒体时代新闻传播困境

（一）制度壁垒

受到过去行政体制以及计划经济体制管理和思维的影响,我国的新闻传播机构一般都从属于一定的行政管理部门,其管理和业务长期以来受到僵化的行政体制的制约,对传媒的形式、传播的方式、经营的范围等都进行了严格的限定,而新闻单位又属于专业的业务部门,其运行又有着其自身的规律和要求,特别是全媒体时代的来临,新闻传播的地域、领域、形式之间的界限越来越模糊,更多地以"跨界融合"的形式出现,那么过去长期僵化的行政管理方式明显具有滞后性。

（二）行业壁垒

全媒体在融合过程中,必然向着上、下游产业链进行延伸,进行包括跨专业、跨渠道、跨形式、跨领域的全方位融合。因此,媒体融合过程中必然触及其他行业。但由于传统思维和观念以及管理体制的影响,行业间的理念、标准、接入端口、操作系统等都存在很大的不同,甚至冲突,如:当前媒介机构在向上、下游产业链延伸的过程中,开始了对于电子新闻以及电子阅读的发展,但是由于网络传播的迅速发展,存在着内容缺乏原创性、真实性的保障、法律的监管等问题。

（三）利益壁垒

媒介机构一般存在着两种社会职能,既:传播信息,引导社会舆论,弘扬社会正能量;同时作为新闻信息的生产者,媒介机构也是独立的经济个体,具有一定的经济目的和利益。但一直以来,传统媒体的管理一般是条框性的,各媒介机构由于区域、形态等的不同,形成了一个个独立的经济个体。而传统媒体向全媒体的转变过程中,由于传播手段、传播形态、传播内容的延伸,必然会触及部分既得利益群体。特别是,当前我国的全媒体融合还处于初级阶段,更多地表现为各种传播手段和平台的共用,因此,在新闻资源有限的情况下,各类新闻传播内容往往出现同质化现象。随着著作权意识的逐渐增强以及我国相关法律、制度的日益完善,这种利益壁垒愈加明显。

(四)教育壁垒

传统媒体向全媒体转变的过程中,核心的关键是人,一切的融合过程都需要人来完成。全媒体作为一种全方位的融合,其专业跨度较大,不仅要求新闻从业人员具备基本的新闻传播理论与实践知识,还要对报道领域有一定的了解,同时更要对全媒体背景下涌现出来的新媒体、自媒体的知识有所掌握,甚至对于心理学、社会学、美学乃至计算机科学等都要有所认识。而目前我国的新闻传播教育还一直处在传统教育体制背景下,更多地依托于传统媒体进行理论和实践教育,缺乏交叉学科的知识背景。因此,大量新闻从业人员很难迅速适应全媒体发展需求,进而在推动全媒体发展过程中遭遇极大阻力。

(五)观念壁垒

在我国,全媒体的发展更多地是一种由新媒体对传统媒体的冲击而带来的一种无意识的自发行为,对于相当多的一部分传统媒介集团而言,更像是一种传统媒介方式的延伸和拓展,因而其理念并不是十分清晰,在平台搭建、资金投入、人员配给、内容制作等方面严重不足,具体表现为平台内容简单、形式单一、运营模式不健全,信息制作简单重复、同质化现象严重,甚至虚假、盗版现象也屡有发生。因此,当前全媒体的融合更多地表现为简单地多种科技手段的综合应用。

二、未来新闻传播学研究方向

全媒体时代新闻传播的问题和现象都发生了很大的改变,针对这些现象进行的理论研究也就发生了一定的改变,拓展并出现了许多新的研究方向。

(一)教学研究

新的传播形态对于课堂教学提出了更高的要求。一方面,伴随着新的传播形态、传播手段以及新的传播媒介的大量涌现,传统理论教育已经不能满足飞速增长的现实需求,新闻传播学理论要不断总结和发现当前新闻传播的一般规律、问题以及经验;另一方面,新闻传播教育归根结底还是对于新闻传播从业人员的培养,但伴随着全媒体时代的到来,媒介从业人员的身份明显改变,要么由内容制造者向信息审核者转变,要么由于传播技术、内容、传播形式和手段、营销方式等全方位整合而要求相关人员具有跨学科、跨媒体、跨经营的基本素质和能力,因此教学内容不能停留在原有的单一学科的层次上,而需要多学科相互交叉融合。

(二) 伦理研究

新闻伦理即新闻职业道德,主要是指新闻媒体及新闻工作者在长期的职业实践中出于自律的需求而形成的行为规范或准则。它在传播社会正能量、维护新闻报道当事人合法权益、确保新闻客观公正等方面都发挥了积极的作用。在传统新闻传播过程中,由于是"单向度"的传播,新闻从业人员职业道德,既可以依靠自律,也可以来自新闻主管部门的他律。然而,随着以网路数字技术为基础的新媒体、自媒体的不断兴起,不仅受到专业教育、有着良好自律意识且有着严格他律的新闻从业人员参与到新闻传播活动过程中来,而且由于网络的"匿名性",公众从"旁观者"转变成为"当事人",任何人都可以利用互联网来表达观点,传递信息,构建网络,其传播速度之快、传播范围之广、社会影响力之大,远高于意识形态监管的传统媒体,从而增加了事件的复杂性。这些新闻生产者既无自律意识,也无他律的环境,一旦被利用必将产生不良后果。因此,必须加强新闻伦理建设研究,净化新闻传播环境,确保新闻传播客观性、真实性和社会责任感。

(三) 受众研究

受众是所有新闻信息的最终端和接受者,对于新闻信息是否接受及接受程度直接决定了新闻传播的成败。但是,全媒体环境下,传统的受众已经发生了改变:随着科技的发展,受众接受信息的渠道呈多元化趋势,接受的文化信息日益驳杂,受众的认知日益复杂;便利的网路条件,使得受众不再是单一的接受者,他们更加渴望参与传播活动,分享生活体验以及个性化的新闻定制,新闻传播的受众在全媒体环境中更加精细化。对于传播受众的研究,更加有利于把握全媒体时代新闻的传播规律,使新闻信息的"定点"投放更加有效。

(四) 效果研究

与传统传播方式不同,全媒体更加注重文字、图像、语音、视频、动画等技术的综合应用,因而其传播效果与传统研究也有很大的不同,效果研究可以成为未来新闻传播发展研究的一个方面。

（五）融合研究

美国西北大学副教授李奇·戈登将媒介融合分解为七大方面："1. 媒体科技融合；2. 媒体组织融合；3. 媒体所有权融合；4. 媒体战术融合；5. 媒体结构融合；6. 采访技能融合；7. 叙事形式融合。"[①]全媒体时代新闻传播发展的关键就是融合。当前，在以通讯、电信、网络和数字化技术为基础的全媒体时代，从新闻传播业务自身到媒体企业的营销方式，都面临着大的洗牌，融合是一个所有人都面临的全新课题研究。

图 13-1　郝雨、白净:《媒体大变局与传媒教育改革》,上海大学出版社 2016 年版

基本概念与问题思考

1. 全媒体
2. 媒介融合
3. 简述全媒体的内容。
4. 简述全媒体时代新传播的特点。
5. 试述全媒体时代新传播的困境。

---

① 辜晓进. 媒介融合：做比说更重要[J]. 中国记者,2009(2).

第十四章

新闻派别的探索与媒介批评

中国社会科学院副秘书长、研究员何秉孟予 2002 年在《文汇报》上发表文章,题目是《理论创新须先培植学派》。文章特别强调:"在一些重大的学术问题、理论问题上,学术界是否出现或形成不同学派,既是理论研究能否不断创新的必要条件,也是学术界是否成熟的重要标志。"因此,新闻批评学派的建设对于 21 世纪的新闻研究来说乃是当务之急。

第一节 新闻派别探索

新闻学在我国至今还是一个非常年轻的学科,虽然 20 世纪 90 年代以来,我国新闻学研究和教育事业有了突飞猛进的发展,但是在新闻研究方面思路单一,方法陈旧,观念老套,依然使得我们的新闻学无法突破最传统的理论模式和框架。因而,从新闻批评开始,大胆地开拓思维,勇敢地变革观念,积极地探索新的科学化的方法,显然是使我们的新闻学在 21 世纪取得根本性突破的重要途径。

时至今日,真正中国化新闻学体系以及新闻学派的建立,还有待于我们独辟蹊径,通过不断地努力而去实现。其中中国化新闻批评学派的建立应该说是首要之举。就我国目前的新闻批评状况而言,确实还看不出有什么学派产生的苗头;但是,一旦我们从理论上具有了这样的清醒,在以后的新闻批评实践中能够不断地进行一些更加自觉的探索,新闻学派的出现,可以说不是很遥远的事情,而我们的新闻学理论的全面突破和发展,也就真正有了强大的根基。为了进一步开阔理论视野,为了使得研究和思考 21 世纪中国新闻学在学派发展方面能够具有一些更加具体的参照,这里特别介绍几种西方的新闻学派的理论:

一、新新闻主义理论

新新闻主义是美国新闻界 20 世纪 60 年代提出的一种理论主张，这是由汤姆斯·沃尔弗（Thomas Wolfe）首先正式提出来的。新新闻主义理论的起源可以追溯至殖民地时代托马斯·潘恩发表《常识》的时候。美国文学史上有很多伟大的作家都曾做过新闻记者，比如海明威和乔治·奥威尔等，他们最早进行了把文学要素引入新闻报道的尝试，其主要观点是倡导用写小说的方法报道新闻，公开提出新闻报道在必要时也可以适当虚构。这种理论首先认为传统的真实报道新闻的原则是墨守成规、原始主义。他们在理论上提出：记者和作家的混合是"新闻学的新哲学"，甚至认为主观想象的东西才是真实的，只有使用艺术概括、用艺术手法写出来的新闻才是高于真实的新闻作品。汤姆斯·沃尔弗把自己观点的拥护者称之为"新新闻记者"、"记者与艺术家的混合体"。当然，这种新闻主张也受到美国严肃的新闻工作者和新闻学者的反对，同时也受到文学界的批评，认为它不仅有损新闻的声誉，也有失文学的尊严。但是，新新闻主义思潮对西方新闻传播实践仍有一定影响。

另外，由于面对电视和网络等新媒体的冲击，传统的客观性平面报道已经很难吸引受众的注意力，很多报纸不得不谨慎地引进新新闻主义的写作方式。俄勒冈大学新闻学院于 1995 年在全国范围内第一次开设"创造性非虚构写作"的研究生课程，标志着新新闻主义作为一种 20 世纪重要的新闻学流派被学术界正式接纳。

二、调查新闻学

这是 20 世纪 70 年代首先在美国出现的新闻学观点，称之为调查新闻学。顾名思义，当然就是因为他们积极倡导调查性的新闻报道。当时，《华盛顿邮报》的两名年轻记者伯恩思坦和伍德沃德因对水门事件的成功报道而声名鹊起，此后类似的调查性新闻报道颇受社会青睐。所以，理论界对于调查性报道的研究也就逐渐成为热点。这种新闻观点认为，新闻记者的社会使命，就是要主动而无畏地捕捉重大社会黑幕和丑闻，进行深入系统地调查报道，力求揭示其更为深层的背景，并向公众展示产生这些黑幕和丑闻的社会根源，从而推动社会的改革。实际上，调查新闻学是过去西方社会"扒粪报道"在新形势下的发展。

从当时的一些效果来看，调查性报道在美国社会发展过程中，似乎建构出无可抵挡的新闻正义以对抗当权政治,但后来却因为记者的功利心态而让调查性报道逐渐变貌。许多记者幻想一夜成名,一心希望能通过对专题或是特案的报道让自己成为焦点。而紧接着,美国对"调查新闻学"提出最严厉批判的莫过于认为调查性报道制造出一个个假象,让人以为美国真的是一个民主社会,以为可

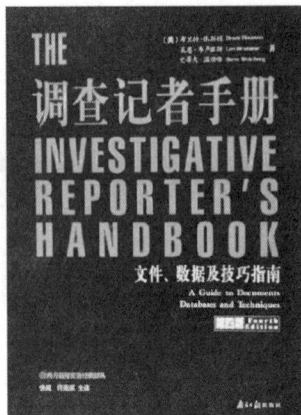

图 14-1 布兰特·休斯顿:
《调查记者手册》,
南方日报出版社
2005年版

以藉着揭发一些重大问题而使社会获得改善;另外,由于一些冲击力大的揭丑报道往往会触及有势力的财团与政党,因此,美国和西方国家的调查报道自80年代以后就有所减少,并逐渐转入对一些风险较小的社会问题的揭露。

20世纪80年代,调查新闻学引入中国。这一以监督批评和剖析问题为核心的报道形式,是采访者针对某些个人和组织故意掩盖损害公众利益的事实或者公众关心的问题,通过独立、系统、科学、有针对性的调查而完成的报道过程,这在中国的民主社会越来越走向完善和进步的大趋势下,具有非常现实的推动作用。所以,直到进入21世纪,调查性新闻在中国仍然十分盛行。

三、精确新闻学

一般认为,精确新闻学的创始人是美国新闻学者菲利浦·迈耶(Philip Meyer),他在1971年出版了《精确新闻学》一书。在这部专著中,他指出,传统的新闻采访和处理新闻的方法,只偏重某些耸人听闻的情节或者对事件只是作一般性的描述,使得新闻报道难于做到真正的准确与客观。新闻记者应该广泛地运用社会治安和其他人文科学的方法来采集、加工新闻信息,并从社会、历史、政治和经济的角度去分析新闻材料,揭示社会事件的真相,以提高新闻报道的准确性和客观性。具体采取的方法,精确新闻学提出可运用计算机技术进行选择性调查、数量分析、内容分析、中间测量等。在此书出版后的十几年里,精确新闻学的研究十分流行。先是于20世纪70年代风行于美国新闻界,后影响到世界各国新闻业。80年代,我国新闻界也开始吸取和运用这种新闻报道理论和方法,从而大大丰富了新闻报道方式,从而进一步提高了新闻报道质量。

精确新闻学改变了传统的新闻运作方式,要求记者有更大的主动性与科学

精神,这种更强的挑战性使记者的报道由被动变为主动,也使"新闻"不再只是对"新闻事件"的被动报道与解读,更包括对"新闻问题"的主动采访及分析。在现代新闻报道中,精确新闻学正在日益受到重视,这也是它在遵循新闻学基本规律的前提下的重要发展趋势。

四、发展新闻学

这是由发展中国家的新闻学者提出的新闻学理论。从 20 世纪 70 年代问世并逐步发展起来,而且还进一步向西方发达国家扩散传播,影响遍及整个世界新闻理论界。

发展新闻学理论认为,西方传统的新闻学由于受到政治偏见和价值观念的限制,导致在这种理论支配下的关于发展中国家的报道,往往更多地追求怪异性的突发事件,或者片面报道这些国家的战争、内乱、灾难、犯罪及各种落后现象,而对其政治、经济、文化和社会生活方面的进步与发展的状况则不屑一顾。为此,这些国家的新闻学者提出,要打破国际新闻传播中的这种不平衡和不平等的状态,建立世界新闻传播的新秩序。他们还指出,西方新闻界应当改变传统的新闻价值观念,一定要完整而全面地报道世界各地的新闻事件,既报道突发事件,又报道非事件性新闻。他们还强烈要求西方传媒扩大报道面,尤其要全面真实地反映发展中国家在各个领域取得的新进展。简单地说,发展传播学的基本课题就是如何运用传播来促进国家发展。

受发展新闻学的影响,一些发展中国家新闻界建立了区域性的跨国联合通讯社、电子传媒组织,进行国际新闻报道的联动,加强地区性新闻合作与交流,努力建立国际新闻报道新秩序。在这种新局面的推动下,一些西方国家的新闻学者也开始重视和开展发展新闻学理论研究,并重新审视和改变以往的新闻传播秩序。

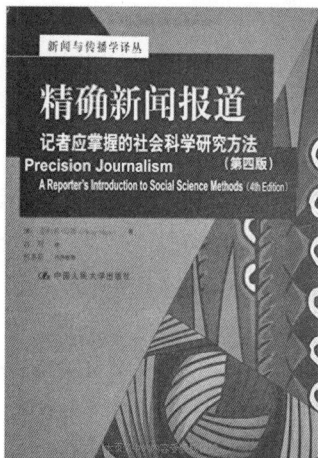

图 14-2　菲利普·迈耶:《精确新闻报道》,中国人民大学出版社 2015 年版

图 14-3　罗鸣:《中国发展新闻学概论》,社会科学文献出版社 2010 年版

五、倡导新闻学

这是美国于 20 世纪六七十年代流行的一种新闻学理论。倡导新闻学所"倡导"的新闻报道模式,类似我国的评述(述评)性报道。这一理论要求记者在依据大量事实的报道中,明确表明自己的立场和观点。这种混杂新闻报道与新闻评论的报道形式,完全突破了西方一直提倡的客观报道的模式,因此,多数人并不赞成。但也有部分新闻媒体表示认同并且身体力行。不过,这种理论在第二次世界大战以后西方出现的各种新闻学理论中,没有多大影响力。

六、多视角新闻学

多视角新闻学又称多维新闻学,产生于 20 世纪七八十年代。多视角新闻学提倡运用多维透视的方法,多视角多方位地、全面立体地反映完整的事物和社会事件,反对当时一些新闻传媒出于猎奇而支离破碎地突出报道某个侧面或某些事件。这种理论旨在世界进入新技术革命的新时代以后,利用新的传输手段和丰富的信息资源,扩大报道面和加强报道深度,以促进传统新闻取向与审视角度的改变。至今看来,多视角新闻学还有待进一步地系统化和理论化,但这种崭新的理论主张已经引起了许多国家新闻学者的广泛关注[①]。

第二节 媒介批评的概念与批评方法

新闻批评实际上是借用了文学批评中的"批评"的概念,而文学批评是文艺学的一个专门术语,源于西欧,它指的是按一定的标准,对作家作品和文学现象(包括文学运动、文学思潮和文学流派等)所作的研究、分析、认识和评价。新闻批评借用了这个概念,将它用于对新闻和媒体进行研究、分析,以认识和评价其内涵及社会影响。

一、媒介批评的概念

新闻批评是新闻研究和新闻理论中的一个专业术语,它不同于新闻业务范

---

① 转引自童兵. 20 世纪中国新闻学与传播学(理论新闻学卷)[M].复旦大学出版社,2001: 41 - 43.

畴中的新闻评论。新闻评论是以新闻的形式和媒体对社会现象和新闻事实进行评论,包括对社会不良现象的批评,其本质上还是属于新闻体裁的一种;而新闻批评则是以理论的眼光和研究的方式对于新闻本身的批评。所以,新闻批评并不是以新闻的形式对社会问题进行批评。这是必须从概念上首先要加以区别的。此外,还需要特别消除的一个误解是,新闻批评也并不完全是对于新闻现象的否定性批评,即"批评"一词的含义并非通常的工作与学习中的纪律和道德管理方面的用语。

关于新闻批评的概念,在专业领域中也称媒介批评。目前,国内比较权威的定义:"媒介批评是指在解读新闻及媒体的过程中评价其内在意义及对社会的影响";"媒介批评以解读新闻作为范畴支点,对媒体和新闻作品展开一系列评价活动。"①这两句定义性的阐述在语言上比较简练,也有些笼统,甚至在语言的表达上也并不是完全无懈可击。但是,其中的基本意义是非常明确的,那就是关于媒介批评的对象,定义中所一再强调的是"解读新闻及媒体",而且是"以解读新闻作为范畴支点,对媒体和新闻作品展开一系列评价活动"。那么显然,新闻批评的对象首先是新闻作品,这是新闻批评的"范畴支点";其次,批评的对象当然也包括媒体本身,这也是两句定义当中所一再提到的。

那么,具体来说,新闻批评的职能有哪些呢?

图 14-4　刘建明:《媒介批评通论》,中国人民大学出版社 2012 年版

(一) 评价新闻质量,解读新闻内涵

新闻作为一种精神产品,其质量当然会有高低优劣之分。而且,新闻作品的精神的和文化的内涵,以及其内在的或深层的意义,有时候也并不是一眼就可以看得出来的。所以,新闻批评首先就是"以解读新闻作为范畴支点",揭示新闻作品的内在意义,分析其更为潜在的思想以及精神内涵。这是新闻批评的最主要的功能。

新闻质量指新闻反映客观事实的真实、全面和客观趋向的适度形式和表达

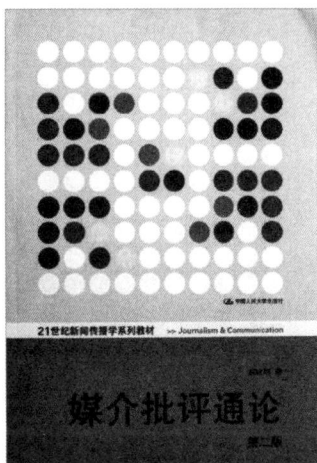

---

① 刘建明. 媒介批评通论[M]. 中国人民大学出版社,2001:1-2.

倾向的最佳境界。它包括两个内涵：一是新闻反映客观事物本来面貌达到的程度，提供有益的思想理念，让受众认识世界的发展变化；二是新闻通过最佳形式反映客观事实，使受众畅达地、直接地、迅速地理解新闻，把握新闻的内容。从这两个方面出发来肯定新闻的质量或者评价新闻的优劣仅有助于记者在采写新闻的过程中更好地保证新闻质量。新闻性是构成新闻质量的基本指标，包括新闻的时效性、真实性、事实的完整性以及选择适当的角度来报道事实。这些指标的充分结合，构成新闻素质并体现出新闻质量的好坏。新闻批评从新闻素质评析报道的得失以及指出新闻作品的优劣，一般会从两个方面来进行：一是评价新闻内容及理念的表达；二是评价新闻形式及其技巧的优劣。

（二）分析新闻的社会效果

处于不同的社会地位和立场的人评估同一新闻的社会效果会产生不同的结果。因此，新闻批评就是要引导人们正确认识新闻的社会作用和影响。新闻的社会效果表现为通过对受众的直接影响而形成的社会反响，广大公众的要求和呼应是测定效果的尺度。具体来说，新闻产生的社会效果又可以分为两个层次：一是新闻在报道以后引起受众的认识产生变化；二是引起政治、经济和文化领域出现新的发展，以致激起社会的变动。

评价新闻的社会效果，是衡量新闻优劣的实践标准，让记者认识到新闻报道达到的效果是受众意志的转化物，不是少数人的评断。因此，对一篇新闻的效果作出评析，应以公众的反响作为根据。以局部的、少数人的反馈来评价新闻效果是不客观的。

（三）认识媒介形象，辨析新闻真伪

新闻批评不仅要对新闻作品进行批评，而且也担负着对于新闻媒介的批评的任务。新闻批评对媒介的批评，一方面可以直接从媒介管理的角度进行批评；另一方面也可以通过对新闻报道质量的批评，从而进一步认识媒介的整体形象。新闻批评直接对新闻媒介的整体的或具体管理行为的批评，这也是新闻批评的一个非常重要的方面。这里只以《媒介》杂志最近发表的一篇很出色的批评文章为例来加以说明。这篇署名刘再兴的文章题为《解码南方报业》。按照正统的观点，这也许还算不上一篇一招一式都中规中矩的批评性文章。它在文体上似乎更像一篇具有一定深度的通讯或者报告。但是，文章从南方日报报业集团在全国26个报业集团中能够成为唯一的可以让读者每周心甘情愿地为其产品花上10元的报业集团这个现象，进一步分析了以下几个重大问题，破解其中的一些

谜团：第一，"人才竞争是一切竞争之本。南方报业的人才生产链以各种解说方式在媒介圈内流传，谁更接近事情的真相？"第二，"传媒投资门槛越抬越高，风险也越来越大。南方报业近几年却明显加快了子报发展步伐，为何且推一张，成一张？"第三，"在中国特色的传媒环境中，做舆论监督型报道难是人所共知的。南方报业是国内舆论监督型报道的一面旗帜，敢说敢写的背后，有无规律可循？"第四，"国外传媒虎视眈眈中国市场已久，国内媒介齐称做大做强。南方报业近年声名日盛，在做大做强的关节眼上，南方报业是否有经可取？"[①]这不仅以媒介批评的方式全方位透视了南方报业在媒介管理方面的成功秘诀，而且其中的第三节："我们这样做新闻"，还直接研究了其对于新闻制作方面的有效经验，更使得本文成为一篇非常地道的全面整体地批评一家大型媒体（而且是大的媒体集团）的媒介批评之作。

　　当然，新闻批评也同样担负着辨析新闻事实的责任。新闻报道中一旦出现失实的现象，新闻批评必须加以严肃认真地批评，从而还事实以真相。

（四）揭示新闻具体规律

　　归根结底，媒介批评就是通过对于新闻现象的分析，以及对于新闻作品的解读，进一步揭示新闻规律，也就是像一些专家们所说："要进行正确的批评，不仅需要充分调动感官和深度体验，而且必须在高层次上归纳和提炼新闻传播经验，实现解读的逻辑化、抽象化。"[②]显然，媒介批评就是要在解读新闻及媒体的过程中，评价其内在意义及对社会的影响。而这样的批评也就可以在很大程度上将新闻采、写、编、评以及整个媒介运作和经营的经验上升到理性的和理论的高度，揭示某些隐蔽的内在规律，为科学的新闻传播活动提供有效的理论参照。而另一方面，这些宏观的整体的新闻传播规律的提炼和总结，又应该建立在一个个具体的个别的新闻批评的过程和成果之上。

二、媒介批评的方法

　　新闻批评既然是借用文学批评的方法用以解读新闻并评价其意义和影响，其理论渊源多来自西方的文学批评。由于新闻毕竟是反映事实、报道事实的一种文本而非文学体裁，因此我们在此只介绍与新闻相关性较强的具有可借鉴意义的批评方法。

---

① 刘再兴. 解码南方报业[J]. 媒介，2002(8).
② 刘建明. 媒介批评通论[M]. 中国人民大学出版社，2001：1.

(一) 符号学分析

西方解释学者认为,"文本就是由书写而固定下来的语言"。新闻作品的文本不是语言的简单组合,也不是由导语、主体构成的唯一形式,而是新闻事实的有机整体。新闻作品的文本,它通常通过语言、文字、声音、图像等各种显性或隐性符号,或独立或结合使用来传达事实或表达涵义。符号学分析就是从以上各种符号的使用角度来分析新闻内涵的。符号学分析来自索绪尔的符号学理论。他认为,语言是符号,而每个符号都由能指和所指构成。能指,是符号的物质形式,表现为一种声音或图像,这特定的声音/图像能引发某种概念的联想;所指,则是那个被联想到的概念。两者的关系是任意确立、约定俗成的;既有可变性,又有不变性。索绪尔由此划分语言和言语。语言是文化的符号系统,包括所有符号使用的选择规则和组合规则;言语则是我们日常的话语,它是上述符号和规则的具体应用。

我们举例来简单分析新闻中能指和所指的构成。

象征和平团结友爱的大熊猫①

新华网北京 5 月 3 日电(记者陈键兴)中共中央台办、国务院台办主任陈云林 3 日受权宣布,大陆同胞向台湾同胞赠送一对象征和平团结友爱的大熊猫。这是祖国大陆近 10 余年来又一次表达向台湾同胞赠送大熊猫的善意。

大熊猫被视为中华民族的瑰宝,是国家一级保护动物,也是世界著名的珍稀濒危物种之一。目前世界上野生大熊猫仅存 1 600 只左右。大熊猫毛色独特、性情温顺、品格孤洁、姿容可掬,深受世人喜爱。其头圆而大,躯干和尾为白色,两耳、眼周、四肢和肩胛部为黑色,腹部为淡棕色或灰黑色;体长约为 120 至 180 厘米,尾长约 10 至 20 厘米,体重约 60 至 110 公斤。

到 2003 年底,中国人工圈养的大熊猫数量已达 161 只,其中约 71％ 为人工条件下繁育的个体。人工圈养的大熊猫有三分之二以上生活在四川卧龙大熊猫保护中心和成都大熊猫繁育基地,在成都、北京、上海、福州、香港等地的动物园都可以观赏到人工饲养的大熊猫。

1999 年,经有关方面精心挑选,中央政府将圈养于中国保护大熊猫研究中心的大熊猫"安安"、"佳佳"赠送给香港特区,以满足香港同胞在香港欣

① http://www.china-embassy.org/chn/gyzg/t194094.htm[EB/OL].2007 - 2 - 10.中华人民共和国驻美利坚合众国大使馆网站.

赏大熊猫的愿望,并向社会各界宣传保护自然、保护野生动物的重大意义。香港特区为妥善安置这对大熊猫,在香港海洋公园兴建了大熊猫园。

多年来,大陆同胞一直怀有向台湾同胞赠送大熊猫的心愿,许多台湾同胞也不断表达期待大熊猫来台展出和落户宝岛的愿望。大陆有关方面多次提出向台湾赠送大熊猫的善意,但一直没能得到台湾当局正面回应。

1987年,参加全国人民代表大会六届五次会议的台湾省代表团提议向台湾同胞赠送大熊猫,北京市动物园随后表示愿意赠送一对大熊猫给台北市木栅动物园。其后,台湾民间有关人士积极为大熊猫赴台而奔走,祖国大陆有关单位又多次表达了赠送的意愿,还研拟了传授饲养技术、代培饲养人员等相关配套措施。1990年代初,中国野生动物保护协会选定了一对人工繁殖的幼年大熊猫"陵陵"和"乐乐",准备赠送给台湾同胞。

然而,台湾当局先后以进口大熊猫不宜做展示观赏、繁殖配对需要两公四母以及大熊猫"非台湾物种"为由,多次拒绝接受大熊猫来台。

对此,岛内各界人士多次提出呼吁,他们认为,两岸相关专业机构和人士为大熊猫来台已作了充分的沟通,准备工作已落实妥当,希望台湾当局不要因政治而阻碍大熊猫赴台,让台湾民众和小朋友也能在台湾一睹大熊猫的风采。

如果我们把这篇新闻稿件看成是一次言语交流活动,那么在新闻中我们获得的主要信息是大陆要向台湾赠送大熊猫。新闻中的突出的符号是大熊猫,能指就是指中国的国宝大熊猫,所指是大熊猫所象征的和平团结友爱。文中能指和所指所构成的言语所透露给读者的信息是大陆向台湾当局表示友好的态度和行动。

索绪尔的符号理论深入地分析了语言符号,了解这个基本理论对于我们分析新闻的语言是很有帮助的。在索绪尔之后,有一批学者把符号学理论用于对新闻文本的分析,他们尤其关注新闻文本如何建构新的能指和所指,以及利益集团的价值观和意识形态如何参与这一建构。比如今天的新闻,视觉化倾向日益加深,电视新闻、图片新闻以及网络多媒体新闻成为我们每天所看到的新闻中重要的组成部分。解读这类新闻文本的复杂讯息,用符号学分析方法就可以分为三个阶段:先是解读社会符码,即解读"现实"的符码,如行为符码、服饰符码、语言符码等;再是解读技术符码,即传媒再现"现实"的符码,如拍摄距离符码、镜头运动符码、角色符码等;最后是解读意识形态符码,即传媒表达意识形态的符码,如种族主义符码、男权主义符码、个人主义符码等。通过这种解读方法我们可以层层剖析新闻要表达的深层内涵和复杂讯息。例如,一个新闻人物的着装和手势,能传递这个人的身份和性格,摄像机机位的不同安排可以表现不同的现场状况等。通过这些,又可以分析新闻本身要传递的信息中所包含的价值观和意识形态。在传播理论中,有一个意义建构论,它是用符号和对符号所表示的对象的描述(声音、现象或词汇)来解释现实,媒介以此确立、延伸、替换和固定观众与别人共同使用的意义。而符号学理论则是在新闻文本的基础上,通过对符号能指和所指的分析来深入理解新闻所要传达的意思和建构的意义,并分析媒介是如何将价值观和意识形态通过符号的使用表现出来的。

(二) 叙事学分析

20 世纪 20 年代,卜罗普在《民间故事形态学》中把俄国的上千个神话归结为 31 种讲述方式,开启了最早的叙事学研究。70 年代,美国叙事学家西摩尔·查特曼较早注意到了底本和述本的这种二元结构,将它们分别命名为故事(story)和话语(discourse)。查特曼的定义是:前者是"什么",后者是"如何"[1]。现代意义的叙事学分析则致力于在故事的深层结构中寻求意识形态批评的空间。因此,西方学者对新闻的叙事学分析主要聚焦在对其"神话建构"功能的剖析上。

比如,学者们关注的是:传媒如何建构新闻事件? 它们倾向于抽取和排除哪些生活片断作为新闻故事的素材? 它们如何界定新闻事件的逻辑起点,又如何讲述事件的变化和发展(运用哪些中介)? 这是关于谁的故事? 谁是事件中的英雄? 谁是坏蛋? 更重要的是,从谁的角度来叙述这一故事? 谁将那些维持秩序的人写成英雄? 谁将那些示威者报道成"暴民"? 谁又将街头抗议、吸毒、同性恋一类的现象说成是"社会问题"? 这一系列的问题为我们揭开了新闻的建构功能神秘的面纱。

每天我们都打开电视、翻开报纸接受传媒带给我们世界上新近发生的事件的各种信息。而现代新闻事件的报道也尽量使用叙事方式使其具备故事性。各种深度报道和新闻专题将所有事件都放在叙事的位置上,将事件的介绍、起始、摘要、解决和尾声等一系列事件构成一个故事,用句子和潜藏的评价解释事件的意义。

分析一般的新闻叙事,需要区别新闻与文学作品的根本性区别。两者之间的最主要差别就在于新闻报道中所讲述的事件是现实中已经发生或者正在发生的,故事讲述者即记者以职业的身份代替了真实的叙述者。记者或者编

---

① Chatman S. *Story and Discourse: Narrative Structure in Fiction and Film*. Ithaca, NY: Cornell University Press, 1978.

导的个人偏好、故事叙述角度以及被选择的叙述内容、所在新闻机构代表的利益集团、当前社会话语环境和意识形态等都决定了故事的价值取向和意义。例如,在伊拉克战争中,英美联军在其本国的报道中都被称作解救伊拉克人民的救星,而伊拉克和一些反战国家的媒体则称其为侵略者。对同一支队伍的不同新闻用语就能传达出不同媒体及其背后意识形态对于伊拉克战争的不同态度。

与此同时,一些学者深入分析了新闻故事的深层结构和影响,指出新闻记者每日都创造不同的故事,吸引我们去读报、听新闻,但同时记者每日也用不同的声音、不同的字眼去描述一些老套的故事,尤其是那些法庭审判、高峰会议、总统大选、体育比赛等礼仪性新闻。用卜罗普的术语说,记者不过是改变了旧新闻故事中的可变项,而保留了故事中的常项(即故事功能)。由此看,新闻的一个深远的社会功能是在重新加固我们对世界和生活的既定看法。这也就是说,对于新闻的结构分析我们可以看出不少新闻的内在结构和内在意识形态是相对不变的,变的只是新闻的外在结构和表现方式,因此对于新闻批评者来说,透过外在结构而理解内在结构是重要的任务。

例如:关于全国人大第十届五次会议的新闻报道。

代表委员"开博客"①

今年两会期间,新华网适时推出了参会代表委员们的"博客",这个新鲜事物让网民欣喜。网民评论说:代表委员在两会期间写博客,拉近了与普通百姓的距离,增加了两会的透明度。

"开博"搭台,百姓"唱戏"

"家事连着国事,民意汇聚两会。"这是媒体对两会的概括,也是老百姓对两会的期盼。但是由于老百姓无法亲身参会,只能通过代表委员反映民意。于是"深入基层,聚民智、汇民愿、述民情、发民声",就成了老百姓对代表委员的要求。随着网络技术的发展,论坛、博客逐渐成了国人发表观点意见,交流思想的重要途径之一。博客即网络日志,在所有互联网细分服务类型中增幅最明显。博客逐渐发展成为互联网信息传播的新趋向。在这样一种大环境下,参加全国"两会"的代表和委员在新华网上开设"博客",形成代表委员集中与网民交流互动的场所。

全国人大代表陈高卫认为,"博客"从客观上为代表委员提供了非常便

---

① http://www.newssc.org/gb/Newssc/meiti/sczxb/zhxw/userobject10ai1194683.html[EB/OL]. 2007 - 3 - 17 四川政协报网站。

利的条件,使他们能够抛却车马劳顿,无需花费大量精力就能迅速地"深入基层,聚民智、汇民愿"。而网民在欣喜之余也产生了热切期盼:假设自己在两会举行期间与代表委员们实时交流,对社会热点问题的意见和建议通过代表委员们传递到两会中去,并能及时得到反馈,岂不是等于自己也实时参与两会了吗?

探索与民沟通新形式

参与在线交流后,代表们都由衷感慨:"网络已成为收集民意的渠道之一。"不仅如此,越来越多的代表和委员主动走入网络,运用网络。全国人大代表林玉权表示,网络让人听到了很多以往听不到的声音,有的很刺耳、有的甚至不礼貌,但对工作帮助很大。有的人大代表提出:2004年我国修改了选举法,增加了"选举委员会可以组织代表候选人与选民见面,回答选民的问题"的规定,这是为了解决选民不熟悉候选人情况的问题。见面是一种进步,然而如果能够同时利用"博客"、网络视频等渠道,建立起"立体式"的考察和选举机制,让代表候选人在网上进行"PK",随时回答网民提问,接受行使职权、履行职责能力等方面的考察将有利于进一步推进社会主义民主政治的建设。

在以往对全国人大会议的报道中,描写代表委员切实从普通百姓出发,反映民意的新闻不在少数。而这则报道中,媒体抓住了代表委员们利用网络更好地与老百姓沟通这一"新"闻,很好地突出了代表委员全心全意为老百姓办事实的品质。

从上面的分析看出,新闻的叙事结构有着建构的作用和特殊的社会功能,它不只是单纯的反映事实,还通过对材料的选择、重组,对事件的叙述方式的选择,以及材料轻重程度的安排,实现对意义的界定并表达着不同的深意。

三、意识形态批评

意识形态批评,顾名思义,就是要解读出新闻文本的意识形态讯息,它不是作者在新闻作品中最直接的声音,它或者是作者的弦外之音,或者是一种背景的声音,需要仔细分析。大众媒介与政治社会的关系始终息息相关。媒介在传播信息、传播各种意义的同时,永远无法回避作为占"支配地位"的意识形态。意识形态批评是批判性很强的分析,它不只是一种声音中的声音,还是一种阶级的声音,或一种权利建制的声音。意识形态批评假设新闻文本的世界与现实的阶级社会一样,由各种阶级的声音组合而成。而这些声音并非对等的,总有一些声音处于强势地位。这种不平等反映了文本世界中的"阶级压迫",反映了一种阶级的声音对另一种阶级的声音的打压和排斥。其结果就是,一些阶级不能充分自由地表达自己。意识形态批评就是要揭示文本世界中的阶级压迫。

在新闻文本批评领域,存在三种类型的意识形态批评:一是关注新闻文本如何曲解"事实"。也就是说,新闻的意识形态倾向必然要受到新闻工作者的意识形态偏见的影响,但并不完全体现的是新闻工作者的意识形态。因为新闻工作者在既定的权力架构下工作,新闻报道运作过程是在这种权力架构下的产物,所以其意识形态倾向还要受到权力架构的影响,亦即新闻的意识形态还表现为所属权力架构的意识形态。二是这种权力结构性的规限和由此造成的意识形态效果。在这种结构性的规限下,传媒经常会不自觉地再现或再生产既定的权力关系。例如,媒体在报导罢工、新移民、同性恋等异类团体的新闻时,不一定会有意歧视这些团体,但判断这些人为"异类团体"的时候,则可能不自觉地依据了权力体制对这些团体的定义,因而所报导的新闻可能不自觉地参与了再现这种不平等的权力关系。三是偏重于意识形态生产过程的分析。关注统治阶层在解释其政策的合法性时,如何利用传媒的功能来争取市民社会的支持?传媒如何扮演建构意识形态的角色,例如建构社会知识、制定规范和塑造共识等。

在美国9·11事件后,美国政府对媒体的影响力度就有所增加。布什在联合国的演讲、穆斯林斋月的致辞问候等都做了电视实况转播;政府高层也对媒体的负责人施加压力,明确表示不允许播放塔利班领导人的讲话等。美国媒体与美国政府的配合也是相当默契的,特别是对纽约客机失事等国内事件的报道,都采取了低调处理。媒体也能够按照政府的要求,限制播放拉登的电视声明等新闻[1]。解读这类新闻文本的时候,就可以运用意识形态分析去理解蕴涵其中的意识形态和社会功能。

传媒不是独立的机构,它在既定的政治架构下运行,并受到层层把关人的影响,因此新闻的报道也就无法单纯地仅对新闻事实的进行客观传播,而是有着更深的意识形态内涵和社会功能,只有通过意识形态分析方法我们才能深入去理解它们。

四、后殖民主义批评

后殖民主义批评是20世纪80年代兴起的一股批判思潮,由萨伊德发掘出

---

[1]　李岩. 媒介批评[M]. 浙江大学出版社,2005(5):50.

来。后殖民主义,又称文化殖民主义,特指一套霸权话语体系。萨伊德的"东方主义"理论提出西方人所认识的东方,"并非一种自然的存在",而是西方基于霸权的需要建构起来的。在建构东方的过程中,东方被他者化(或说东方化)了。东方主义者通过一整套二元对立的表意形式(如成熟/幼稚、文明/野蛮、发达/落后、进步/原始等),将东方置于西方文明的对立面,成为永远映照西方进步、繁荣、理性、科学的镜子。而话语的权力总是与其他权力联系在一起的。东方保持沉默,不仅仅因为它没有自我表述的能力,更因为它没有自我建构的能力。近代以来西方的话语支配权来自西方霸主的地位。东方不只是一种霸权话语,还是"西方用以控制、重建和君临东方的一种方式"。因此,西方表述的方式与西方统治东方的方式是紧密相连的。

该理论为传媒学者开辟了一块新的话语批评园地,一切有关非西方国家的话语,从学者论述、政府宣传,到诗歌、小说,都可供后殖民主义分析。

例如下面这则来自中新社的报道:

抹黑中餐馆报道激怒华社　　纽约数百亚裔示威抗议[①]

纽约CW11电视台在未经证实的情况下报道"新福建"中餐馆以鼠肉充鸡肉一事严重激怒华社。四日下午,包括许多华人社团在内的数百名亚裔民众聚集在这家电视台的门口举行抗议示威。

纽约市议员刘醇逸、州众议员杨爱伦和中华公所、美华协会、华策会、餐馆反暴力联盟等众多华人社团负责人参加了当天的示威活动,示威民众要求CW11电视台对这一丑化华人的行为做出道歉。在示威活动现场中,刘醇逸与CW11电视台报道这则新闻的记者发生了激烈争执。

纽约市卫生局发言人二日证实,经过对"新福建"餐馆全面检查并未发现鼠类动物,并表示这家餐馆通过了卫生检查。但是,CW11电视台却拒绝道歉。"新福建"餐厅业主则誓言抗争到底讨回清白。

CW11电视台一月二十九日以《中餐外卖——恶梦》为题,报道"新福建"中餐馆的外卖餐竟然发现大块老鼠肉。这则未经证实的新闻播出后,"新福建"餐馆接到多个威胁电话。据报道,更有寻衅者电话威胁这家餐馆说:"你们卖老鼠肉真恶心,中国人滚出美国去!"连日来,不仅华人业者,整个华人社区对CW11电视台的这则报道表示强烈不满,认为这种不负责任的报道严重丑化华人形象。

---

① http：//news. xinhuanet. com/overseas/2007-02/06/content5701991. htm[EB/OL]. 2007‑2‑8 新华网.

纽约 CW11 电视台曾于二〇〇一年报道当地一家韩国餐馆出售狗肉汤。后来该电视台为此向亚裔社区做出书面道歉，并向韩裔业主进行了赔偿。(中新社纽约二月四日电　记者　谭宏伟)

报道中纽约 CW11 电视台不负责任的报道行为使得"新福建"中餐馆乃至整个中餐业声誉受到严重伤害。报导中西方媒体丑化中餐业的目的为何？通过此次报道想达到的社会影响是什么？这些问题，我们都可以从后殖民主义批评的角度进行解析。

从以上举例可见，在新闻宣传于国际传播中占有重要地位的今天，国际宣传是各国实施国际战略和外交政策的重要手段。国际宣传的内容，一般包括以下两个方面：一是对本国社会制度、意识形态、文化传统、价值观等的宣传，以及对本国关于某些国际性事务的政策、立场、观点、主张等的宣传；二是对其他国家的政治、经济、社会等内政、外交各方面做客观或非客观报道。当今的国际宣传，已经发展成为一种大规模、经常性、长期性的宣传活动，其内容涉及政治、军事、经济、文化、科学、生活等各个方面，其形式之多样化也是前所未有的。因此，对国际新闻宣传运用后殖民主义理论来分析是十分必要的。目前，学者最关心的莫过于西方国家对第三世界相关的新闻报导：西方的新闻媒介如何选择性地报导第三世界以及如何用新闻报道进行意识渗透以实现和平演变？更重要的问题是这些西方报导如何影响本国人对东方的认知，并进而影响第三世界人民的"民族意识"(或"本土意识")？在要求建立"国际信息新秩序"的今天，运用后殖民主义批评的方法来进行新闻批评是很有意义的，尤其是在许多学者提出"信息霸权""文化帝国主义"的情况下，西方新闻的"东方主义"问题也是非常值得关注的问题。

五、大众文化批评

新闻传媒是我们文化生活的重要组成部分，它每天所报道的新闻不仅极大地占有了我们的闲暇空间而且所建构的文化也正悄悄地改变着我们的生活。那么这些新闻报道是如何影响我们的生活？首先我们要了解传媒制造的大众文化是怎样一种文化，进而我们才能了解这种背景下新闻传媒制造的文化是怎样并如何影响人们的生活？

大众文化或文化工业批评原本是法兰克福学派对文化工业提出的批判性理论。阿多尔诺在其《文化工业》一文中指出，现代工业社会之后，社会物化的症候已迅速蔓延到文化艺术领域，它导致一个庞大的文化工业的建立，大众传媒是文化工业中最重要的文化制作工场。文化工业的目的是提供一种皆大欢喜的幻觉,以补偿人们在物化社会中失去的东西,且文化生产的物化带来文化消费的物化(即文化消费的标准化、模式化和简单化)。马库塞的"单向度文化"理论认为,文化工业不仅抹杀了文化的鲜明个性,而且扼杀了文化最宝贵的精神,即它"否定的理性"。他指出,当代工业社会已经成功地建造起一种单向度的文化,这种文化完全丧失了否定和超越能力,它不会鼓励人们去追求与现实生活不同的另类生活。本雅明的"机械复制"理论认为,人类在工业社会之后进入了技术复制的时代,现代艺术以机械复制为主导,艺术从个别文化精英的手中解放出来,成为大众欣赏的对象,但与此同时,大众所欣赏的已经不再是同一种艺术。

例如,曾经一度人气超强的"超女"、"好男儿"等选秀活动,从海选到 PK 到短信复活,都是娱乐新闻的最佳题材。报道中参赛选手的身世背景以及绯闻爆料是最热门的素材。"草根"一词充斥在各种各样的娱乐新闻报道中。平民化的海选、灰姑娘变身公主、贫儿变王子的故事不停上演。有人对此疯狂崇拜,选手们的身后是大批的"粉丝";也有人对此不屑一顾,认为这种造星运动也难免会落俗套。这种由新闻传媒帮助下所推动的娱乐文化模式,正改变着许多年轻人的生活方式和价值观念。

对于新闻受众来说,当今天的各种新闻铺天盖地地向我们涌来来的时候,我们不禁会有这样的疑惑:当多元形式的新闻越来越多的充斥于我们的生活,这些新闻到底创造着怎样的文化并对我们的生活有着怎样的影响? 新闻的产生在文化工业的复制之风下会以怎样的面貌出现? 这会不会影响到新闻的真实性、客观性? 新闻文化会不会也出现工业复制的趋势? 这些都值得我们在新闻批评中关注。

六、政治经济学批评

新闻传媒不只是抽象的文本,它是一个社会机构,并与外部世界的政治、经济、文化等体制结成多角的关系。政治经济学批评是从经济和政治的权力网络中去透视新闻传媒的性质和社会功能。

政治经济学者认为,20 世纪的西方新闻传媒首先是经济企业,然后才是意识形态工具,因此他们最关心的是传媒的商品化问题。传媒商品化带来的问题是商品生产的逻辑如何制约新闻传媒的运作以及谁以何种方式控制新闻传媒。传媒的商品化使传播内容、阅听人以及传播劳动本身都出现商品化趋势。传播内容的商品化是讯息转化为可以买卖的商品的过程。因此,为了吸引大量观众,新闻报道开始加入商业元素。由于媒体的大部分资金来源于广告商的投入,新闻报道甚至还要考虑广告商的利益和需要。此外,美国政治经济学者史麦塞1977 年提出著名的"阅听人商品"理论,该理论包含了三个观点:第一,阅听人是一种商品。大众传媒在制作节目的同时,也生产出这一节目的阅听人。第二,阅听人是传媒工业的劳工,他们的观看就是劳动。第三,阅听人为传媒工业生产剩余价值。由于阅听人商品化了,因此传媒从以前发生事件后被动的报道新闻转为大量的策划新闻报道甚至制造新闻的主动局面。而且新闻的议题设置在此创造怎样的阅听人也就凸显出来,成为值得关注的问题。传播劳动商品化的趋势,特指由于传播新科技的发展,传播者的专业创造转化为规范化生产的过程。如今的报业集团、广电集团把新闻的报道也转变成了一种规范化制作的过程,我们可以看到许多新闻的出炉开始走一种大批量生产的路子;可以看到,以上传媒的种种商品化倾向对新闻传播的影响是很大的。传播什么、选择什么、传播创造怎样的阅听人等都是十分重要的问题。

传播垄断是另一个政治经济学者需要关注的问题。在当前传媒产业中,集中化和集团化运动成为趋向激烈的连结运动。集中化指越来越多的传媒落入越来越少的大型传媒企业手中;集团化则是第二次世界大战后传媒并购运动加速的产物。面对传媒出现的这些垄断现象,对批判的传媒政治经济学者来说,重要的问题便是经济所有权和控制权如何干预新闻媒介传媒的中立。对这一问题,有两派意见:一派认为传媒所有者能够直接和间接地决定编辑政策和意识形态立场;另一派强调传媒经济结构的制约。实际上,新闻报道见诸的大众,必然要受到传媒和编辑以及其背后各种大背景因素如政治和经济的控制。

图 14-5 姚君喜:《媒介批评》,北京师范大学出版社2014 年版

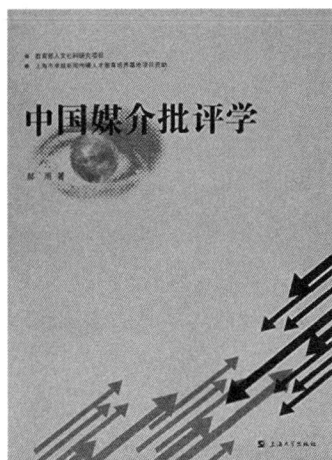

图 14-6 郝雨:《中国媒介批评学》,上海大学出版社2015 年版

基本概念与问题思考

1. 新新闻主义
2. 调查新闻学
3. 精确新闻学
4. 发展新闻学
5. 媒介批评
6. 符号学分析
7. 叙事分析
8. 意识形态批评
9. 后殖民主义批评
10. 大众文化分析
11. 政治经济学分析

参考文献

References

［1］ 本书编写组. 新闻学概论［M］. 北京：高等教育出版社，2009.

［2］ 郝雨，杜友君. 新闻学概论：当代教程［M］. 上海：上海交通大学出版社，2015.

［3］ 杨保军. 新闻理论教程（第三版）［M］. 北京：中国人民大学出版社，2014.

［4］ 李良荣. 新闻学概论（第五版）［M］. 上海：复旦大学出版社，2013.

［5］ 童兵. 理论新闻传播学导论（第二版）［M］. 北京：中国人民大学出版社，2011.

［6］ 郑保卫. 当代新闻理论新编（第二版）［M］. 北京：中国人民大学出版社，2015.

［7］ 陈力丹，陈俊妮. 传播学纲要（第二版）［M］. 北京：中国人民大学出版社，2013.

［8］ 段鹏. 传播学基础：历史、框架与外延（第二版）［M］. 北京：中国传媒大学出版社，2013.

［9］ 郭庆光. 传播学教程（第二版）［M］. 北京：中国人民大学出版社，2011.

［10］ 胡正荣，段鹏，张磊. 传播学总论（第二版）［M］. 北京：清华大学出版社，2008.

［11］ 戴元光，金冠军. 传播学通论（第二版）［M］. 上海：上海交通大学出版社，2007.

［12］ 童兵，陈旭. 新闻传播学大辞典［M］. 北京：中国大百科全书出版社，2014.

［13］ 陈霖. 新闻传播学概论（第四版）［M］. 苏州：苏州大学出版社，2013.

［14］ 陈力丹. 新闻理论十讲［M］. 上海：复旦大学出版社，2008.

［15］ 刘建明. 当代新闻学原理［M］. 北京：清华大学出版社，2003.

［16］ 胡正荣. 新闻理论教程［M］. 北京：中国广播电视出版社，2001.

［17］ 项德生，郑保卫. 新闻学概论［M］. 武汉：武汉大学出版社，2000.

［18］ 王益民. 系统理论新闻学［M］. 武汉：华中理工大学出版社，1999.

［19］ 雷跃捷. 新闻理论［M］. 北京：北京广播学院出版社，1997.

［20］ 李卓钧. 新闻理论纲要［M］. 武汉：武汉大学出版社，1995.

［21］ 成美，童兵. 新闻理论教程［M］. 北京：中国人民大学出版社，1993.

［22］ 何光先. 现代新闻学［M］. 昆明：云南教育出版社，1988.

［23］ 缪雨. 新闻学通论［M］. 北京：新华出版社，1987.

［24］ 甘惜分. 新闻理论基础［M］. 北京：中国人民大学新闻系，1981.

［25］ 陈力丹，李彬. 传播学引论（第三版）［M］. 北京：高等教育出版社，2013.

［26］ 邵培仁. 传播学（修订版）［M］. 北京：高等教育出版社，2007.

［27］ 胡钰. 新闻传播导论［M］. 北京：中国广播电视出版社，1999.

［28］ 黄旦. 新闻传播学［M］. 杭州：杭州大学出版社，1997.

［29］ 徐小鸽. 新闻传播学原理与研究［M］. 桂林：广西师范大学出版社，1996.

[30] 邵培仁,叶亚东. 新闻传播学[M],南京：江苏人民出版社,1995.

[31] 张隆栋. 大众传播学总论[M]. 北京：中国人民大学出版社,1993.

[32] 马克思主义新闻观教程[M]. 北京：中国人民大学出版社,2015.

[33] 陈力丹. 马克思主义新闻观思想体系[M]. 北京：中国人民大学出版社,2006.

[34] 童兵. 马克思主义新闻经典教程[M]. 上海：复旦大学出版社,2009.

[35] 郑保卫. 马克思主义新闻经典论著导读[M]. 北京：中国人民大学出版社,2007.

[36] 刘建明. 当代西方新闻理论[M]. 北京：中国人民大学出版社,2015.

[37] 张威. 比较新闻学：方法与考证(修订版)[M]. 北京：清华大学出版社,2013.

[38] 张举玺. 中俄现代新闻理论比较[M]. 北京：社会科学文献出版社,2011.

[39] 童兵. 比较新闻传播学[M]. 北京：中国人民大学出版社,2002.

[40] 郝雨. 中国媒介批评学[M]. 上海：上海大学出版社,2015.

[41] 刘建明. 媒介批评通论(第 2 版)[M]. 北京：中国人民大学出版社,2012.

[42] 刘建明. 中国媒介批评史[M]. 福州：福建人民出版社,2011.

[43] 刘建明. 西方媒介批评史[M]. 福州：福建人民出版社,2007.

[44] 胡正强. 中国现代媒介批评[M]. 北京：中国传媒大学出版社,2010.

[45] 谢静. 美国媒介批评[M]. 北京：中国人民大学出版社,2009.

[46] 肖小穗. 传媒批评[M]. 哈尔滨：黑龙江人民出版社,2002.

[47] 王君超. 媒介批评[M]. 北京：北京广播学院出版社,2001.

[48] 丁柏铨,等. 新闻舆论引导论[M]. 北京：中国社会科学出版社,2001.

[49] 曾文经. 传媒的魔力[M]. 北京：时事出版社,2001.

[50] 张国良. 新闻媒介与社会[M]. 上海：上海人民出版社,2001.

[51] 陈作平. 新闻报道新思路[M]. 北京：中国广播电视出版社,2000.

[52] 袁军. 新闻媒介通论[M]. 北京：北京广播学院出版社,2000.

[53] 刘智. 新闻文化与符号[M]. 北京：科学出版社,1999.

[54] 白润生. 中国新闻通史纲要[M]. 北京：新华出版社,1998.

[55] 钟大年,郭镇之,等. 电视跨国传播与民族文化[M]. 北京：北京广播学院出版社,1998.

[56] 程世寿,胡继明. 新闻社会学概论[M]. 北京：新华出版社,1997.

[57] 袁军. 新闻事业导论[M]. 北京：北京广播学院出版社 1997.

[58] 王泽华. 电视新闻学[M]. 石家庄：河北人民出版社,1990.

[59] [美]比尔·科瓦奇,等. 新闻的十大基本原则(第 2 版)[M]. 北京：北京大学出版社,2014.

[60] [美]卡琳·沃尔·乔根森,等. 当代新闻学核心[M]. 北京：清华大学出版社,2014.

[61] [美]保罗·布赖顿. 新闻价值[M]. 北京：中国人民大学出版社,2014.

[62] [美]梅尔文·门彻. 新闻报道与写作(第 11 版)[M]. 北京：华夏出版社,2014.

[63] [英]斯图尔特·艾伦. 新闻业：批判的议题[M]. 武汉：武汉大学出版社,2011.

[64] [英]斯图亚特·艾伦. 新闻文化(第 2 版)[M]. 北京：北京大学出版社,2010.

[65] [美]迈克尔·舒德森. 新闻社会学[M]. 北京：华夏出版社,2010.

[66] [美]里昂·纳尔逊·弗林特. 报纸的良知[M]. 北京：中国人民大学出版社,2005.

[67] [美]埃弗利特·E. 丹尼斯,等. 媒介论争：19 个重大问题的正反方辩论[M]. 北京：北京广播学院出版社,2004.

[68] [美]罗伯特·W. 麦克高希. 富媒体 穷民主[M]. 北京：新华出版社,2004.

[69] [美]新闻自由委员会. 一个自由而负责的新闻界[M]. 北京：中国人民大学出版社,2004.

[70] [英]约翰·基恩. 媒体与民主[M]. 北京：社会科学文献出版社,2003.

[71] [美]哈罗德·拉斯韦尔. 世界大战中的宣传技巧[M]. 北京：中国人民大学出版社,2003.

[72] [英]尼克·史蒂文森. 认识媒介文化[M]. 北京：商务印书馆,2001.

[73] [英]尼克·史蒂文森. 认识媒介文化——社会理论与大众传播[M]. 北京：商务印书馆,2001.

[74] [加]文森特·莫斯可. 传播政治经济学[M]. 北京：华夏出版社,2000.

[75] [美]罗杰·菲德勒. 媒介形态变化——认识新媒介[M]. 北京：华夏出版社,2000.

[76] [美]沃纳·赛佛林,小詹姆斯·坦卡德. 传播理论——起源、方法与应用[M]. 北京：华夏出版社,2000.

[77] [美]杰克·富勒. 信息时代的新闻价值观[M]. 北京：新华出版社,1999.

[78] [美]尼古拉·尼葛洛庞蒂. 数字化生存[M]. 海口：海南出版社,1997.

[79] [美]梅尔文·德弗勒,等. 大众传播学诸论[M]. 北京：新华出版社,1990.

[80] [美]赫伯特·阿特休尔. 权力的媒介[M]. 北京：华夏出版社,1989.

[81] [美]李普曼. 舆论学[M]. 北京：华夏出版社,1989.

[82] [澳]林赛·雷维尔. 新闻实践指南[M]. 北京：中国新闻出版社,1987.

[83] [法]贝尔纳·瓦耶纳. 当代新闻学[M]. 北京：新华出版社,1986.

[84] [美]威尔伯·施拉姆,威廉·波特. 传播学概论[M]. 北京：新华出版社,1984.

[85] [美]施拉姆,等. 报刊的四种理论[M]. 北京：新华出版社,1980.

[86] [英]弥尔顿. 论出版自由[M]. 北京：商务印书馆,1958.

[87] 圣才考研网. 新闻传播学笔记与考研真题详解(第8版)[M]. 北京：中国石化出版社,2015.

[88] 跨考教育教研中心. 新闻学考研考点精要[M]. 北京：北京理工大学出版社,2012.

后　记
Postscript

　　本人是从 2000 年之初进入新闻理论教学领域的，迄今已 15 年之久。其间，我对《新闻学概论》教材的写作和修改，走过了很长的历程。

　　2003 年，我的第一部《新闻学概论》由上海大学出版社出版。出版以后，连续使用 5 年，而随着互联网的发展，其中的新闻理念和基本概念有了很大的发展和更新。2008 年，改名《新闻学引论》，由上海交通大学出版社出版。这一版的体例和内容，有了很多全新的尝试与探索，许多兄弟院校使用了这一版的教材，包括厦门大学、湖南师大、吉林师大等院校都反映较好。在此期间，我对新闻理论的研究，也在不断拓展和加深，先后出版了《当代传媒与人文精神》(中央文献出版社 2004 年版)、《新闻学：整体性开拓与重建》(复旦大学出版社 2009 年版)、《媒介批评与理论原创》(上海三联书店 2009 年版)、《新闻，如何改变世界》(上海大学出版社 2010 年版)等。2015 年，又接连出版了《中国媒介批评学》和《新闻理论问题十讲》。而且这十几年以来，曾经在《现代传播》《当代传播》《新闻记者》及《二十一世纪》等数十家核心期刊发表新闻传播学论文百余篇。有了这样的一些积累，对于现在这部教材的编写，也就更加有了基础。

　　进入 21 世纪以来，新媒体迅猛发展，瞬息万变。我们的新闻理论建设，也就绝不能固守在一个世纪前的思想观念上，甚至对一些理论问题仍然作原地踏步地阐述。尤其是当下的新闻传播实践已经在传播手段、传播媒介、传播方式以及传播体制等各个方面都发生了前所未有的变化，我们的理论研究也就务必要与时俱进，否则就会远远落后于新闻实践。而对于新闻理论的教材编写来说，更应该具备一种大胆创新和整体突破的理论意识；而且，按照素质教育的原则，也特别应该在我们的学生当中宣传和灌输这样的一种理论创新意识。

　　当然，我们也必须考虑到，我们所编写的毕竟是供初入大学新闻系学习的大学生的理论教材，而不是纯粹的学术研究专著，所以，也就不能脱离学生的实际能力和理论的接受程度。综合起来考虑，本教材的编写将遵循以下几条基本原则：一是要符合国情；二是要贴近学生实际；三是要有 21 世纪的理论创新意识；四是要广泛吸收新闻学研究的最新成果。按照这样的思路，本教课书对传统新闻理论以及传播学框架进行了很大程度的改造，在编排的体例上力求使各章节内容在全书结构中的分布和比例相对均衡，并更能接近于科学的要求。在基本的理论概念和观点上，主要是保证对传统观点的客观介绍，也尽量在理论阐述上有所深化。

所以，对于近 30 年来我国的新闻学专家们所出版的新闻学专著，本书也尽量吸收那些与本书体例相关联的最精华的部分，不过一般不会原封不动地照搬照抄，大都要经过作者的重新思考之后，在某些关键之处有所修正或改动。海纳百川，有容乃大。在此，我首先向我所崇敬的这些新闻学界前辈和同辈中的学术权威和理论大家表示深深的谢意，并真诚期盼继续得到各位在学术上的指正！

这里还要特别说明的一点是，本书的两位主要撰稿人任占文和肖辉，都是参与过我的《新闻学概论（当代教程）》修订工作的，本书的内容在上一本书的基础上，增加了传播学的基本常识。

在读研究生吴怡敏、邱凌燕同学承担了部分章节的初稿写作，保证了书稿写作的进度。特此致谢！

再次真诚地感谢各位选用本教材的老师和同学！并真诚希望得到你们的批评和指教！

作 者